刘卫平 ◎ 著
LIU WEIPING

社会信任
民间金融与经济转型

SOCIAL TRUST
INFORMAL FINANCE AND
ECONOMIC TRANSFORMATIONS

中国人民大学出版社
·北京·

图书在版编目（CIP）数据

社会信任：民间金融与经济转型/刘卫平著. --
北京：中国人民大学出版社，2021.11
ISBN 978-7-300-29547-3

Ⅰ.①社…　Ⅱ.①刘…　Ⅲ.①民间经济团体—金融机
构—研究—中国　Ⅳ.①F832.35

中国版本图书馆 CIP 数据核字（2021）第 129572 号

社会信任：民间金融与经济转型
刘卫平　著
Shehui Xinren：Minjian Jinrong yu Jingji Zhuanxing

出版发行	中国人民大学出版社				
社　　址	北京中关村大街 31 号		**邮政编码**	100080	
电　　话	010 - 62511242（总编室）		010 - 62511770（质管部）		
	010 - 82501766（邮购部）		010 - 62514148（门市部）		
	010 - 62515195（发行公司）		010 - 62515275（盗版举报）		
网　　址	http：//www. crup. com. cn				
经　　销	新华书店				
印　　刷	涿州市星河印刷有限公司				
规　　格	165 mm×238 mm　16 开本		**版　　次**	2021 年 11 月第 1 版	
印　　张	17.5 插页 4		**印　　次**	2021 年 11 月第 1 次印刷	
字　　数	256 000		**定　　价**	86.00 元	

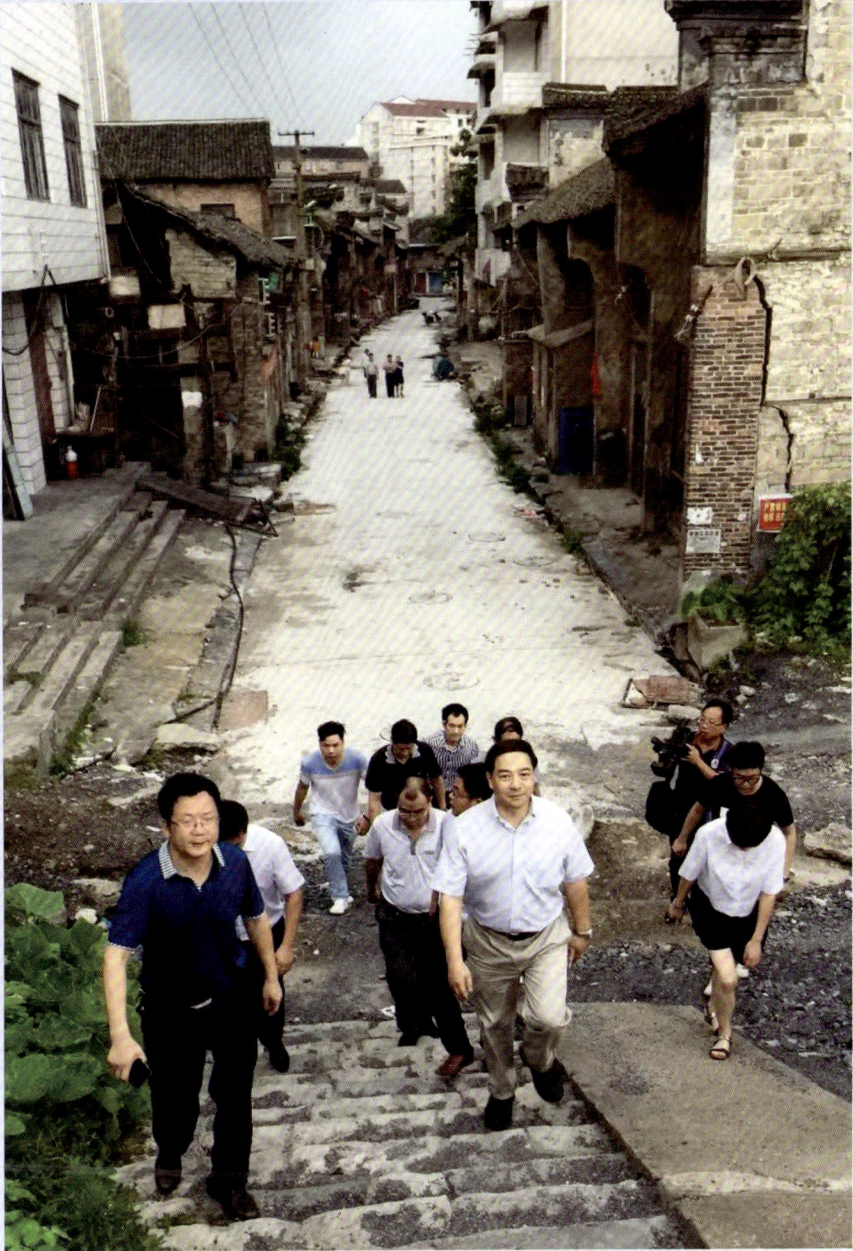

刘卫平博士在 D 市乡镇做田野调查

杨海波摄于 2016 年 7 月 14 日

本研究获得国家社科基金重大研究专项
"加快构建中国特色哲学社会科学学科体系、学术体系、话语体系"的资助，
项目号：18VXK005

社会信任是经济社会良性运行和健康发展的重要基石

　　刘卫平博士的学术专著《社会信任：民间金融与经济转型》是从社会学角度对县域城镇化进程中民间金融行为与经济社会转型的研究，作者认为：过去 20 多年来，在正规金融资源不易获得的情况下，民间金融的兴盛对县域城镇化的快速发展起到了重要的支撑作用，但支撑民间金融的是传统社会信任网络，在城镇化达到一定规模和体量后，这种由传统社会信任网络支撑的民间金融无法与现代日趋复杂的产业发展相匹配，亟须建立以系统信任为基础的现代金融体系。由此，作者将研究拓展至开发性金融发展以及中国在经济转型过程中构建国家信任等方面，其选题和跨度在学术与社会实践上都有重要的学术价值及现实意义。

　　刘卫平博士在国家金融机构工作，长期关注和研究中国金融与经济现代化转型问题，他过去接受的是经济学和金融学领域的理论知识及研究范式，后来又在我的指导下攻读清华大学社会学博士学位。众所周知，经济学和社会学的研究范式及思维方式有很大差别，经济学基于"理性人"假设所建构出来的模型，在解释社会现象和行为时产生了诸多不适，因而"有限理性"概念、"社会人"假设、社会资本与社会网络等社会学概念、思想和研究视角越来越被经济学与金融学所重视和应用。这部著作既体现了作者的思想认识从经济学、金融学向社会学转变的转型历程，又体现了他对城镇化所带来的我国经济社会现代化转型的深入思考。

　　一般认为，社会学学科发端于 19 世纪 30 年代，早期的社会学家关注的主要是社会现代化转型时期的重大社会问题，社会学一般尊崇卡尔·马克思、马克斯·韦伯、埃米尔·涂尔干为三大奠基人。当然，也有更多的乃至十余位大师之说。卡尔·马克思的最主要著作《资本论》就是以金融为主题的。当然，在随后一段时间里，社会学学者对金融的关注显然不够。然而，当今再没有人敢不关注金融了。特别是对于中国人来说，在改革开放40多年后的今天，中国老百姓不仅更加关注自己的收入，而且更加关注自己的财产，无论是收入还是财产，都是用货币来计量的。既然是与老百姓的日常生活密切相关的事情，社会学的研究者当然就不能忽视。所以，近来我国社会学界也有不少人从事"金融社会学"研究。

刘卫平博士的著作采用社会学视角主要研究民间金融风波在社会转型过程中产生、发展、变迁的原因与规律，阐释了现代信用体系对于城镇化与现代经济发展的重要性，相比于经济学和金融学研究，体现出了社会学的综合性和全面性特征，展现了社会学研究的魅力。

作者以他熟悉的D市为研究案例，探索了该地区发生的一个重大金融案件，分析了该案件所反映的民间金融的产生、发展、崩盘，以及政府出手治理的全过程。一方面，作者从个人信任与系统信任两个维度深入分析和考察了D市的民间金融体系，并认为应对民间金融风波的关键是重建现代系统信任。另一方面，作者从社会学视角阐释了社会信任体系与民间金融的关系，在这方面也颇有新颖观点。本研究在以下几个方面还是很有特色的：

第一，本研究通过民间金融来实证分析社会信任问题，从民间金融的兴起、发展、崩盘、地方政府对民间金融风波的整个治理过程，动态地分析了普通公众对于民间金融信任关系的转化。本研究关于社会信任的研究是从微观层面到中观层面的实证分析，是在地域经济社会转型背景下对社会信任的实地分析和考察，社会信任不再是一套抽象而宏大的道德辞令。

第二，本研究发现，建立在传统人际信任基础上的民间借贷是与该地区的传统文化、传统民风民俗以及传统小农经济接轨的。当一个地域处在社会流动性较低、地域社会相对封闭的情况下时，并不会发生太大的问题。但建立在这种信任基础上的民间金融市场，一旦遭遇到D市如此大规模的快速城镇化，迅速膨胀的城市聚集体与脆弱的建立在私人关系基础上的民间借贷之间便会出现巨大的不匹配。因此，社会信任的断裂导致了民间金融风波的爆发。所以，只有建立在公共权力和法治规范基础上的现代系统信任，才能解决地域金融结构与经济结构不匹配的矛盾。

第三，本研究提出了关于社会信任断裂、社会信任转型与社会信任重建的问题。社会信任断裂是指建立在个人信任基础上的人际信任由于与现代金融体系不匹配而造成信任转型的分裂，实际上是经济社会现代化转型过程中基本制度的断裂，即社会中广泛蕴藏的人际信任关系无法向系统信任转型，导致社会资本也不能合法、有效地流动。因此，这种信任的结构性断裂揭示了经济社会转型所面临的基本难题。

第四，本研究凸显了经济转型期间社会信任的中国特色。民间金融本来纯属个体经济行为，但在民间金融风波爆发后，几乎所有的责任最后都转移到了地方政府身上。地方政府在治理民间金融风波时，也希望依靠公共权力来组建地域金融系统。这种公共权力干预下的信任体系重建非常符合中国社会的逻辑，凸显了社会信任重建的中国特色。D市之所以发生这么严重的民间金融风波，当地基层政府本身确实存在一定的责任。因为政府作为"守夜人"，目睹民间形成了大规模的借贷和集资，却没有采取相应的措施，直到出现了问题才开始介入。因此，在爆发民间金融风波后，民众自然要求政府处理问题。信任重建问题较好地揭示了转型期我国政府与社会的关系。

第五，本研究也拓展了社区研究的范围。目前，大多数社会学的社区研究是聚焦在某一个社区共同体的范围之内，而本研究以追踪社会事实和社会事件为线索，大大拓展了研究区域。本研究探索的这个民间债务纠纷发生在D市及N区、S市和X县等广泛的区域。本研究遵循了追求社会事实的原则，大大拓展了传统社区研究的范围。本研究基本上依据民间债务产生和发展的过程来分析D市民间金融的产生、发展以及民间金融风波的爆发这一社会事实，因而在研究方法上也颇具特色。

刘卫平博士的《社会信任：民间金融与经济转型》一书，是在他的清华大学社会学博士学位论文的基础上修改而成的。记得当年他在清华大学博士学位论文全匿名评审中获得了全 A，这样的成绩在清华大学博士学位论文匿名评审体制中实属不易。现在，他的高水平学术著作能够正式出版，作为他的博士指导教师，本人也颇感欣慰。

总之，刘卫平博士的著作做出了理论上和实证研究上的贡献。在此，我们特别祝贺他的学术成果能够在颇具有学术影响力的中国人民大学出版社出版。

李 强

清华大学文科资深教授

于清华大学熊知行楼

2021 年 3 月 15 日

前　言

2020年，中国城镇化率突破60％，户籍城镇化率达到45％；预计2035年中国城镇化率将达到75％～80％，我国正从"乡土中国"向"城镇中国"转型。中国城镇化的崛起引发了我国经济社会结构的现代化大转型，本书主要是从支撑城镇化的金融机制角度，采用社会学的理论和研究方法分析与解读我国经济社会现代化转型所面临的社会信任问题，并在此基础上进行开发性金融发展以及中国在经济转型过程中构建国家信任等方面的学术研究并给出政策建议。

本书第一部分"社会信任与民间金融"探讨了社会信任与民间金融的基本关系。作者实地调研了湘中一个地级市近20年来的城镇化发展历程及伴随该市城镇化进程中的民间金融兴起、发展、兴盛和崩盘的现象。该研究发现，民间金融是支撑地域城镇化快速发展、弥补正规金融资源不易获得的基本途径。近年来，在正规金融资源配置有别的情境下，D市凭借其地域社会的熟人关系网络，以民间借贷为基础构建起了庞大的民间金融系统。这种非正规金融系统广泛而深入地将众多农村家庭裹挟到城镇化所开启的经济和产业现代化进程中，极大地支持和推动了当地的城镇化进程。然而，当国家宏观经济政策收紧后，D市的房地产市场迅速降温，而一位民间企业家的坠亡事件引爆了民间金融风波的导火索，投资者纷纷要求赎回本金，并使众多投资公司的资金链断裂，从而引发了多米诺骨牌效应。D市庞大的民间资本"雪球"几乎在一夜之间消融，众多投资者损失惨重。

从D市民间金融系统的产生、发展、崩盘及其治理的整个过程中我们可以看到：民间金融是建立在个人信任基础上的地域经济社会发展所依赖的重要社会资本纽带，这种社会资本的建立基于熟人社会的强关系网络。然而，当民间金融作为资本要素被卷入城镇化进程和以地产为核心的现代产业链条后，对广大个体投资者来说是一个陌生的"黑洞"。民间金融迫切需要在监管部门和法律规制系统的支持下建立起一种现代化的"系统信任"来为债权人提供"本体性安全感"，从而克服其背后潜藏的社会信任断裂风险。遗憾的是，D市未能建立起现代经济社会所必须依赖的"系统信任"。建立在差序格局基础上的通过关系发展起来的民间金融是与"前现代社会"小规模经济产业结构相匹配的金融形式，根本无法支撑由城镇化主导的大规模现代经济产业体系。D市案例表明，经济社会的现代化转型，亟须建立起以现代系统信任为基础的新金融系统。

本书第二部分"国家信任与经济转型"着重从金融机制创新的角度思考中国经济体系现代化转型的问题。第一，我国过去20年来的快速城镇化累积了较大的地方债务风险，要以新型城镇化带动中国经济的现代化转型升级，亟须创新金融机制。中国特色的开发性金融的核心在于它是政府与市场之间的"桥梁"。开发性金融通过政府介入金融市场解决信息不对称的"市场失灵"现象，改善财政补贴等资金效率低下的"政府失灵"问题，同时融合了商业性金融与传统政策性金融的优点，是为维护国家金融安全、增强经济竞争力而出现的一种金融形式。它是利用国家信用，通过信贷总量和结构的合理配置来调节市场失灵，促进经济平衡发展。第二，当前经济发展与社会发展失衡、社会内部及经济内部的结构性失衡等已成为中国改革与发展所面临的独特背景。经过40多年的改革开放，中国已成为世界经济大国，并深度融入全球经济体系，对世界经济的影响力和辐射力不断增强。中国参与全球经济再平衡必须坚持内外并举：内部路径重在调整结构，外部路径重在协调关系，唯有内外联动才能使中国在相对宽松的外部环境下真正解决困扰中国经济可持续发展的结构性问题，从而实现真正的再平衡。第三，要实现中国经济转型发展，需要扩大内需，推进新型工业化、城镇化、现代化与国际化，快速采取行动向经济社会发展综合规划转变，推动"一带一路"建设，构建21世纪中国经济新的增长极，破解我国在中等收入阶段面临的经济转型问题，推动以道德文化促进经济社会向中高收入阶段平稳过渡。

　　《社会信任：民间金融与经济转型》一书是笔者自攻读社会学博士学位以来，对我国经济社会现代化转型的持续思考和调查研究成果，也是笔者尝试应用社会学理论思维研究我国经济金融问题的探索和尝试。1991 年 2 月 18 日，小平同志在视察浦东时就指出："金融很重要，是现代经济的核心。金融搞好了，一着棋活，全盘皆活。"在过去的 30 多年里，随着我国工业化、城市化的快速崛起，不仅整个经济金融化趋势十分明显，而且整个社会的金融化进程也不断加快。现如今，金融已经渗透到人们日常生活的方方面面，金融手段已成为影响人们收入水平和财富增减的重要因素，而动用金融资源的能力甚至成为决定人们阶层流动的重要力量。从本质上讲，现代金融是基于大规模市场经济系统的系统信任体系，支撑现代金融的本质是现代城市文明和契约文化。但在我国经济社会的快速转型过程中，大部分人在 30 年前仍处于相对静止、封闭的农耕社会，人们的基本思想观念和行为习惯都是在农耕社会里获得的，支配人们社会行动的价值标准还处于韦伯所言的"传统或情感"，甚至还处于对"卡里斯马"型人格的盲从。从对 D 市过去快速城镇化过程中民间金融的兴起、发展与崩盘的分析中我们可以看到：D 市的民间金融建立在传统的人格信任基础之上，而以投融资公司为代表的金融中介组织的金融活动则广泛参与了现代复杂的城市经济体系。由于投资端对融资端的活动再也无法知晓和掌控，从而失去了吉登斯所言的"本体性安全"，因此市场上一有风吹草动，哪怕是一则不实的传言，都可能击垮投资者的信心和信任。D 市民间金融的崩盘之所以使众多参与民间金融的普通民众损失惨重，其实在很大程度上应当归因于民众自身经济社会认知和社会行动能力的短缺；归根到底，是因为经济社会快速现代化带来的"文化堕距"。民众普遍没有从传统的对个人人格的信任以及基于"关系""血缘""人情""面子"等传统社会行为的准则中转变过来，建立起以现代契约为准则的行为范式。这也提醒我们，中国经济要实现健康、可持续的现代化转型，必须高度重视推进社会文化的现代化转型。目前，怎么创新金融机制，开发出新的金融产品，维护好广大普通投资者的金融需求，从而推动现代经济金融、社会生活中契约规则、合作意识、风险防范能力的建设，已成为我国金融发展与创新必须面对的重要课题，同时凸显了本书中所言的现代社会道德文化建设对于经济社会现代化转型的重要性。

本书的研究成果得到了众多师友的指导、支持和帮助，谨在此向他们表达由衷的谢意。衷心感谢清华大学文科资深教授、社会学教授李强导师对我在学术上的精心指导和在人生发展道路上的亲切关怀！先生孜孜不倦的言传身教、严谨求是的治学精神、勤奋踏实的治学态度和高风亮节的梅竹品格都使我终生受益。

感谢清华大学社会科学学院社会学系沈原教授、王天夫教授、孙立平教授、郭于华教授、张小军教授、景跃进教授、孙凤教授、刘精明教授、何晓斌教授、郑路教授和晋军教授等老师的支持与帮助；感谢李彩霞、郑倩和于昕老师给予的热心帮助；感谢中国人民大学社会学系夏建中教授、陆益龙教授的悉心指导。

感谢著名经济学家、我的武汉大学经济学博士导师陈继勇教授的学术指导；感谢著名历史学家、美国人文与科学院院士、我在麻省理工学院的导师濮培德教授的学术指导；感谢著名新闻学家、我的武汉大学本科班主任刘家林教授的学术指导；感谢著名金融学家、我的清华大学硕士导师朱武祥教授的学术指导；感谢著名社会学家、哈佛大学博士丁学良教授的学术指导。

感谢清华大学社会学系应星教授担任主编的《清华社会科学》辑刊发表本书出版之前的《过程-事件视角下的 D 市民间金融危机研究》论文；感谢著名经济学家吴敬琏先生担任主编、清华大学经济与管理学院院长白重恩教授等担任编委的《比较》辑刊的吴素萍执行主编支持发表《开发性金融：政府与市场之间的融资平台》论文；感谢杜克大学社会学系高柏教授主编的"发展主义"专题约稿并推荐在《伊斯坦布尔大学社会学》杂志发表"Development Finance：A Financing Platform Between the Government and the Market"论文。

感谢国家社科基金《国家高端智库报告》和《成果要报》的领导及编辑们；感谢《求是》的刘彦华、孙广远、吴强、王兆斌编辑和《红旗文稿》的狄英娜编辑；感谢人民日报社《学术前沿》的樊保龄编辑和《人民论坛》的刁娜编辑；感谢《光明日报》理论版的编辑们；感谢《经济日报》的编辑们；感谢中央党校报刊社《学习时报》前总编辑钟国兴、前副社长杨英杰和《理论动态》的张治江、《中国党政干部论坛》的吕红娟等编辑；感谢《中国日报》的朱萍和赵焕新编辑；感谢新华社的李斌编辑、《瞭望新闻周刊》的皇甫丽萍编辑、《世界问题研究》的何君臣、龙胜东编辑以及《参考消息》的编辑们；感谢《武汉大学学报（哲学社会科学版）》的杨敏和桂莉编辑；感谢《环境保护》的郭媛媛编辑；感谢《中国银行业》的李立群编辑；感谢《前线》的许海和易艳编辑；感谢《国际融资》的李路阳编辑；感谢《华夏时报》的商灏编辑等各学术期刊和报社的编辑们，感谢你们在我发表论文期间给予的帮助和大力支持。

感谢清华大学经济管理学院前院长赵纯均教授；感谢清华大学五道口金融学院常务副院长廖理教授；感谢布鲁金斯学会约翰·桑顿中国中心主任李成教授；感谢清华大学苏世民书院院长、清华-布鲁金斯公共政策研究中心主任薛澜资深教授；感谢清华大学苏世民书院常务副院长潘庆中教授；感谢清华-布鲁金斯公共政策研究中心前主任、清华大学公共管理学院、香港科技大学公共政策研究院院长齐晔教授；感谢清华-布鲁金斯公共政策研究中心首任主任、北京大学肖耿教授；感谢清华大学张毅教授、姚丹亚教授、刘燕欣老师、贾莉老师和刘强老师；感谢我的朋友廖明博士和赵少钦博士，感谢他们对我的支持和帮助。

感谢清华大学社会学系的杨艳文博士后为本书研究给予的全力支持和帮助，感谢王艺璇博士后、田英博士、从晓博士和姚佳等学友对论文和出版事务的帮助。感谢中国人民大学出版社策划编辑崔惠玲、韩冰和责任编辑王松对本书出版工作的大力支持。

感谢清华大学前常务副校长兼经济管理学院院长何建坤教授及清华大学

"全球领导力"项目主任约翰·桑顿教授（高盛公司前总裁、布鲁金斯学会董事会主席、巴里克黄金公司董事会主席、美国人文与科学院院士、清华大学经济管理学院国际顾问委员会主席）对我申请清华大学法学博士学位的推荐。

感谢 D 市的干部和相关人员在研究和调研过程中给予的大力支持！感谢单位领导和同事们在本书撰写过程中给予的大力支持！

最后，深深地感谢无私爱我、支持我的妻子莉丽，儿子子赢，以及我的其他家人和朋友们！

刘卫平

于北京南长河畔

2021 年 5 月 25 日

目　录

第一部分

社会信任与民间金融

Social Trust and the Informal Finance

中国传统的社会信任以熟人关系中的个体信任为主导，而在快速城镇化带来的急剧社会变迁中，传统的社会信任网络日趋断裂，我国经济社会的现代化转型面临着如何重建和提升社会信任的重大课题与难题。

　　以 D 市城镇化进程中民间金融的产生、发展、崩盘以及政府治理为案例，本研究描述了地域经济社会转型中，因社会信任结构断裂而引发的经济社会危机，剖析了地域经济生活中社会信任产生、维系、断裂的基本规律及信任重建所面临的严重问题。

　　研究发现，在正规金融资源不易获得的情境下，过去十年来，D 市凭借其地域社会的熟人关系网络，以民间借贷为基础构建了庞大的民间金融系统。这一非正规金融系统广泛而深入地将众多农村家庭裹挟到城镇化所开启的经济和产业现代化进程中，极大地支持和推动了当地的城镇化进程。然而，当国家宏观经济政策收紧后，在房地产市场迅速降温且民间金融系统崩盘后，围绕着民间债务的处置问题，成千上万的投资者希望马上收回资金，致使地方政府面临着很大的压力。

　　从 D 市民间金融系统的产生、发展、崩盘及其治理的整个过程中可以看到：民间金融是建立在个人信任基础上的地域经济社会发展所依赖的重要社会资本纽带，这种社会资本的建立基于熟人社会的强关系网络。然而，当民间金融作为资本要素被卷入城镇化进程和以地产为核心的现代产业链条后，对广大个体投资者来说是一个陌生的领域。民间金融迫切需要在监管部门和法律规制系统的支持下建立起一种现代化的"系统信任"来为债权人提供"本体性安全感"，从而克服其背后潜藏的社会信任断裂风险。

　　研究认为，建立在差序格局基础上的通过关系信任发展起来的民间金融是与"前现代社会"的小规模经济产业结构相匹配的金融形式，根本无法支撑由城镇化主导的大规模现代经济产业体系。D 市案例表明，对于经济社会的现代化转型，亟须建立起以现代系统信任为基础的新金融系统。

第一章

民间金融社会学研究的意义

本书的这一部分研究的是民间金融问题，特别是研究因社会信任断裂而造成的债务链条断裂，进而引发的民间金融风波以及由此造成的严重后果。对于民间金融及其相关概念问题，第二章有明确的界定，此处不再赘述。

社会学作为研究社会良性运行和协调发展条件及规律的科学，历来将研究和解决社会问题作为学科重任。研究民间金融风波以及由此产生的社会问题，对于拓展社会学学科视野、促进我国经济社会健康发展，具有非常重要的理论与现实意义。

一、为何研究民间金融及由此造成的社会问题

"深化金融体制改革，增强金融服务实体经济能力""守住不发生系统性金融风险的底线"，这是党的十九大报告中所指出的我国金融工作所面临的艰巨任务和必须坚持的根本方针。我国各省市经济社会发展资源禀赋差异极大，区域发展水平和阶段不一，产业结构因地而异，社会历史文化各不相同，而我国的基本管理制度是全国集中统一的管理制度，建立了中央集中管理金融的正式金融体系。这种制度的优点是管理集中、效率较高，但有利也有弊，其不足之处是难以应对千差万别的地方金融现实状况，这也是改革开放 40 多年来民间金融在很多地方兴起的重要原因。在这种局面下，为了贯彻落实中央金融工作的基本方针，必须深入调查了解不同地域经济生活中金融运行的实际状态，剖析其在服务地域经济社会发展中所发挥的实际作用和面临的局限，这样才能不断完善我国金融体系的结构、制度和政策。

对于民间金融的研究，仅仅依靠经济学和金融学等学科的专业研究是远远不够的。经济学、金融学侧重于从正式金融制度、货币政策、利率、汇率、货币存量和增量等专业角度考察金融对经济运行的作用，往往不能深入到金融政策和制度对经济社会生活的影响。社会学研究历来强调综合性视角，本研究对民间金融问题的考察更突出社会学的整体性视角，不仅重视自上而下的研究，而且更加关注自下而上的研究。本研究通过对 D 市的实证案例研究，深入考察了我国市县层面地域经济社会生活中民间金融的实际状况，以期为推动金融体系创新做一些实证性的研究工作。

二、研究民间金融问题的社会学意义

尽管古典社会学家马克思、韦伯、涂尔干、齐美尔[①]等都曾讨论过现代社会的金融问题，但由于社会学诞生于工业社会，经典社会学理论着重探讨和研究工业企业等实体组织与经济活动给人类经济社会现代化带来的影响，对金融领域的研究并不多。随着从工业社会向后工业社会的过渡，金融已成为关涉经济社会乃至政治全局的核心问题，社会学必须高度关注金融对经济社会现代化的重要影响及其作用机制。

与以银行、证券等为代表的正式金融机构和制度相比，以民间借贷和民间集资为核心的民间金融更具社会学的研究意涵。因为自埃米尔·涂尔干所著的《社会学方法的准则》以来，整体和结构主义视角成为社会学研究的基本视角。在这一视角下，社会学方法论源于"社会"和"社会性"，与政治体系和经济体系相对独立的"社会"、"民间社会"或"市民社会"成为社会学研究的核心。卡尔·马克思在《政治经济学》的序言中也非常重视"社会生活"的概念[②]，提出了物质生活、社会生活、政治生活和精神生活四个系统及其相互关系的观点（郑杭生、李强，2013）。在现当代社会学研究领域，这种"社会"和"社会性"突出表现在对日常生活和民间社会领域的高度关注

---

① 有时也译为西梅尔。
② 马克思，恩格斯. 马克思恩格斯选集. 第二卷. 3 版. 北京：人民出版社，2012.

（肖瑛，2006），社会学发生了所谓"日常生活转向"。从 20 世纪 30 年代戈夫曼的戏剧理论，到 20 世纪 50—60 年代兴起的现象社会学、常人方法学等，社会学研究越来越向日常生活和民间社会回归。加芬克尔的《普通人方法论》强调了人类行为对社会秩序的日常建构功能；布希亚围绕日常生活构建了一个消费社会理论；埃利亚斯构建了以关系链为主导的日常生活世界理论；福柯、列斐伏尔等人则开展了在日常生活中研究政治的理论。正因为如此，法国当代著名社会学家布迪厄甚至说：回到日常生活是社会学的生命力所在（布迪厄、华康德，1998）。民间金融是指独立于银行等正式金融机构和组织之外的民间借贷、民间融资和民间理财行为，是目前在全国中小县城中普遍存在的一种民间经济社会现象。民间金融蕴含了金融行为的民间、日常和社会自发、自组织的维度，为采用社会学视角来研究金融问题提供了很好的素材。

（一）民众对金融理财的广泛需求是经济社会转型的必然趋势

经过 40 多年改革开放和市场经济的发展，我国不少居民家庭普遍都有了一定的储蓄和资产，居民手头的这些财富如何保值增值，成为当今民众普遍关心的问题。民间金融的兴起和发展，一方面反映了我国正式金融结构未能满足民众投融资的需求，另一方面也反映了广大民众对金融理财的需求。

经验表明，一个国家经济的现代化程度越高，居民的资产性收入占全部收入的比重就越大，而居民资产性收入的多少，甚至可以成为衡量一个国家和民族是否富强的重要标志。随着现代金融和资本市场的发展，某些社会群体的资产性收入有取代劳动收入而成为致富的主要因素。当然，这也进一步加剧了社会贫富分化。

法国著名经济学家托马斯·皮凯蒂在其著作《21 世纪资本论》中揭示了这一点：经过 20 世纪前半个世纪的"暴力调整"，资本主义世界不断调整其经济社会结构，到 20 世纪中后期，资本的收益率下降，劳动的收益率上升，资本主义世界经历了财富平均化的过程。但到了 20 世纪后半期，资本收益率又重新超过劳动收益率，少数人日益掌握了大部分财富。正如马克思所预言的，资本主义"又开始在欧美大地幽灵般游荡了"。

皮凯蒂通过对人类经济社会发展史的长时段分析发现：在1700年以后的300多年间，全球人均GDP年增幅为0.8%，尽管工业革命后尤其是20世纪人均GDP有了可观的增长，但其长期向下的发展趋势也十分明显。例如，1950—1970年的经济年增长率为4%，1990—2012年则降至3.5%，2030—2050年有可能掉到3%，2050—2100年则会掉到1.5%。在19世纪，租金的年收益率为4%~5%，而在20世纪，租金收益率几乎在同一水平。自19世纪以来，债券收益率平均为3%~5%，股票收益率为7%~8%。因此，从历史的长河来看，过去300多年"资本"的年均收益率高达5%，在大部分时间都高于经济增长率，而依靠劳动的收入者与拥有资本的收入者之间的收入差距将会越来越大。在21世纪，没有资产收益的人只能越来越"穷"，财富将高度集中在少数人手上，他们赚钱能力强、赚钱快主要是因为他们拥有资本（李怡，2016）。

《21世纪资本论》阐释了在西方资本主义国家资本收益率高于劳动收益率，甚至高于经济增长率的现象，由此也引发了我们思考两方面的问题：一方面，针对资本收益率较高的现象，我国也应研究相关的经济社会政策，防止因资本收益过高而造成贫富差距扩大的趋势；另一方面，要完善金融体制机制，确实让广大人民群众享受到资本权益、金融权益和财产收益，正如党的十八大报告所指出的：要"多渠道增加居民的财产性收入"。

随着我国经济体制市场化程度的不断发展以及按劳分配和按生产要素分配相结合的分配方式的推行，我国居民家庭尤其是城市居民家庭收入中的利息收入、股息收入、红利收入、租金收入等财产性收入在总收入中所占的比重也不断提升。如图1-1所示，从城镇居民财产性收入的角度看，2002—2009年财产性收入的增长幅度较为缓慢，而从基于资本的生产经营性收入来看，从2002年至2009年，其占收入的比例逐年增加。

有研究指出，长期以来，我国的金融结构都是以银行为主导，存在利率持续偏低、资本市场不发达、投资渠道单一等问题。在我国金融资产分布极不均衡的现状下，大城市居民持有金融资产相对容易，而中小城市居民持有

（元）

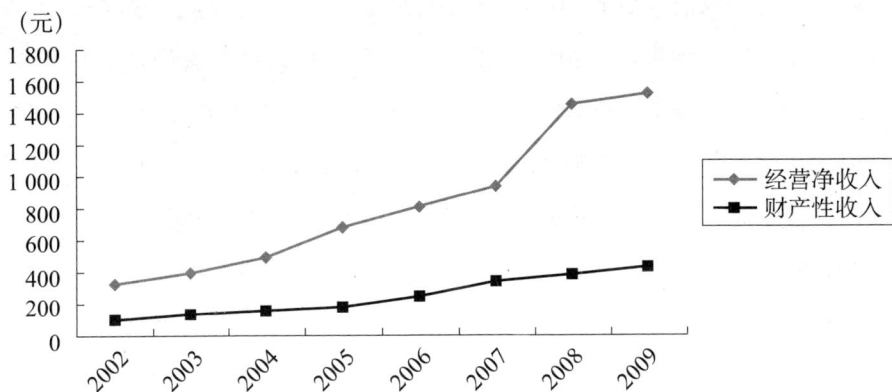

图 1-1　2002—2009 年我国城镇居民经营净收入与财产性收入比较

资料来源：国家统计局．中国统计年鉴．北京：中国统计出版社，2004—2010.

证券等非实物金融资产相对而言则非常困难。因此，中小城市的居民被迫储蓄现象非常明显，低收入人群的剩余资金可以存入银行或购买增值率较低的债券，而高收入人群选择的投资方式往往是直接投资于实业。通过资本增值和逐步积累，高收入阶层剩余资产的收益明显大于低收入阶层剩余资产的收益（张琛琛，2012）。通过资本增值，高收入群体的剩余资产收益率明显高于低收入群体，加上银行持续的低利率、金融资本市场不发达、投资渠道相对单一等因素，再加上马太效应，高收入群体和低收入群体的收入差距将会越来越大，同时资本要素市场的发展更是加速了高收入群体与低收入群体的分化。历年来国家统计局发布的数据也证实了这一点，我国收入差距的扩大表现为不同组别收入增长的差异——收入越高，增长速度越快。2009 年，我国城镇居民最低收入组的收入是 2000 年收入的 1.98 倍，中等收入组是 2.61倍，但最高收入组却涨到了 3.53 倍。同样，2009 年的农村最低收入组的收入是 2002 年的 1.81 倍，而最高收入组则是 2.09 倍。此外，国内的诸多社会学研究也发现：近年来，资产收益取代劳动收益而成为决定人们社会分层的关键因素（仇立平，2006）。

在这样的经济社会背景下，通过参与各种金融和投资活动，确保财富的保值增值已成为广大城乡居民家庭的共同需求。近年来，在我们国内，除了楼市起到了财富保值增值的功能外，其他的储蓄银行、证券公司等正规金融机构都没能发挥这种作用。由于正规渠道的金融理财途径有限或利率偏低，城乡居民的一些金融资产就开始寻找其他途径，或受到其他途径、手段的吸引。因此，建立在高利息基础上的民间借贷和民间金融蓬勃发展，民间金融乱象的兴起反映了广大民众的理财需求，众多城乡居民家庭都卷入了民间资本市场，民间金融其实涉及众多居民家庭的经济利益。社会学以研究社会良性运行和协调发展的体制机制为己任，密切关注人和人群的经济社会行为，广大民众对金融理财的普遍需求理应成为社会学研究当今社会现象和问题的重要议题。

（二）民间金融关涉地域经济社会的现代化转型

社会学是伴随着西方经济社会现代化转型而诞生的学科，经济社会的现代化转型成为社会学一直关注的基本问题，民间金融的诞生和发展是经济社会现代化转型的重要表现。

现代金融体系的建立和完善是一个国家经济社会现代化的重要标志。在国有银行主导的金融体制下，一直以来，民间金融在我国经济社会发展和运行中起到关键性作用。正如研究者在《后街金融》中所指出的：自 20 世纪 70 年代末经济体制改革以来，中国的企业主已经创办了 3 000 多万家私营企业。然而，这些私营企业绝大多数都无法获得官方贷款。国有银行为国有企业服务，而大多数民营银行难以获得法律承认。那么，中国的私营企业主是如何筹集资金开展业务的？小企业主绕开了中国的金融法，创建了一系列令人眼花缭乱的非正规金融机构，有效地调动了当地的社会和政治资源。企业家和地方官员可以利用官方政治和经济机构的浮躁或模棱两可来促进地方繁荣（蔡欣怡，2013）。

此外，众多研究表明：尽管中小企业在活跃市场、提供就业岗位方面发挥着举足轻重的作用，但由于我国正式金融制度服务于国有企业和大型企业的政策取向及风险偏好，中小企业在发展过程中普遍面临着融资难的问题。民间金融作为我国正式金融的重要补充，有效弥补了中小企业融资难的问题。

因此，综观全国各地，凡是民营经济发展得好的地方，民间金融也表现得非常活跃。例如浙江，研究表明：民间金融在浙江居民经济社会生活中占据极为重要的地位。2017 年，浙江全省居民可支配收入为 20 929.87 亿元，民间金融的规模高达 8 742.60 亿元（见图 1 - 2），占全省居民当年可支配收入的41.77%。再如，在市场经济发展较早的温州，尽管历史上发生了多次民间金融风波，但民间金融对于支撑当地民营经济的发展和转型升级起到了重大作用，温州经济在民间金融风波中实现了凤凰涅槃。

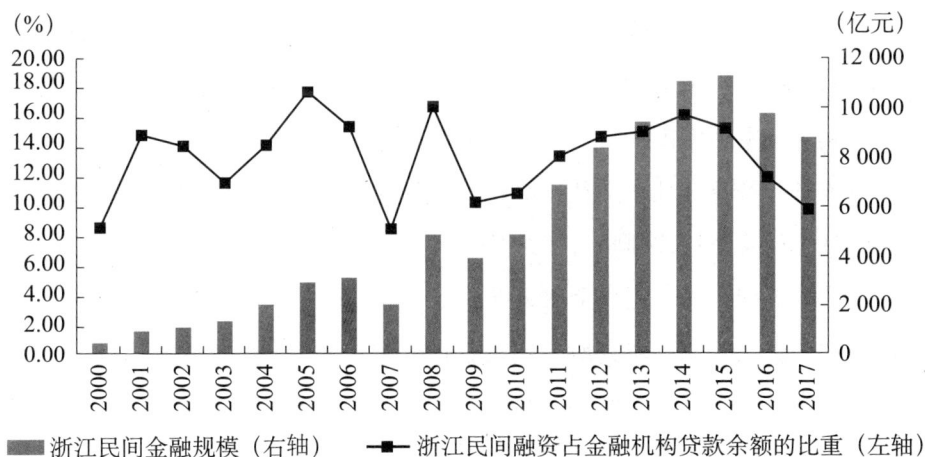

图 1 - 2　2000—2017 年浙江民间金融规模趋势图

资料来源：朱海城 . 民间金融规模的测算与分析——基于 2000—2017 年浙江数据的实证研究 . 新金融，2018（7）.

我们必须看到，尽管民间非正规金融的建立在一定时期内促进了地域经济的发展，为整个中国经济的现代化腾飞奠定了一定基础，但不容置疑的是，无论是温州的民间金融系统，还是随后在长三角、珠三角等地普遍涌现的民间金融，最终都走向了崩盘。为什么这种民间非正规金融最终都没法摆脱崩溃的宿命，无一不走向崩盘？最根本的原因是，民间金融的合法性问题没有得到法律和制度性的解决。实际上，民间金融的每一次崩盘都是地域经济和产业结构的大调整所导致的。在每一次崩盘中，运行于灰色地带的民间金融也在一定程度上走向了规范化和法治化，民间金融的规范化和法治化实际上关涉地域经济社会的现代化转型。

（三）民间金融折射出国家金融制度与基层社会的互动

社会学新制度主义有一个基本的理论观点，即每当正式制度失灵时，非正式制度就会盛行。民间金融的生长和发育，实际上也是国家正式金融机构和金融制度失衡的结果，民间金融是观察国家正式金融体系与基层社会经济生活的一个重要窗口。

国家与社会的关系问题一直是社会学研究的基本问题。在过去，社会学对国家与社会的关系问题的研究，主要聚焦于城乡社区研究，学者将城乡社区作为观察国家权力与社会互动的集中场域，侧重于从基层政府与居民、社会组织的关系来考察国家权力对基层社会的渗透或社会自主性的发育。但在职住分离日趋严重，社会交往不断网络化、虚拟化的今天，通过社区来考察国家与社会的关系往往面临着诸多局限。民间金融作为国家正规金融系统之外产生和发展起来的非正规金融系统，实质上深刻反映了国家制度与基层社会的互动关系。正如有研究所指出的：民间金融在我国的兴起，是我国金融体制变迁中的一个重要事件。民间融资是在政府主导的制度变迁中诱导融资体系的成长。作为一种市场化的融资体系，它为中国经济的逐步改革提供了强大的金融资源支持。民营金融以其制度优势和强大的扩散效应，将对国有银行的制度创新乃至整个金融体系的改革产生积极的影响（宋冬林、徐怀礼，2005）。因此，研究民间金融的产生和发展，也是更好地认识我国正规金融系统的重要窗口。

三、研究缘起：近年来返乡对 D 市金融的观察、研究和思考

作为一名多年从事金融研究的人员，在过去很长的一段时间，笔者对国家宏观货币金融政策与战略改革问题的关注较多，但对民间金融现象相对而言较少关注。直到有一年，笔者回到老家探亲，对老家城镇化进程中所面临的金融支持问题产生了浓厚的兴趣。一方面，这些年来家乡城镇化所取得的巨大成绩让我震撼和赞叹；另一方面，家乡城镇化中所面临的资金紧张和金

融乱象也让我忧心忡忡。为了弄清楚地域经济社会发展中，我国金融制度、政策所发挥的实际作用和存在的问题，进而为了推动新型城市化的金融体系的形成，笔者决心将家乡 D 市城镇化进程中所产生的民间金融现象和问题作为素材进行研究。

2013 年深秋的一个周末，我回到家乡省城 A 市看望父母。刚一到家，随后就来了两个从 X 县老家赶来的远房亲戚，而这次他们还带来了一个我不认识的人——县城建局的一个副局长。经过一番寒暄，副局长说："现在全国正在进行新型城镇化，你在首都工作，你要帮助家乡发展啊！"然后，他随手从公文包中取出《X 县历史文化名城保护总体规划方案》和《X 县城二水厂工程项目》几份规划材料。第二天，他们的县领导和局长等相关人员都来了，他们的主要目的就是想咨询怎样能够从这次国家推动新型城镇化的进程中，通过一些政府和市场化的途径，获得财政和金融机构对当地的资金支持。

D 市 X 县是我父亲的老家，也是我的籍贯地，以往回去的次数虽然不多，但对那里的情况还是了解的，毕竟经常有一些亲戚来来往往。应该说，这里的风景秀丽、民风质朴，这里的老百姓都很勤劳，尽管不算十分富有，但多数人家倒也衣食无忧，乡里乡亲来往很频繁，过年过节一定要互赠食物。所以，我们在逢年过节时都有亲戚送来亲手做的"糍粑"和"米酒"之类的年货，糍粑是用炭火烤或者用油煎的，吃起来特别香。当我们在家里一起吃饭，一边听着他们用老家话谈论着对城镇化的美好向往，一边品尝着老家醇香的"胡子酒"（一种米酒）时，我陷入了深深的沉思。X 县，我第一次去那里已经是十多年前了，从省城到 X 县的路程约 300 公里，那次去共花了 6 个小时，公路条件非常不好，有很多路段都是泥泞的；后来，道路有所改善，但从省城开车到 X 县仍需 4 个小时。X 县还拥有丰富的自然资源和土地资源，特别是矿产资源和旅游资源；人口达 140 多万，是全国占地面积最大和人口最多的县之一，但长期以来却一直是"国家级贫困县"。其原因到底何在？怎么解决？怎么才能为我老家搭上这趟新型城镇化的快车做点事？

这次 X 县的亲戚开车来省城，走 200 多公里的高速公路只花了 2~3 个小时。我问他们：以前造成贫困县的原因主要是交通不发达，现在的交通这么发达，为什么还贫穷落后？他们说："目前交通虽然发达，但我们经济社会发展基础薄弱，底子差，没有企业来投资，交通发达反而加剧了资金和人才的外流。您应该知道，有钱人都去省城买房和送子女上学了，稍微差一点的也往地级市跑，因此我们县城要发展，就得靠上级项目落地来开发和带动投资。我们要利用贫困县这顶帽子，取得国家更多项目资金的支持，加快我们县的脱贫致富。我们希望抓住这一轮新型城镇化的大好机会，整合各方项目资金和无息、低息贷款来发展地方经济。"

这些地方官员说的很有道理，他们跑项目的主动性和积极性，让我感慨良多。首先，他们把我当成领导，其实我只是一名普通的研究人员，而且我个人也不可能动用权力给他们带来什么帮助，即便有那个权力也是违反纪律的。但是，在他们的逻辑中，地方发展所需的资源，主要靠上面领导的支持。因此，这让我对地方的经济社会发展更加好奇：我所了解的中央政策这么好，为何地方经济社会发展却如此艰难？是相关政策出了问题，还是落实出了问题？其次，当时我脑海中形成的一个初步判断是，我国的城市化进程任重而道远，吸纳全国绝大多数人口的中西部市县一直处于并将长期处于"补偿型城市化"阶段。为什么北、上、广、深等特大城市的人口压力特别大，主要原因是中西部的广大市-县两级的城市与城镇发展不充分。而在当前的制度环境下，特大城市对广大中西部地区的资源和人才产生了"虹吸效应"，中西部市县有进一步空心化的趋势。我们需要构建什么样的经济金融政策体系，才能扭转这种趋势，推动中西部地区的平衡发展和充分发展？自此，这两个问题一直是我关注和思考的重点。而在最近的多次返乡见闻中，我对家乡的经济社会发展形成了如下几点直观感受，这也是促使我研究和关注民间金融与地域经济社会发展的重要原因。

（一）金融资源稀缺下的市-县城镇化

笔者感受最深的是家乡的城镇化。毋庸置疑，地级市和县两级行政主导的城镇化是过去十年来推动地域经济社会发展的根本力量，但与沿海发达地区，北、上、广、深等特大城市内或周边的城镇相比，我国绝大部分地级市和县的金融资源是极其稀缺的，特大城市和经济发达地区对人才、资源的"虹吸效应"更是加剧了金融资源分布和配置的不均衡。但是，经验观察和各种数据都表明，即便在这种金融资源十分有限的约束下，过去十年来，D市下辖不同区县在城镇化方面都取得了显著的成就，在市-县两级主导的城镇化推动下，各区县的经济和产业结构都开始了现代化转型。

地域经济产业结构的现代化转型，突出表现在如下几方面：①产业结构迅速摆脱传统工农业主导的结构，各区县工业、农业和第三产业的结构不断优化，工农业产值比重不断缩小，以服务业为主的第三产业不断壮大，农业所吸纳的就业人口不断减少，农民不断兼业化，进（县）城务工已成为农民收入的主要来源；②各区县的经济总量和规模呈倍数增长，地域生产总值、财政、税收收入不断增加，这可以从各县市的统计年报中明显看出来；③国有部门所占的经济比重不断缩小，民间部门的经济规模持续扩大，民间投资总量远超国有部门，地方有钱人家大多是民营经济领域的老板；④各区县的城镇化水平不断提高，社会公共服务支出不断增加，城乡人均可支配收入快速增长，这也反映在各地统计报告中；⑤建筑业、房地产、股东资产投资在产业结构中所占的比重不断加大，建筑业所占的社会固定资产投资远超工业企业等实体经济，各区县经济体系不断地产金融化，这从各地经济报告中可见一斑。

但是，这种市-县层面的城镇化建设，是在资金极其短缺的情境下开展的。其中，民间金融的发展对市县城镇化的推动起到了关键作用。以X县旧城改造为例，民间金融所聚集起来的民间资本成为X县县城改造的主导力量。X县是国家级贫困县和农业大县，县财政收入十分有限。据统计，2001年X县的总人口为128.86万，其中城镇人口为16.88万，农村人口高达111.98万，城镇化水平仅为13.1%。全县农民人均纯收入仅1 200元，贫困人口为13.5万，贫困发生率为10.5%。如何把农业大县转变为农业强县，一直是困扰县委和县政府决策层的战略核心问题。

21世纪初，X县委、县政府在调查分析、总结研究全县经济社会现状的基础上，跳出传统农业兴县的思维，提出了"城建兴县"的新战略，其指导思想就是要大力加强城市基础设施建设，以城建带动县域经济社会实现跨越式发展。为此，他们决定对县委、政府机关进行整体搬迁，即从资江河西迁到河东。

在县城搬迁战略的指导下，拥有千年历史的古城开始以前所未有的速度悄然演变。"东扩西扩""提质增容"的城市建设新理念正在一个又一个项目中得到实践。2004年，县政府设立X县城建投资管理办公室和X县城建投资开发有限公司，作为"城市建设与县域振兴"战略的实施主体。这一举措不仅彻底打破了原有的"多部门、分管"的城市建设管理体制，而且为加快城市建设步伐提供了有力的组织保障。"规划一图、审批一笔、管理一口""高起点规划、高标准设计、高质量施工、高效率管理、高水平管理"，这些新的城市管理理念极大地推动了X县的发展和城市化进程。据统计，2003—2008年全县城镇固定资产投资累计完成60多亿元。

随着县域公路、桥梁、商住小区等一批标志性城市建设项目的建设，一座独具梅山文化特色的现代化新城初具规模。与此同时，小城镇建设也在全面加速。到2008年，全县城镇化率已达29%。县域面积由原来的4平方公里扩大到16平方公里，城镇人口由4万人增加到15万人。在短短10年的时间里，X县动员全县投入数十亿元，建设了"一条堤、六条路、五个社区"，初步形成了"一条河、两岸、东西城市"的现代县域发展格局。

在这数十亿元的县政府搬迁与新城扩建项目中，政府的启动资金实际上只有2亿多元，也就是绝大部分资金来源于市场带动的民间资本。正是在政府搬迁和新城扩建的过程中，X县民间金融参与城镇化的机制和渠道开始形成。一位当地的房企老总跟笔者说：

> 2003年那个时候，做房地产可以说是空手套白狼，那个时候全部是通过项目部收预收款来作为启动资金。房子还没有建，搭个棚子在工地上做个营销项目部，房子就开始卖了。由于那个时候的商品房很少，买房还要通过排队甚至找关系才能买到。因此，房地产开发的工程款实际上源于购房者的预付款。这种预售制度极大地降低了开发商的经营成本，实际上就是一种变相的集资开发。但后来出现了个别老板跑路的恶劣行

为，就是收到钱后不建房子并跑路了，因此住建部门取消了预售制度，要求工程做到一半后才发预售许可证，而开发商只有拿到预售许可证才能卖房子。在这一制度实施后，房地产开发所需的启动资本和成本大大增加，于是催生出了民间集资、银行抵押贷款等模式。对于我们县城而言，在我们的房地产开发中，通过民间集资、参股汇集启动资金是各楼盘普遍的做法，通过银行抵押贷款的也有，但是不多，因为银行贷款需要各种资质、材料，程序十分烦琐……

可以说，民间资本在很大程度上推动了当地的城镇化进程。据反映，在过去十年内，X县民间资本的月利率维持在1.5%～3%，许多民众参与了集资放贷坐收利息。在当地，一个公务员的月薪也就2 000多元，而在民间，10万元的借贷利息也有近2 000元。因此，但凡有存款的家庭，都通过亲戚、熟人、朋友、同学和同事等，把自己的存款从银行取出并转移到了当地兴起的投资公司。投资公司再将汇集到的资本投入各房地产开发项目中。应该说，整个民间资本对参与和推动当地城镇化建设起到了举足轻重的作用。

（二）地产主导下地域经济的脱实就虚

在房地产开发暴利的诱惑下，众多以前做工业、贸易、农业等实体产业的企业，也开始转型走向与房地产相关的领域。房地产越来越成为地方经济的主导产业，地方工业和矿产经济开始不断衰退式微，土地财政成为地方的主要财源。每次返乡，听父老乡亲们热议的就是房地产话题。小城房地产市场的繁荣突出表现在商品房房价的持续上扬。因土地、建材价格的上涨，加上商品房品质的提升，县城房价十多年来几乎呈节节攀升状态，老家X县县城的商品房住宅均价从2004年的450元/平方米一路上涨到2007年的900元/平方米，3年翻了1倍。到2016年，全县商品房均价突破3 500元/平方米，为2007年的近4倍。

随着房价的飞速攀升，房地产开发成为暴利行业，因此县城的房地产业规模迅速扩大，开发能力也显著增强。据反映，到2007年底，老家县城共有房地产业法人单位19家，3年内增加11家。在这些房地产开发企业中，本地企业 14 家，外地企业 5 家。FX、LH、MY、YH、RS 等一批外地房地产开发企业陆续进驻，带来了房地产开发的新理念，显著提升了全县房地产业的开发能力和营销水平，同时促进了当地经济金融活动的开放性，地域社会开始从封闭走向开放。

房地产开发导致了地方经济结构的大转型，致使百业萧条一业兴，房地产开发成为地方经济的中流砥柱。为了分享房地产开发红利，众多企业开始了"用钱赚钱"的生意，就是用高利息的方式吸纳社会存款，然后向房地产开发企业放贷或参股。

（三）民间集资资金链断裂后引发的问题

与火爆的县城房地产市场相伴随的是"民间集资"和"投资公司"的兴起。民间集资是一个灰色地带，尽管国家金融监管部门对民间集资有许多法律规定和约束，但这种民间经济金融活动从未停止。在房地产开发兴起后，民间集资现象愈演愈烈，并开始从传统小范围内的个人集资走向大规模的机构和企业集资。许多曾经做实业的民营企业家向笔者递来的名片上都写着××投资公司董事长等头衔，身边众多的亲戚朋友也津津乐道"放息"赚钱——即将钱存进投资公司赚取高额利息，比银行定期存款利率还高，月利率一般为 1.5%～3%。在 2010 年前后，人们对此没有任何担心，纷纷将存款从银行搬到投资公司。有的甚至从亲戚朋友那里借钱，凑成 5 万元、10 万元的款项存进投资公司吃利息。还有的甚至将房子抵押给银行，将银行贷款存进投资公司赚取差额利息。

然而，好景不长，在 2014 年回乡后，笔者接触到的是众多的乡亲们找我帮忙，希望能把存在投资公司的本金追回来——一些投资公司已经资不抵债，资金链断裂，另一些投资公司则发生老板跑路现象。此时，建立在民间借贷和集资基础上的民间金融系统遭遇了困境。

民间金融的兴起和崩盘及其对地方经济社会的影响，引起了笔者浓厚的兴趣。当然，在这场民间金融风波中，众多利益受损的普通家庭的哀号、投资群体持续不断的抗争、个别家庭所发生的家庭悲剧和变故，同样唤起了我对当地民间金融问题的关注。

四、理论基础：社会学对金融问题的探讨

将金融纳入社会学研究视野并不新奇，古典社会学家就已意识到金融对社会现代性的重大影响，古典社会学大师韦伯、齐美尔和马克思等人都曾专门论述过金融在西方经济社会现代化转型中的重要作用。但是，由于社会学诞生于工业社会，企业组织是当时社会的主要经济组织形式和经济生活的主体，传统社会学主要关注企业组织，对于金融机构和金融行为的具体研究较少。

随着两次世界大战后全球化的飞速发展，金融在推动全球经济和社会交往中起着至关重要的纽带作用，金融体制、制度和行为越来越受到社会学尤其是经济社会学的高度关注，在"嵌入性"视角下，经济社会学对现代社会中的金融问题进行了较为深入的探讨。在国外，金融社会学正成为一门新兴学科。

在国家垄断金融资源的特有体制环境下，中国的民间金融和民间集资问题一直是法学与经济金融等学科高度关注的问题。随着互联网金融的兴起，民间金融创新层出不穷，国内民众被广泛卷入各种投资理财和互联网金融等民间金融组织中，民间金融问题已引起了国内社会学者的高度关注。一些研究分别从法社会学和组织社会学的视角，对国内极具代表性的温州民间金融现象进行了集中深入的实证研究。这些既往研究的理论视角、研究发现和思想观点，为开展本研究提供了丰富的启示。

（一）古典社会学家：理性视角下的金融制度与现代化转型

现代化转型问题是社会学的核心问题。古典社会学家马克斯·韦伯、齐美尔、布罗代尔等人对金融与现代社会转型的关系进行了经典论述，尽管各自的侧重点不一样，但基本都是在现代理性视角下对金融问题的思考：

在马克斯·韦伯看来，现代生活中最决定命运的力量是资本主义精神，而资本主义精神其实并不是贪得无厌，而是勤劳、节俭和投资，不断将财富

积累和扩大。尽管在《新教伦理与资本主义精神》这一经典名著中，韦伯探讨的正是这种现代资本主义精神的文化和宗教根源，但在《经济与社会》等其他著作中，韦伯对欧洲现代金融组织、制度和行为的经济社会意义进行了深入阐释。新教伦理的文化亲和性催生的现代资本主义精神虽然十分重要，但基于可计算的现代理性的一系列组织、制度和规章的建立，才是西方现代资本主义得以发展和蔓延的根本原因。实际上，除了对官僚制（科层制）进行了气势恢宏而又细致入微的探讨外，韦伯还对当时兴起的金融证券系统表现出密切关注，在德语版的《韦伯全集》第五卷中，包括了他在 19 世纪 90 年代关于证券交易的八篇文章，总篇幅为 1 160 页，这是韦伯对证券交易研究的首次系统介绍（杨义凤，2012）。

19 世纪 70 年代德国发生了一场经济危机，它不仅挑战了传统的农业社会，而且引发了政治动荡。当时，股票和期货市场在欧洲如雨后春笋般涌现，越来越多的产品价格由股票交易所决定。关于这种新的交易模式、交易性质和社会后果，存在着广泛的争论。与当时德国社会普遍认为"证券交易是滋生欺诈的温床"的观点相反，韦伯认为：证券交易并不一定会破坏人们诚实、善良的良好品质；相反，以证券和期货交易为核心的现代金融系统对贸易发展和经济进步的意义重大。从交易发展的历史出发，通过对各个国家证券交易模式的对比分析，韦伯认为：证券交易本身是一种更具合理性的市场运作机制，证券经纪人与证券交易行业准入系统之间的相互关系能够有效地延续规范和信任。以证券交易这一领域为代表的金融技术和证券交易金融机构的发展，迅速而有效地促进了资本和交易的"非人格化"，从而为投资者和经营者提供了便利，极大地促进了现代经济社会的合理化。

另一位古典社会学大师齐美尔在《货币哲学》这本经典名著中，以货币为研究对象，论述了现代金融机构、制度、技术的基础——货币——对推动社会现代化转型及其对现代文化和精神生活产生的重大影响。货币作为一般等价物，使得不同性质的事务与货物之间有了计算和交换的可能性。对于个体而言，货币既可以使个体摆脱传统社会中的人身依赖，又能使其产生新的不自由。对于整个人类社会和文化而言，货币的出现既是古代社会向现代社会转型的必然产物，又是推动这一转型的重要力量。在货币经济的驱动下，人类社会最终必然走向个人主义和功利主义。齐美尔从货币出发，揭示了货币背后的文化和社会意义，并从货币的发展中探索人类社会命运和个人命运的变化。齐美尔认为，货币经济的发展不仅彻底摧毁了封建制度，而且产生了现代民主制度。用齐美尔的话来说就是："正是因为这种非人格性和无色彩及无特性，货币才能做出不可估量的贡献"（齐美尔，2002）。

对于金融与社会的民主化机制，大卫·格雷伯（2012）也发现：在过去，富人（比如地主）是主要的债权人，公众对债权人始终持有偏见，认为他们是剥削者和不劳而获的食利阶层，而将债务人与劳苦大众联系起来。然而，经济社会发展的现代化转型使形势发生了逆转，在这个拥有债权和公司债权、抵押银行、储蓄银行、人寿保险单以及社会保障福利的时代，拥有收入的广大人民群众已经翻身成为债权人，而举债经营公司的富人成为现代社会最主要的债务人。从这个意义上说，现代社会是"金融的民主化社会"（格雷伯，2012）。

齐美尔和韦伯等古典大师所处的年代是货币经济年代，货币是当时经济社会生活中的重要媒介。到了后工业社会，货币经济已通过各种金融结构和制度走向了金融经济，通过金融的杠杆作用和各种复杂机制，齐美尔所揭示的货币在现代社会中的功能得到了急剧放大，这一机制比以往任何时候都要复杂。但是，金融具有的抽象化、系统化、理性化的基本社会功能依然没有发生本质变化。古典社会学家理性主义视角下金融系统与现代社会的转型分析，为今天社会学探究金融现象和问题提供了深刻的方法论启示。

（二）现代经济社会学：嵌入性视角下的金融行为与社会网络

传统经济学对金融现象和行为的研究遵循"理性经济人"假设，通常依托于数学方法建立各种市场模型，用以发现经济生活中金融的基本规律，力求提高金融资源配置的效率，追求经济利润最大化。正如著名的社会学家罗伯特·希勒（Robert J. Shiller，2003）的总结："那些优秀的金融模型结合了投资资产价格和经济基础。理性预期假说的运用使得金融学和经济学作为一个整体可以被结合成一个优雅的理论。"但是，由于理论模型建立在市场行动者信息完备、完全理性等技术性要素的基础上，与现实社会中的金融现象和行为有着明显的偏差及信息不对称，因此在大多数情况下，它并不能完全解释不可预测的金融现象。特别是在面对金融市场的价格波动和出现金融危机时，人们的非理性投资行为和种种不确定的政治或社会因素，对金融市场秩序的影响显而易见，而这些外部因素往往被金融模型忽略。

在 20 世纪 80 年代后，新制度经济学和社会学新制度主义的兴起，为研究金融市场行为和现象提供了新的思路及理论视角。全面理性、完全有效市场的假设受到了质疑和挑战，西蒙的"有限理性"假设得到了普遍接受，格兰诺维特"一切经济活动是内嵌于社会结构和文化网络中"的观点得到了广泛认同。在此背景下，"嵌入性-社会网络"分析成为新经济社会学的主要理论范式，并催生了一系列关于金融市场社会结构的研究。W. 贝克（Baker，1984）应用市场网络分析方法，分析了证券市场作为一种社会结构的网络构成，发现证券市场不仅是一种价格机制，而且是一种社会整合机制。沿着这一路径，一些研究探讨了社会关系网络对于公司获取银行贷款的作用，验证了社会关系网络结构对于金融行为和金融资源配置的影响。这些研究都表明，金融行为并非遵循理性计算和完全市场的经济学基本假设，金融市场并不是充分有效的市场，而是嵌入特定的社会关系网络中，是具体的、充满着社会结构力量的网络场域（Uzzi，1999，2002）。但 Beunza and Stark（2005）认为，在用社会学研究金融时不应只停留在经济实践所嵌入的制度，而应继承默顿在哥伦比亚大学所开创的组织研究传统，将目光投向经济事件本身，直接研究投资银行的日常实践和运营模式。

（三）对民间金融现象的多维研究视角和主要观点

民间金融又被称为"非正规金融"，泛指游离于国家正规金融组织制度和监管体系之外的投融资活动。在历史上，民间金融一般以民间高利贷、私人钱庄等形式存在。在改革开放后，随着市场经济的发展和民营企业的崛起，以民间借贷和集资为基础的民间金融再度复兴。特别是在民营经济发达的长三角和珠三角地区，民间金融十分活跃。在国家垄断金融资源配置的金融制度环境下，民间金融始终运行于灰色地带。因此，中国民间金融问题是国内外学界高度关注的现象，特别是近年来，随着互联网金融的发展，在国家正规金融组织和制度外已经生长出规模宏大的支付宝、余额宝等大规模民间金融组织形式，民间金融开始受到国内外社会学的广泛关注，金融社会学正成为一门新兴的显学。

最早对民间金融的产生进行理论阐释的是美国经济学家麦金农和肖，他们分别提出了"金融抑制"和"金融深化"的观点，认为在一些发展中国家，由于政府对金融系统的行政管制和不恰当的金融政策，发展中国家的金融系统存在着无法体现复杂的市场机制运行等方面的问题，而民间非正规金融市场的出现正是国家金融抑制的产物。金融抑制造成了发展中国家金融市场的分割化，形成了二元金融市场。相对于政府管制的正规金融市场，民间非正规金融市场更有效率。Allen et al.（2005）甚至认为，中国的法律制度和金融发展水平不能有效地解释中国经济的快速增长，合理的解释是巨大的非正规金融部门推动了中国民营经济的快速增长。他们的研究揭示了温州民间金融部门的运行机制，发现民间金融是建立在社会关系和声誉基础上的，家庭成员、朋友、生意上的伙伴以及合会、地下钱庄等是温州民营企业的广泛融资对象。

作为中国市场经济的重要发源地，温州模式受到了国内学者的高度关注，温州民间金融自然是众多研究的主题。纵观国内学者对民间金融的既有研究，总的来说离不开三种理论视角。基于理性选择理论视角的一些研究认为，民间金融组织和行为的产生，是正规金融制度和结构不合理情境下人们的理性选择与建构，民间金融的产生和发展，有效补充了正规金融组织和制度的不足，而且民间金融系统相对而言具有信息更加对称、服务更加便利等多种优势。风险监管视角主要从合法性角度，将民间金融视为一种风险因素，主张从法律和规范的角度对民间金融行为进行监管。社会文化视角侧重于从地域社会文化来解释民间金融的产生和发展。例如，有研究认为：流传近千年的永嘉文化的价值观念是温州民间金融繁荣发展、生生不息的根本。在永嘉文化价值观和中国儒学文化的双重影响下，使得浙江温州在市场经济因素高度发达的情况下，仍然保持着一个具有成熟社会典型特征的循环结构的民间信贷市场（周治富，2005）。

通过对既有理论资源和研究的回顾，我们不难看到：面对现代社会中的金融现象，社会学提供了一种不同于经济和金融领域的崭新的解读视角，它对蕴含于经济、金融学中的理论预设进行了批判和突破，对金融本质的理解更加贴近真实的社会实践。如果说传统的经济和金融试图更多地用逻辑建构来指导金融实践，那么社会学试图回归到对金融背后的社会关系网络及金融行动者实践的全面理解。

五、新的理论视角：社会信任与转型理论

综上所述，既往理论研究对于民间金融现象的产生或民间金融发展的某个环节做了大量的解读，为理解和认识民间金融的发展提供了较好的理论阐释，但目前对于整个民间金融的产生、发展和变迁，以及民间金融风波发生的机制和规律的解释，在实证研究和理论阐释方面还有待深化。为什么发生于全国各地不同历史阶段、不同发展进程中的民间金融最终都无一例外地走向了崩盘的结局？其背后的根本原因何在？针对这个问题，目前还缺乏令人信服的解释。

本研究认为，支撑民间金融的是传统社会信任网络，民间金融风波是信任断裂的结果，重建社会信任不仅关系到民间金融的未来，而且关系到地域经济社会的现代化转型。因此，本研究试图应用社会学中社会信任与转型的理论视角，剖析 D 市城镇化进程中民间金融的产生、发展、崩盘的基本规律。

社会学在很大程度上是一门关于现代化的学科，社会的现代化转型是社会学关注的核心问题。过去关于现代化转型的研究，更多侧重于从社会阶层结构、组织形态和集体运动出发，对于社会信任与转型关系的实证研究还有待加强。但是，社会学关于社会信任和转型的理论资源为开展本研究提供了丰富的理论支撑。

信任在人类经济生活和社会交往中起着润滑剂的作用，是降低社会交往成本、提高社会安全感、建立现代市场经济和法治社会的基石。按照社会学家关于"特殊信任"与"普遍信任"的二分法（韦伯，2004；帕森斯，2003），社会信任的转型成为一国经济社会现代化转型的关键议题。基于中国本土文化的信任研究大多认为，中国社会是"关系本位"的，占支配地位的信任类型也是关系型信任。关系型信任是一种特殊信任，对于中国信任关系的建构，费老所提出的"差序格局"很有解释力，即中国人的信任关系是以自我和家庭为中心，通过血缘、亲缘、地缘和业缘等社会关系而外推扩散，越往外延伸，情感越薄，信任关系越松散；越往中心，情感越深，信任关系越紧密（费孝通，1998）。这种关系型信任是与传统中国农业社会主导的静态和熟人社会结构相匹配的社会纽带。

随着经济的现代化转型，社会流动性的日益增强使得原有基于熟人社区的人际关系不断解体，传统人际关系网络对个人的约束力显著下降，社区从以往的熟人社会变为陌生人社会，社会经济活动远远超出了血缘、宗族和亲缘的传统社会网络。在这种情境下，支配国人的传统关系型社会信任在经济社会活动中的作用日益遭遇挑战，而新的基于组织和制度的普遍性信任系统尚未完善。因此，在社会转型中，时而发生社会信任断裂，甚至有时是社会信任的结构性断裂，使得我国经济社会运行中的信任危机日趋严重。可以说，从关系型社会信任走向系统性、普遍型社会信任，是我国经济社会真正实现现代化转型的必由之路，以系统信任为基础的普遍信任的建立，是推动我国经济社会现代化转型的重要支撑。

关于信任类型与社会转型的关系，许多社会学家有过经典的表述。马克斯·韦伯区分了一般信任与特殊信任（私人关系的信任）（韦伯，2004）；涂尔干在对社会团结（solidarity）的分析中论述了家庭和血缘信任对于传统社会机械团结的重要性；齐美尔则提出了"非私人信任"（impersonal trust）、制度信任（institution-based trust）以及信赖等概念（涂尔干，2013）。在美国著名社会学家帕森斯关于现代社会系统的论述中，从特殊信任到普遍信任的建立，被认为是从传统社会向现代社会转型的最基本的五个维度之一。在

《信任：社会美德与创造经济繁荣》一书中，著名学者弗朗西斯·福山认为：社会信任度的高低是衡量一国经济繁荣与否的重要基础和决定性因素。根据社会信任度水平的高低程度，他区分了两种不同类型的国家和社会，即高信任度的国家及社会（如德国、日本及美国）以及低信任度的国家及社会（如韩国和意大利）。福山认为：高信任度的国家及社会信誉高的主要原因是它们有较高的社会资本，这有利于自发形成的大型私营企业，而信任度低的国家及社会则因为社会资本的相对缺乏，很难自发产生大型私营企业。因此，在高信任度的国家中，无一例外地存在着"健康社会资本"的要素。在这些国家中，自组织社区的形成非常强大，也有许多中间组织，它们有效地保障了社会资本的健康发展。然而，在低信任度的国家，由于信任只建立在血缘关系的基础上，普遍存在着对陌生人的不信任，无法有效地形成中介组织，从而造成社会资本相对缺乏，现代企业机制及其运营的信任环境也无法建立起来，因此企业规模难以扩大，并给这些国家的经济现代化发展带来了极大的困难（福山，2001）。

帕特南认为：社会资本基于社会信任、社会规范和社会网络这三大基石，能够促进社会的合作行为，从而有效地提高社会效率。在形成社会资本的三大基石中，信任是首要的，信任是个人与他人、群体建立组织网络，形成共同规范的前提。因此，信任既是社会资本产生的前提，又是社会资本的重要表现形式，也是衡量社会资本多寡和社会现代化水平的一个重要指标（帕特南，2001）。正是在帕特南理论的影响下，社会信任水平被用来测评一个社会的社会资本丰裕状况，甚至是一个社会的现代化程度，并被广泛用于社会流动、社会融入问题的研究，如社会资本对于找工作的影响、社会资本对于农民工城市社会融入的影响等。

实际上，并不是所有的社会信任都会产生正向、积极的社会资本，进而促进社会合作，为经济社会发展起到润滑剂的作用。无论是福山、帕特南，还是布迪厄、科尔曼等社会资本理论的大家，其思想理论的背后，都指向一种现代社会中的系统性、组织化的信任所生成的社会资本对于经济社会发展的贡献。在西方现代化进程中，这样一套社会信任系统业已形成，在本研究中，笔者将其称为"系统信任"。系统信任是一种公共信任，如金融系统、货币系统、法律系统、保险系统等，这些信任系统都是建立在国家或政权信誉、法律规范基础上的，人与人之间权利地位关系的组织制度系统。这些系统信任的组织和制度系统是现代经济社会良性运行的基本保障。

与系统信任相对应的是传统社会或前现代社会的信任系统，可称之为"关系型信任"、"人格型信任"或"精英信任"。关系型信任是基于个体的、基于个人道德声望和血缘、亲缘、地缘等私人关系的特殊信任。在一个相对静止、封闭的熟人社会里，个体之间的人际信任深深嵌在每一个人所成长的社区结构和道德文化中，因此人际信任是在前现代社会里联结人与人之间关系的基本纽带。然而，在流动日趋频繁、邻里关系不断陌生化的现代社会里，这一套基于熟人社会人格品质和道德文化软约束的个体之间的人际信任，并不足以维系现代经济社会发展的正常运转。现代经济社会的正常运行，迫切需要建立起基于普遍性原则的系统信任。从这个意义上可以说，能否从传统人际信任向现代系统信任转变，是一个国家或经济体能否实现经济社会现代化转型的重要标志。

六、研究意义

综上所述，民间金融是一个富有社会学意涵的领域。在现实意义上，既关涉民生的发展，也关涉正规金融体制的改革和完善。在理论方面，用社会学自下而上的实证研究方法去观察与分析民间金融的产生、发展、崩盘及应对，具有多方面的理论意义。

（一）对于金融领域具有重要的现实意义

现代化金融体系的核心是现代社会信任体系的建立，欧美现代化国家在城镇化进程中建立起了现代化的金融体系。在长达 200 多年的城市化发展进程中，尽管欧美各国都建立起了基于系统信任的现代金融体系（见表 1-1），但对于区域城市化进程中地域金融系统如何支持城镇化的研究比较欠缺，毕竟在同样的金融系统和制度安排下，在不同地区出现了不同的金融资源分布以及迥异的金融现象。这就迫切需要从金融资源组织、分配和使用的区域实践中对金融制度的变迁进行实证研究。

表 1-1　美、日、德促进城市化发展的金融系统

国别	金融支持政策	政策和制度特征
美国	1. 发行市政债券，利用发达的资本市场进行直接融资。 2. 政府设立中小企业管理局（SBA），为中小企业提供直接贷款、协调贷款和担保贷款等形式的资金支持，同时成立小企业投资公司，并由 SBA 审批和管理，向中小企业提供长期信贷和资金支持。 3. 完备的农村金融支持体系，由下面部分组成：联邦土地银行系统、合作银行系统和联邦中期信用系统。	1. 金融机构的贷款发放为城镇化建设发挥重要作用。 2. 以政府为辅，以市场为主，各地方政府通过直接融资手段为城镇化提供资金支持。 3. 形式多样灵活的中小企业贷款担保计划，为中小企业提供资金支持。 4. 政府对农村金融机构提供优惠和减免政策，并通过相关立法从各方面保证农村金融发展。
日本	1. 政府主导建立存款保险制度、农业灾害补偿制度和相互援助制度。 2. 政府成立专门为中小企业服务的金融机构，甚至直接为中小企业提供政策性贷款。 3. 以立法的形式确立了信用保证协会制度和中小企业信用保险制度，信用保证协会可以为中小企业取得贷款充当担保人。由政府出资组建的中小企业信用保险公库既可以办理中小企业信用保险，又可以为信用保险协会提供一定的贷款。	1. 政府对农村金融的扶持较为全面，但行政干预较强。 2. 政府存款保险公司不仅为存款提供保险，而且对信用社的破产收购提供必要的帮助。 3. 政府制定和成立的针对中小企业融资问题的政策法规及金融机构，为中小企业提供了有力支持，但针对中小企业的资本市场还缺乏较高的融资效率。
德国	1. 建立存款保险制度，对农村金融实行扶持性干预。 2. 建立信用合作体系，规定每个信用合作社按一定比例存入一个特别专项基金账户，帮助有危机的信用合作社。当信用合作社出现风险时，该基金进行相应的补偿。 3. 建立以行会为基础的担保银行，对中小企业贷款进行担保，联邦政府拿出一部分资金，以低息长期责任贷款的方式对担保银行进行扶持，用以冲销部分担保损失。	1. 政府根据国家和全球的经济发展需要，为企业和研究部门提供必要的外部条件，给予资金支持和税收优惠政策。 2. 农村金融机构以公营性的金融服务为主，以私营性的金融服务为辅，全面调动农村的资金力量。

资料来源：黄国平．促进城镇化发展的金融支持体系改革和完善．经济社会体制比较，2013（4）.

随着城市中国的崛起，必然要求我国金融体系的现代化转型，否则，如

果金融体系与经济活动不匹配或脱节，将造成巨大的经济社会危机，社会现代化转型也将遭遇挫折。

在地方债务危机与新型城镇化对资金需求日益膨胀的今天，如何规范城镇化进程中的地方债务、拓宽城市建设融资渠道，是未来城镇化持续健康推进的基本保障。财政项目支持和以土地财政为担保的地方举债无疑是过去很长一段时间内我国各地快速城镇化过程中资金来源的两条最主要途径。然而，这种政府主导的融资模式显然在今天已经无以为继。创新城市化的融资模式和金融支持体系，有效吸纳民间社会资本直接参与城镇化建设，成为各地城镇化进程中有效弥补资金缺口的重要方式。以金融创新探索和推动多元城镇化与新型工业化、信息化、农业现代化相结合，统筹考虑、协调推进，并且实现绿色、低碳发展。与此同时，推动以人为本的城镇化，实现不同类型城市的协调发展。这是贯彻落实"十三五规划"所提出的"人的城镇化"重要方针的艰巨任务。在这样的经济社会和国家战略发展背景下，深入研究过去十年来地域城镇化进程中民间金融的产生、发展和崩盘的过程，并总结经验教训，对于推进金融现代化有重要的现实意义。

（二）对于社会学领域具有重要的理论价值

自改革开放 40 多年来，我国经济体系的现代化转型取得了长足的进步，但社会发展的现代化程度还比较滞后，从社会信任系统的角度来看，我国广大农村地区还停留在传统的人际信任关系状态。从全国层面来看，完善的现代系统信任也尚未建立起来。实质上，民间金融风波就是社会信任系统结构性断裂的后果。

从社会信任的角度研究民间金融问题，这是对社会学信任理论的开拓，不仅拓宽了社会学研究的视野，而且创新了社会学对民间金融问题的理论阐释。对于社会学本身的理论发展而言，民间金融中所蕴含的国家、社会资本、权力等维度，有利于拓展和丰富社会学的研究视野及理论资源。有研究指出，研究民间金融问题，最重要的是研究包括民间金融现象在内的金融现象。因为民间金融本身不仅是一种金融现象，而且是一种社会和政治现象。选择何种理论视角来理解和解释金融现象，不仅关系到如何认识金融的问题，而且关系到如何改变金融、防范金融风险的问题（陈氖，2014）。

对于金融问题的既往研究，经济学和金融学占据了统治地位，社会学对此领域的关注不够。本研究表明，金融问题，特别是民间金融问题是一个极其复杂的社会问题，社会学的学科特点就在于对社会现象观察的全面性、综合性。所以，对于金融问题的研究，社会学也具有特殊的观察视角和学科优势，而对金融问题以及民间金融的研究也可以拓展社会学的研究领域。本研究利用社会学视角研究民间金融风波产生和发展的原因及规律，阐释了现代信用体系对于现代经济发展的重要性，与经济学和金融学相比，可以体现出社会学综合性和全面性的特点。

第二章

概念、方法、研究发现及创新点

本研究主要从社会信任的角度来分析我国的一个地级市过去十多年来在城镇化进程中民间金融产生、发展和崩盘的基本过程。由于本研究是在一个地域社会做的有关金融问题的实证研究，文中会涉及大量的陌生概念、地名和人物，以及地方知识和文献资料，因此本章着重对研究中所涉及的这些理论概念、地名、人名、研究方法、资料来源以及研究的主要发现和创新点进行集中介绍。

一、本研究中的核心概念：个人信任、系统信任

本研究的主要理论视角是社会信任与转型理论。传统与现代的不同，是社会学转型理论的基本思路。根据社会信任研究的相关理论，笔者将社会信任分为传统社会信任和现代社会信任两种基本类型。总的来说，传统社会信任是基于熟人关系或人格特征的信任，用马克斯·韦伯关于行动类型的思想来说，是基于习惯或传统等的非理性信任，而现代社会信任是建立在法理基础上的系统信任。现代系统信任的建立，是一国或地区经济社会现代化转型的重要基础。如果从传统社会信任无法转换到现代社会信任，就意味着社会信任的结构性断裂，同时传统社会的现代化转型也会遭遇各种危机和困境。建立在民间借贷基础上的民间金融之所以最终会走向崩盘，最根本的原因就是其所依赖的社会信任与现代经济不相匹配。

（一）传统社会信任：个人信任

传统社会信任是建立在私人关系的基础上，是一种特殊信任。古典社会

学家齐美尔将这种信任称为"人格信任"。在《货币哲学》一书中，齐美尔通过"信贷"论述了从特殊信任到普遍信任的转型是现代社会的根本标志："政府在 18 世纪以前发行的库存债券是最早发明的对作为整体的国家税收所具有的要求权形式。在这种情况下，可偿还款项的确定性并不取决于必须确定的特殊情况，而是取决于债券购买者对国家偿付能力的普遍信心"（西梅尔，2007）。这种以国家为基础的信贷形式与个人信贷形式的不同之处在于，它不像个人信贷那样需要了解他人的信用状况。齐美尔认为：从传统社会到现代社会的转变必然伴随着社会信任类型的转变，即从人格信任到制度信任的转变。正是货币的使用，在人格信任向系统信任的转变方面起到了巨大的推动作用（实质上，货币的流通和使用就是金融）。货币作为交换的媒介和手段，彻底改变了人与人之间的社会关系。通过对货币历史的长期研究，齐美尔发现：货币在现代社会的形成过程中逐渐获得了抽象和永恒的地位。正是通过货币的流通和广泛使用，人们在传统社会时期逐渐建立起局限于特定目的的人际关系，从而取代了传统社会中的人际关系。因此，货币的流通和使用对于促进社会信任形式从特殊信任向普遍信任的转变起着至关重要的作用。

齐美尔指出：如果没有人与人之间的普遍信任，社会本身就会崩溃。从人类发展历史上看，几乎没有任何关系完全建立在对另一个人的准确理解之上。如果信任没有理性的证据，那么几乎任何关系都无法持久。"现代生活更多的是建立在对他人诚实的信任之上，而不是人们通常所理解的那样"（西梅尔，2007）。

韦伯还认为，信任包括特殊信任和普遍信任。特殊信任是指建立信任的基础是特殊的亲属关系，如血缘关系、朋友、亲戚、地域等，并由道德、意识形态等人格、情感、传统支配和非制度化的事物来保障。普遍信任是在信用契约或法律规范的基础上建立起来的，维持这种信任的关键在于"信任"双方都严格遵守信用合同。韦伯认为，中国人的信任建立在血缘共同体而非信仰共同体的基础上，即家庭血缘关系或准亲属关系，这是一种难以概括的特殊信任（马克斯·韦伯，1995）。

之所以说传统社会信任是一种基于人格特征的特殊信任，主要是因为该信任建立在传统社会人际关系格局基础之上。费孝通先生在《乡土中国》中提出了"差序格局"概念，为阐释传统信任关系提供了重要理论视角。费老认为，与西方社会的社团群体结构形成鲜明对比的是，中国的社会关系就像"向水中扔一个石子"，石子在水面产生的一圈一圈推出去的水波纹。而这些水波纹如同每个人都是他的社会影响所推出去圈子的中心，他与推动他进入的圈子联系在一起（费孝通，1998）。因此，用到社会信任关系上，中国人的信任关系也是差序格局的。信任的差序格局主要表现在：①信任的差序格局是根据关系的亲疏程度划分的信任。②每个人都是以自我为中心，再根据利益关系的强弱来划出一个个圈子，圈里的人是自己人，而圈外的人则是外人。内圈比外圈更可信。内圈与外圈的划分不仅涉及交际与利益关系，而且涉及心理认同与情感。③在现代的中国农村，差序格局在社会信任方面基于人际关系仍然发挥着重要作用，但由于现代社会人员的流动关系，已经开始发生裂变（童志峰，2006）。

除了费老的差序格局理论视角，梁漱溟先生提出了伦理本位的社会信任关系格局，林耀华先生在其名著《金翼》中也提出了类似的基于人际圈子和利益的信任关系模型（林耀华，2015）。在社会流动性较低、社会生活相对静止和封闭的传统社会中，人际信任嵌于社区情境结构和个人道德声望当中，人与人之间的信任建立在血缘、亲缘、地缘关系基础之上，同样具有费老提出的差序格局的基本特征。

在差序格局基础上建立起来的社会信任是关系型、特殊的社会信任。一些学者认为，"关系"是构建中国社会的重要基础，"关系取向"的信任是中国社会信任的主要方式。根据其建构的人际关系三阶段理论，中国人的社会信任是基于个人关系纽带以及后天的成就而建立起来的，既有传统情感的成分，也有基于理性计算而衍生出来的成分。总之，这种关系本位的信任是特殊信任，其核心是建立在对被信任方的人格品质、行为举止和社会关系网络等认知基础上的，主要通过人际关系的运作和维护，从人情入手，建立"人情信任"（杨中芳和彭四清，1999）。还有学者指出，袭、认、拉、钻、套、联是中国人建立和维系关系的基本方法，请客、送礼、做人情是维系和发展人际信任关系的常见方式（乔建，1982）。

基于差序格局的关系型信任有许多的优点，但也有一些致命的缺陷。关系型社会信任最大的优点是，因为它建立在血缘、亲缘和宗族等熟人社会基础上，因此这种信任关系比较稳定和可靠，不会轻易断裂。这也是我国社会中人际信任普遍较高的主要原因。各国经验表明，在现代化进程中个体之间的人际信任会普遍下降。然而，我国的人际信任却表现出较高的水平。有数据表明，2010—2014年《世界价值观》最新一轮的调查研究报告显示：在中国，人与人之间的一般信任程度高达64.4%，而与世界平均信任水平25.4%相比，我们的社会信任水平远比其他国家乐观。通过对世界价值观的各种调查结果的对比可以发现：在过去的30年里，中国的社会信任度高于日本、韩国、美国等国家，也一直高于世界平均水平。[1]关系型社会信任最大的缺陷就是将信任的范围局限在"自己人"圈子之内，过于依赖个体人格和社会关系的网络约束，无法跨越地域和人际圈子进行更大范围的延伸及扩展；一旦某个关键节点的人消失，短期内就可能没法找到可以替代的人，社会信任关系就会顷刻断裂，整个社会关系网络可能就会随之解体。

（二）现代社会信任：系统信任

现代社会信任是一种普遍信任，是基于抽象系统的信任。德国社会学家尼克拉斯·卢曼可谓是澄清信任概念并进行理论建构的第一人。在《信任：一个社会复杂性的简化机制》一书中，卢曼认为信任是社会生活的基本事实，并将信任定义为"对某人期望的信心"。卢曼认为，现代社会是一个功能异常分化的社会，主要表现为熟悉与陌生两个相互依赖结构的多元化和复杂化，这样一个现代世界充满了风险和不确定性。信任正是人们建立起来的应对现代社会复杂性和风险的重要"简化机制"，"应对复杂性是信任所扮演的功能"。

由于传统社会是一个依附于土地的静态社会和熟人社会，因此传统社会是人们并不需要怀疑就天然地加以认可与信任的社会。在传统社会里，由于生存空间所限，人们终其一生几乎都处于一个生来就熟悉和充满信任的社会

---

[1]　新华网．中国社会信任度很低吗？2016-03-28.

系统中，所以人们在大多数时候所应做的就是顺从和服从各种经验及传统。所以，卢曼认为："在熟悉的世界中，过去胜过现在和未来，复杂性一开始就得到简化，熟悉与信任构成吸收复杂性的互补方式。"

人类社会从相对静态、封闭的传统社会走向了流动性增强的复杂现代社会。在传统社会中，形而上学的权威（如宗教）为人们提供的安全感和信任感正日益瓦解，它们曾经对世界享有的解释力已经失去了效力。人们开始面对一个越来越陌生的世界，不得不为自己的生存空间寻找新的发展模式。

"人类相互之间的有效互动和社会生活取决于个人的自我形象或自我表达的社会连续性，如果一个人或一个系统的外部社会形象很难保持连续性，他/它就会失去基本的社会条件，无法参与社会生活，因为没有其他个人或系统会认为它值得信任"，这就是人格信任，人格信任是日常生活系统中的基本信任。

然而，事实上，现代分裂的社会秩序是复杂的，甚至日常生活中必要的社会信任也不能简单地通过这种个人取向来创造，必须有其他不依赖个性因素的方式来建立信任。因此，卢曼论述了"系统信任"。在论述系统信任前，卢曼给人们勾勒出了现代世界的复杂性。与哈贝马斯"从生活世界到系统"的理论透视异曲同工的是，卢曼认为：现代社会的复杂性源于社会系统的分化。从传统社会步入现代社会后，社会的系统结构发生了进一步分化，出现了由"分割式系统"、"分层式系统"、"功能式系统"和"三元共在、互为依赖"组成的社会形态。其中，"功能式系统"存在的主要意义在于打破"分割式系统"与"分层式系统"之间的界限，使得人与人之间彼此隔绝的分裂和各个系统之间人为的分裂与存在得以相互沟通，这实际上是一个复杂而有效的"沟通系统"。例如，真理、货币、权力都是一种泛化的媒介，是将复杂社会事务简化的载体。也就是说，无论是金钱、真理还是权力，它们只是简化复杂性的一种手段，而不是目的。然而，由于在人类的发展过程中使用这些"交流代码"并不能产生本质的辩证理解，如"拜金主义和权力崇拜"，并因而使自身走上"物化状态"，因此"对持有货币信任，对提供信息者的信任，或者对当权者血缘关系的信任，已不足以成为信任的基础。简化的系统本身需要并维持信任"（卢曼，2005）。如此，卢曼转入了对"信任自身"的研究，也就是"对信任的信任"的论述。

卢曼认为，现代社会复杂性的主要原因，实际上是以社会中各种制度的重叠和并列为前提的，对于任何一个社会子系统，都必须有三个关系：第一，一个子系统可以根据它的功能与整个社会发生关系；第二，一个子系统还可以与社会的其他子系统发生关系；第三，子系统也可以与自身相关。卢曼称第三种关系为自反关系。对"信任的信任"是信任自己的一种反身过程和功能。在这三种信任系统的关系中，任何系统的自反性都是在其初始系统的形成和成熟过程中产生的，而没有发展和一定的独立性。因此，无论是对人还是对由人构成的系统，自反性都是不可能存在的。"反身性"的出现和社会自身发展过程中"反思机制"的建立，标志着社会现代性和文明水平的提高（车凤成，2008）。

在卢曼思想的基础上，英国社会学家安东尼·吉登斯从哲学、心理学、社会学以及政治学等学科的角度，对现代社会信任的起源、本质、类型、机制及功能进行了全面的总结和深入的探讨，建构了系统的社会信任理论，为理解和认识西方现代社会转型以及重建现代社会信任体系提供了重要的理论视角。

在《现代性与自我认同》《现代性及其后果》等著作中，吉登斯借用心理学家埃里克森的研究，论述了社会信任的起源。吉登斯认为，信任最初是从人类个体的需要生成"本体论安全"，人类个体之间的信任产生于婴儿和母亲之间时空关系的"缺场"所造成焦虑的克服，这种母婴信任可以满足安全感这种人类的普遍心理需求。儿童从出生开始，就对其照顾者建立起"基本信任"，这是一种抵御"存在性焦虑"的情绪疫苗。这种母婴式的"基本信任"是以一种本能的、本质的方式与特定时空的人际组织相联系的。与此同时，对他人或制度可靠性的信心在建立现代社会制度和维持社会秩序方面发挥着根本的作用。吉登斯认为，从基本信任发展而来的一般信任可以分为两种基本类型，即人际信任和系统信任。他认为，人际信任是基于别人的"品德"好，（动机）是基于信任一个诚实的人，或爱的信任是基于人格和品德方面。

系统信任是基于信任的原则的正确性，指个人对抽象原则（如技术知识）的正确判断、认知或感知的信心。虽然人际信任总是与系统信任有着一定的深层联系，但制度中的信任并不是信任制度本身，而是信任制度的有效运行。

吉登斯认为，随着传统社会向现代风险社会的转型，信任的类型和机制也会随着现代制度的发展而发生显著的变化，表现为人际信任将逐渐被制度信任所取代，被动信任将逐渐被主动信任所取代。主动信任不是一种新型的信任，而是一种产生或建立信任的新机制。这意味着人际信任和系统信任都必须积极创造和维护。与这种信任机制相对的是传统的社会强制信任产生和建立的机制，即"固化信任"（吉登斯，2000）。积极主动的信任意味着一种能动性和综合判断，虽然与生活关怀和信任环境密切相关，但积极信任要求增加社会关系的"透明度"。

吉登斯指出，目前的社会团结机制发生了深刻的变化，毫无疑问，传统社会理论中的社会团结理论机制未能把握新社会团结的实质。正如涂尔干所言的集体意识和良心、功能性相互依赖机制等已经无法解释现代社会里新的社会团结机制的形成。在现代社会，积极信任是新的社会团结的源泉："从亲密的人际关系到全球化的互动系统，积极信任是在各种情况下新的社会团结的源泉"（吉登斯，2001）。总的来说，积极信任不再是基于对各种礼俗和传统经验的服从，而是通过创造"社群"来提高社会透明度，通过沟通与交往增进协商互动而建构和创造出来的一种社会关系。

吉登斯认为，系统信任是现代社会秩序扩展的基础。他所说的现代社会秩序已不再是古典社会学家孔德、涂尔干意义上的作为社会整合来源的社会规范，而是时空压缩和时空延展（脱域）。现代社会秩序意味着现代社会体系究竟是怎样把时间和空间联结起来的，或者说在什么样的条件下，时间和空间、在场和缺场才能连接起来。也就是说，吉登斯所说的现代社会秩序，实际上是突破了传统民族、国家、地域和行政界线的全球化背景下的社会秩序，其核心问题就是时空延展。积极信任的构建是时空延展的前提和基础。

吉登斯认为，现代社会的信任与空间和时间的匮乏有关："信任是与现代性相关的空间和时间扩张的基础。"与卢曼一样，吉登斯也认为信任产生于现代，与现代性紧密相关，而在现代性扩展的三大动力机制中，脱域机制（时空分离、制度反思性是另外两种驱动力）是指"社会关系和互动的区域关系从通过不确定性的无限交集重构的关系中'脱离出来'"。脱域内在地包含着在现代社会制度发展中，突出表现为象征系统的产生与专家系统的建立，这些"抽象系统"通过跨越伸延时空来给人们提供预期的"保障"，从而建立起社会信任。

（三）社会信任的结构性断裂与信任重建

本研究通过对D市的实证研究，发现在地方金融运作过程中所发生的"社会信任断裂"现象。此后，笔者通过阅读相关理论文献和做出理论梳理，由此提出社会信任的结构性断裂观点。笔者认为，社会信任的结构性断裂有两层基本含义：一是传统熟人社会人际信任网络的崩溃（事实和现象层面的断裂）；二是以法律制度和政府机构建立起来的现代社会公权系统信任未能接替传统社会信任，在应对危机中没能发挥有效功能（结构层面的断裂）。前文的理论综述业已表明，西方社会理论家普遍认为，系统信任和组织信任是现代社会信任系统的重要组成部分，也是支撑现代经济社会健康运行的基本保障。对于主导中国经济社会变迁的城镇化进程而言，正式金融系统、法院和地方政府是最关键的现代社会信任系统。在由传统人际信任支撑起来的民间金融崩盘后，以银行为代表的正规金融系统及以法院和地方政府为代表的公共信任系统都没能有效承担社会信任结构性转移的重任，这是造成民间金融风波后地方出现社会治理困境的根本原因。

本研究提出的信任重建并不是要复苏传统人际信任，而是要建设现代系统信任，也就是通过法律规章，加强对民间金融的监管，规制民间金融的发展，使之在遵循市场规律的同时有法可依。另外，打通民间金融与正规金融的渠道，促进民间金融与正规金融体系的对接。社会信任结构的转型和重建是走出民间金融风波的根本途径。

（四）民间借贷、民间债务与民间金融市场

民间借贷在中国历史上源远流长。从经济和法律的视角来看，经由民间借贷而产生的民间债务关系，泛指在金融监管体系之外的经济主体为个人、企业单位及其他经济主体所从事的经营活动，主要是以货币资金为标的的价值转让和以还本付息为主的活动。因此，民间债务既是一个债务数量关系，又是一种债权人与债务人之间的经济社会关系。其中，借出的甲方叫债权人，在本研究中是指众多放贷吃息的普通家庭民众，融资的乙方叫债务人，在本研究中是指众多的投融资公司及其法定代表人、企业老板。当民间借贷形成的民间债务总量达到一定规模，并且吸纳民间资金的方式出现一定的组织化、专业化和市场化之后，就可以称为民间金融。总体而言，民间金融（非正规金融）是经济社会发展到一定阶段，随着个人和企业财富的逐渐积累，其产业资本在逐渐转化为金融资本的过程中，正规金融体系却不能有效满足社会对资本收入需求的必然产物。

民间金融又称"非正规金融"，是正规金融的一个有效补充，它产生于正规金融体系不完善和正规金融体系信贷供给不足。由此建立在民间借贷基础上的非正规金融具有普遍性、地缘性、非监管性和隐蔽性等显著特征（王春宇，2010）。通过民间借贷累积的庞大民间资本（债务）在一国的经济运行中以及居民的生产生活中起到了极其重要的作用，民间借贷的问题既是一个非常重要的有关社会经济活动的现实问题，又是极其迫切的理论问题。

对于民间借贷的界定，国内学者仍有广义和狭义之争。对于广义的民间金融的界定，中国人民银行广州分行课题组（2002）认为：民间借贷与民间金融一样，是指不受国家批准的金融机构的约束，在个人与企业之间、营利金融机构与企业之间筹集资金的活动。康正平（2004）、苏士儒（2005，2006）、陈经伟（2005）、周素彦（2005）和其他研究认为：民间贷款是在正规金融体系之外的金融活动，民间借贷属于民间融资范畴，一般是指在正规金融体系以外自发形成的个人借贷资金的总称。林声（2008）认为，民间借贷不受资本、流动性、资本充足率等金融监管要求的制约，不纳入国家信贷控制和金融监管等传统管理体系。其他研究指出，从理论角度看，民间借贷由于缺乏监管而被称为非正规金融（张胜林等，2002）。与正规金融相比，民间借贷是一种自发的非正规信贷（高晓琼，2004）。民间借贷属于非正规金融范畴，是指在金融体制中没有受到央行的管制和政府的监督，处于"地下"的金融活动（李富国等，2005）。官兵（2005）基于民营企业家及农村借贷关系的实证研究指出，民间借贷只是非正规金融的一种表现形式，非正规金融还包括集资、私人钱庄、典当、银背、合会等形式。

联合国粮食及农业组织就将民间借贷视作"非正规金融"，即个人（或私人）之间所进行的金融交易活动。国际劳工组织通过对印度和乌干达等国境内的非正规金融的考察，认为民间金融主要是依赖私人之间的关系而建立起来的融资网络。美国国家经济研究局对国内民间金融的界定则侧重于私人关系，强调民间借贷是通过私人之间资金借贷双方与中介的关系来实现资金融通的一种方式（陈蓉，2006）。Anders Isaksson（1980）、Kropp（1989）、Frey（1984）、Krahene（1994）以及 Schmid（1994）等都认为，民间金融（非正规金融）与正规金融在同一国家并存，但又相互分离。正规金融受国家信用和相关金融法律系统的控制，而民间金融在这种系统控制之外独立运作。正规金融活动所依靠的是社会法律体系，而民间金融依靠的是社会法律体系以外的体系。研究者都认为：民间金融是规避管理当局对正规经济的管制，或是规避过高交易费用的一种资本交易形式。然而，民间金融恰恰是存在于正规金融之外的逃避金融监管的一种信贷形式。

在我国现行金融制度环境下，由国有商业银行主导的正规金融系统主要服务于国有经济部门或者说体制内的经济活动。金融资源高度集中于东部沿海地区和大城市，对于中西部地区而言，城镇化进程中金融资源的普遍贫乏和经济产业转型中金融需求的巨大缺口是它们面临的共同难题。因此，过去十多年来，尽管不同地域的资源禀赋和历史特征各不相同，启动城镇化的主导战略模式也不一样，但不同城镇化主导模式背后都有一种共同的机制，即在传统民间借贷所累积形成的民间资本上建立起来的民间金融系统，有效弥补了正规金融体制的缺陷，对支持和推进内地城镇化及经济现代化发展发挥了重要的作用。这种民间金融的本质特征是地域社会以人际关系网络为基础的传统社会信任。因此，民间金融的意涵远超经济学意义上狭义的民间资本，主要是一种社会学意义上的社会资本，这种通过民间借贷而累积的地域社会资本是推动地域城镇化的重要力量。

但是，民间金融始终运行于灰色地带，支撑其运行的是地域社会的人际信任，缺乏建立在主权信任、法律保障和中央银行或政府信用担保等基础上的现代系统信任作支撑，因此民间金融系统抵御风险的能力非常脆弱：一旦遭遇经济波动，谣言和恐慌就容易在投资者之间传导，从而导致社会信任断裂。建立在人际关系基础上的社会信任断裂、民间非正规金融系统崩盘后，建立现代系统信任，促进经济生活中的人格信任向系统信任转型便成为应对民间金融危机、维护地方社会稳定的关键。

（五）文化堕距是社会信任断裂的重要因素

文化堕距（culture gap）最初由美国社会学家奥格本提出，泛指在社会快速变迁的过程中，文化中的两个或多个部分，由于其变化的时间和程度不一致，相互之间协调的减少导致了文化集群中某些部分的滞后。本研究发现：在 D 市发生的民间金融风波中，文化堕距是导致社会信任断裂的重要原因之一。因为当地老百姓的习俗观念无法跟上物质层面的城镇化和金融需求的巨大变迁，再加上政府在法规、制度层面的应对跟不上社会转型过程，因此在遇到谣言和出现个别老板跑路现象时，无法理性和正确地认识经济社会发展大趋势，急于挤兑现金，由此造成了社会信任断裂和民间金融风波。

二、本研究中的地名与人名

由于本研究涉及大量地名和人名等隐私信息，按照社会学研究的伦理惯例，对研究中所涉地点、人物和相关企业进行了隐名化处理。

（一）D 市、N 区、X 县与 S 市

自古郡县治，天下安。县级是中国政治结构中最基本的行政单元，也是社会治理和经济发展最基本的单位。本研究在一个中部地区的地级市选取了三个区县，探讨分析支持市-县城镇化发展的地域金融问题。在 D 市，通过民间借贷等形式建立起了一个规模庞大的民间金融体系，这种民间金融在全国都极具代表性。D 市及其下属三个区县为观察和理解这一社会现象提供了较好的田野。

D 市位于该省中部，是一个地级市，在省城 C 市西南方 150 公里处，有高铁与 C 市、T 市相连。省城 C 市与 T 市、Z 市正在做一体化规划。

D 市下辖一区四县，即 D 市市政府所在的 N 区、L 市（县级市）、S 市（县级市）、F 县、X 县。D 市辖区的总面积为 8 117.6 平方千米。2015 年，该市的统计公报显示：全市实现地区生产总值 1 291.38 亿元，常住人口为 387.18 万人，其中城镇人口为 169.47 万人，乡村人口为 217.71 万人，城镇化率为 43.77%。在 D 市的人口构成、城镇化水平以及经济社会发展的状况上，D 市有着一定的代表性。

（1）N 区概况。N 区是 D 市的市政府机关所在地，N 区最早开启了城镇化进程。1992 年，H 省政府批准设立了 D 市经济技术开发区，下辖两个街道办事处。当时，N 区的初步开发规划面积为 42 平方千米。按照功能分区原则，规划为"一廊五区"，即产业走廊、仓储物流区、金融商务区、文教产业区、高效农业产业区、旅游度假区。

工业（产业）园区是推动现代城镇化建设和发展的重要模式。截至 2015 年，N 区内已经建有三个规模较大的现代产业（工业）经济开发区。正是在大力发展园区经济的政策背景下，D 市 N 区大规模快速城镇化开始起步。2002 年，N 区的城镇化水平仅为 26.5%，远低于全国同期水平 44.34%。但是，自 2003 年开启发展产业园区建设后，D 市的市区城镇化开始呈现加速推进，10 年后的 2013 年，该市的城镇化率首次突破 40%；2015 年，该市的城镇化率已达 43.77%。

（2）X 县概况。X 县是 D 市下辖县，位于资水中游，全县辖 19 个镇、7 个乡，总面积为 3 634.98 平方千米，总人口为 140 万人（2011 年）。X 县是一个典型的农业大县，其工业基础非常薄弱，城镇化水平十分落后，一直都是国家重点扶贫县。

该县的农业人口基数大。2001年，全县的总人口为128.86万人，其中城镇人口为16.88万人，农村人口高达111.98万人，城镇化水平仅为13.1%。据统计，2001年X县的农民纯收入仅为1 200元，贫困人口达到13.5万人。如何使X县从农业大县转变为农业强县这一问题，始终是困扰X县委和县政府决策层的战略核心问题。

在21世纪初，X县委、县政府在调查分析、总结研究全县经济社会现状的基础上，跳出传统农业兴县的思维，提出了"城建兴县"的新战略，其指导思想就是要大力加强城市基础设施建设，以城建带动县域经济社会实现跨越式发展。通过县政府搬迁、再造新城的模式，古老农业县启动了快速城镇化进程。

（3）S市概况。S市是D市下辖的县级市。全市的总面积为439平方千米，下辖16个乡镇和街道办事处，一个经济开发区，总人口为37万人，是重要的能源、原材料基地，素有"煤海"、"锑市"、"硅宝库"和"有色金属之乡"的美誉。自此，S市成为H省最重要的工业城镇之一，拥有工业企业1 100多家，规模以上工业企业100多家，形成钢铁、有色金属、化工、煤电、建材五大资源产业体系。域内的钢铁产业集团更是全国制造业500强，建筑紧固件厂的生产、设计规模居全国第一、亚洲第二，S市的火力发电分公司则是中南地区最大的坑口火力发电厂企业，还有全省最大的尿素生产基地。这些企业和产业是S市的经济支柱，但凸显了S市资源消耗高、工业污染重的传统重工业产业特征。

自党的十七届五中全会以来，加快转变经济发展方式成为我国经济社会领域一项极其深刻的改革。S市作为资源枯竭型城市，转变其经济发展方式不仅是生存之道，而且是发展之道。S市为了抓住资源城市转型这一战略契机，提出了"深化转型工程，推进产业规模化、城市生态化、城乡一体化"的"一转三化"转型战略。在此背景下，S市试图模仿X县的县政府搬迁与新城开发模式，使全市的经济社会发展驶入再城市化的快车道。

（二）人物及相关企业

本研究实地调查和访谈了 D 市三个区县内的大量公众人物及涉事企业，遵循学术惯例，在文中对人物和企业都进行了匿名化处理。为了厘清人物和企业在这场民间金融风波中的相互关系，这里集中简要介绍一下文中的关键人物和企业，见表 2-1。

表 2-1　本研究在实地调查和访谈中涉及的关键人物

1. 政府官员	C 先生	D 市金融办，访谈资料编码格式为 C-00x
	Y 先生	S 市金融办，访谈资料编码格式为 Y-00x
	Z 女士	X 县县政府，访谈资料编码格式为 Z-00x
	H 先生	S 市某镇镇长，访谈资料编码格式为 H-00x
	X 女士	S 市市委领导，访谈资料编码格式为 X-00x
2. 企业家	X1 老板	T 公司董事长（2013 年圣诞节坠亡）
	X2 老板	J 集团董事长，D 市最大的房地产投资企业
	B 先生	Y 公司董事长，S 市最大的地产公司之一
	F 先生	Q 公司董事长，X 县电子陶瓷行业知名企业
	Z 先生	CT 集团总经理，D 市财政局和发改委组建的国有企业
	L 先生	原 T 公司财务总监
	S 先生	X 县人，在 D 市 N 区从事建筑工程的包工头
	T 先生	D 市城投公司总经理
3. 民间投资者	A1　A2	访谈资料编码为：A1-01～A8-01
	A3　A4	
	A5　A6	
	A7　A8	

D 市金融办的 C 先生是笔者实地调研的重要向导，分管金融工作多年，对 D 市金融领域非常熟悉，曾全程陪同笔者深入调研三个区县。本研究对 D 市民间金融规模的评估做了大量访谈，C 先生都给予了非常大的帮助；此外，S 市金融办的 Y 先生、X 县县政府的 Z 女士对笔者的调研也给予了大力的支持和帮助，在此特致谢意。

本研究还关涉五家关键企业及三位董事长（总经理）。第一家企业简称 T 公司，其总经理兼董事长化名 X1。T 公司的资金链断裂后，X1 在 2013 年圣诞节坠亡，该事件成为引爆整个 D 市投资者挤兑潮，进而导致民间金融风波的导火索。笔者找到曾在 T 公司做财务总监的 L 先生，对 T 公司的发展历程及 X1 集资的情况做了全方位的了解。

第二家企业简称 J 集团，J 集团是 D 市最大的房地产投资企业，其总经理兼董事长化名 X2。J 集团 X2 与 T 公司 X1 同姓 X，且是同乡，因而在 X1 坠亡后，民间误传为 X2 坠亡了，恐慌使得投资者的挤兑现象迅速扩散到 J 集团，从而导致了 D 市民间金融风波高潮的到来。J 集团的民间债务链条庞杂、规模巨大，引发了持续 5 年的民间债务纠纷，成为本研究的重点和持续跟踪调查的重要个案。

第三家企业简称 Y 公司，是 S 市以房地产开发为核心业务的综合商业服务集团公司，其实力雄厚，所开发项目位于 S 市的黄金地段，是 S 市消费提档升级的市属重点项目承担企业。该公司董事长 B 先生就是因为在 D 市民间挤兑潮爆发后，恐慌蔓延到 S 市，投资者纷纷要求拿回本金而导致资金断裂的。Y 公司面临的情况，反映了恐慌背景下社会信任的断裂，以及社会诚信环境被破坏后地方民生和经济发展的艰难。

在 X 县，笔者走访了一家工业实体企业——Q 公司，它的总经理兼董事长 F 先生是笔者多年的朋友。通过对这一企业的走访，笔者力图考察民间金融风波对于实体经济和民营企业产生的影响。Q 公司在民间金融系统崩溃的影响下，从正规金融系统中的贷款被迫中断，而企业周转资金的匮乏导致企业不断裁员，通过缩减生产规模来应对困境。

第五家企业就是 D 市发改委和财政局出资组建的 CT 集团。CT 集团试图以政府公信力担保和国有资产作为抵押，重建地域社会信任，以引导民间资本重新参与城市的发展和建设。笔者与 CT 集团总经理 Z 先生进行了 2 个小时的细致访谈，了解集团公司组建的宗旨和目前的运转情况。在经历重大创伤后，一方面，D 市的民间资本消耗了很大一部分；另一方面，最根本的是民间投资的信任和信心也随之消耗殆尽。因此，CT 集团试图以国有资本来引导民营资本投资的 PPP 模式并不能重聚地域经济社会发展所需的民间金融资源。

三、研究方法：基于 D 市的案例研究

中西部地区的城镇化是我国新型城镇化的接力区域，也是我国实现经济社会转型发展的关键地区。因此，本研究选择我国中部地区的一个地级市作为研究对象，从中选择了三个具有典型特征的区县，围绕着民间金融的产生、发展及崩盘的故事，实证分析地域城镇化进程中社会信任的产生、维系和断裂的运行机制，从社会信任的视角解析 D 市城镇化进程中的民间金融风波。

（一）案例及代表性分析

本研究从该市选取 D 市政府所在的 N 区、S 地级市和 X 县为田野观察点及分析单元。选择上述三个观测点，考虑的是个案的代表性和典型性问题。D 市下辖一区四县，尽管都属于同一个市政府所管辖，但不同区县处于不同的发展轨迹上，它们城镇化的起点和路径各不相同，三个区县在如下几方面具有典型代表性：

首先，D 市 N 区、S 市以及 X 县分别代表了三种典型的行政建制。N 区一直以来作为 D 市市政府所在的区，处于全市资源配置的最顶端，其城镇化进程最早，城镇化的主导模式是产业园和开发区带动模式，城镇化进程中的金融支持和创新问题也最突出。X 县和 S 市在历史上实际是属于一个县城，只是 20 世纪 80 年代为了更好地发展工业和推动城市化而将 S 市从 X 县中剥离出来成立县级市。如前所述，市-县城镇化是过去十多年来我国经济社会发展变迁的常态，三个地区较好地代表了本研究所提出的市-县城镇化。

其次，D 市 N 区、S 市以及 X 县还代表了 3 种截然不同的城镇化发展模式。N 区作为市政府所在地，拥有较多的政策资源，主要通过工业园区开发和建设来推动城市扩张；S 市作为老工业城市，具有丰富的矿产资源和庞大的地方国企，工业化和城镇化水平历来很高，但近年来因为资源枯竭，传统工矿企业衰败，其面临的问题是经济发展模式迫切需要转型。因此，通过旧

城改造和新城扩张引导经济产业现代化转型，通过新型城镇化进行新城建设是S市再度城镇化的主要模式。而X县一直以来是D市最大的农业县，拥有140多万人口，属于国家级贫困县，但X县自2003年实施"县府搬迁"①战略以来，城镇化取得了跳跃式发展。这三个地方各自的资源禀赋与实际情况不同，各地城镇化的进程也不同步，三个地方采用的城镇化实施方案和主导模式也不一样，但历史和现实都表明：在以城镇化开启的现代经济产业转型的进程中，三地几乎同时遭遇了这场民间金融风波的洗礼。因此，本研究选取这三个典型地方来探讨民间金融对不同区县经济社会发展的影响。

最后，在这次民间金融风波中，这三个地区是重灾区，能较全面地反映这场民间金融风波的过程和经济社会影响。N区聚集的民间金融规模最大、民间投资公司最多、资金链断裂问题最早出现，在民间金融风波爆发后，民间债务纠纷的持续时间最长、最激烈，政府的处理难度也最大；S市作为老工业城市，民间投资最活跃，尽管同样遭遇了民间金融风波的洗礼，但基本在可控范围之内；X县的房地产市场最平稳，因此X县的房地产市场受此次民间金融风波的影响相对较小。选择不同程度的区县进行观察，可以看到不同层面对于民间非正规金融的认识和理解。

此外，之所以选择这三个地方作为观测点，也是考虑到了调研和资料的便利性。这是因为笔者最了解这三个地方的政府部门、领导和乡土人情，除了D市N区的普通话使用率最高外，X县和S市都使用同一方言。而同属于D市的F县和L市分别使用另外两种方言，且F县的特征与X县基本一致，同时L市也是县级市，与S市的情况大同小异。因此，本研究选取D市N区、S市和X县作为田野观测点，基本上涵盖了我国不同的行政建制、城镇化的初始状况、城镇化的主导模式等典型特征，相对而言具有较好的代表性。

（二）资料来源

本研究选取D市N区、X县和S市三个地方为田野观测点及分析单元，实地考察和分析三地近年来的城镇化进程、城镇化模式以及在城镇化进程中

---

① 县政府及几乎全部机关部门和大部分事业单位都从河西迁往河东。

民间债务的产生及运转情况，进而分析该地区民间债务风波的爆发对当地经济社会发展及地方社会治理所产生的影响。资料和主要数据来源有：

（1）各地方政府历年工作报告、统计公报以及地方志等资料中的相关信息。

（2）通过实地调查与深度访谈获得的一手资料。笔者与 D 市金融办、X 县和 S 市政府主管经济金融的所有部门领导人就该地区城镇化的金融支持主题进行了集体座谈。

（3）通过调阅各区县"打非办"与法院系统相关案卷资料，搜集了各区县"非法集资案"典型案件的案卷和庭审笔录，从中了解债权人、债务人的基本情况。

（4）通过当地的熟人关系，笔者与当地的民营企业家、民间金融的投资者群体等进行了深度访谈，获得了大量债权人的基本材料、口述资料等。这些资料生动揭示了 D 市城镇化进程中人们信任关系的起源、维系和断裂，深刻反映了人际信任和系统信任的断裂。

四、研究主要发现

通过深入研究，笔者主要发现了支持民间金融的社会信任网络是传统熟人社会的人际信任，民间金融风波的根源是社会信任网络的断裂和崩溃，治理和应对民间金融风波的根本出路是重建系统信任。

（一）民间金融发展的基础是传统社会信任网络

与全国改革开放走在前列的市县相比，D 市还是属于经济社会发展相对滞后、地方文化相对封闭的县市。本研究发现，D 市庞大的民间资本市场的产生有其特定的经济、金融和社会结构性背景。D 市城镇化发展所推动的经济和产业体系的现代化转型对资金的庞大需求是民间资本市场得以形成的基本经济环境，而正规金融组织和制度无法满足经济发展对资金的需求，这是民间资本市场产生的重要金融环境。此外，长期以来，正规金融机构吸纳存款的低利率致使居民存款处于长期贬值的尴尬处境，并使正规金融组织在吸收存款上越来越没有竞争力。在大规模房地产开发所带来的地产经济兴起后，房地产开发成为暴利行业。房地产开发市场存在的巨额资金缺口，使得一些企业发现了"投融资"（即钱的游戏）这个"生意"之后，D市的投融资公司遍地开花。

人们心甘情愿地将自己几十年来的家庭积蓄投到投融资公司里，不是经济上的贪婪，而是经过理性的思考后，寻找了一些安全可靠的途径。这就是熟人社会里的社会信任纽带，它通过血缘、亲缘和业缘等信任纽带，将分散的资本集中起来，参与到城镇化的经济发展进程中。当房地产经济景气的时候，地方政府、房地产开发商、投融资公司以及广大投资者都从中获取了各自的利益。在整个民间债务的融资端，都是基于强有力的社会信任关系；有了熟人社会的强社会信任关系，社会闲散资金能最大限度地集中起来。因此，传统社会信任是D市民间金融的基本支撑。

（二）民间金融危机发生的根源是社会信任断裂

与金融学用恐慌情绪、羊群效应和经济数据来解释金融危机不同的是，本研究发现：民间金融风波爆发的根本原因是社会信任的断裂和崩溃。在传统信任网络的支撑下，尽管能够迅速累积民间资本，但融资端已经卷入了现代市场经济体系——这个体系属于陌生人的世界，参与投资收息的广大投资者对于现代化的房地产经济系统的认知实际上是个"黑洞"。支撑投资者信心和信任的就是按月收息，这是获得投资者信任的关键。然而，融资端并没有建立起现代意义上的抽象社会系统信任，并没有获得法律的支持和公共部门的许可。当谣言到来时，对融资方并不理解的广大投资者立马产生恐慌，这就是社会信任断裂的结果，而系统信任的欠缺，使得恐慌效应更加严重。D市民间债务"雪球"的顷刻消融，也可以说是强大的民间信任的结果。因为在恐慌下，强大的社会信任网络使融资端每一个环节上的参与者都认为，是融资端发生了重大的问题。因为融资端对基于信任网络而建立起来的投资者来说，是个十足的陌生人。正是因为这种强大的个体信任而凝聚起来的投资者对需要系统信任为支撑的融资端的不信任，以及两种信任之间的断裂和未能适度转化，使得 D 市庞大的民间金融体系霎时雪崩。

（三）应对民间金融风波的关键是重建系统信任

D 市庞大的民间资本市场在谣言和恐慌下的顷刻崩盘及瓦解，从本质上看是地域社会民间资本市场始终没能与正规金融系统接轨，始终运行于灰色地带，没能建立起现代金融所依赖的组织和系统信任的结果。金融作为现代社会经济活动的基本纽带，需要完备的法律系统和良好的信誉系统的支撑。此外，从 D 市这场民间债务纠纷发生后，公共部门的处理过程及后果来看，民间金融作为地方经济和产业发展的资金补充，对于地域经济和社会的现代化转型具有重大意义。在地域经济体系现代化转型的背景下，各级地方政府除了承担公共治理职能外，还肩负着发展地方经济和产业的重任。因此，地方金融发展的制度环境就不可避免地受到地方政府公共治理水平以及各公共部门对经济运行直接干预的影响。地方金融系统除了受到正规金融制度、政府治理水平的影响之外，民间资本、社会信任网络等非正式社会结构对其的影响同样巨大。本研究讲述了近年来 D 市由城镇化主导的经济产业转型过程中，民间借贷市场的产生、兴盛、崩盘和治理的故事。本研究发现：尽管以民间借贷为基础的民间资本市场对当地经济产业的现代化转型起到了关键的推动作用，但随着地域经济产业的现代化转型，这种基于传统人际信用的民间资本市场始终没有与正规金融系统有机接轨，因而无法支撑起复杂的现代经济体系。因此，建立起系统信任，推动民间资本市场与现代金融体制的接轨，建立与现代经济和产业体系相匹配的金融系统，是走出民间金融风波、推动地方经济转型升级和可持续发展的关键。

五、研究创新及不足

本研究以一个地级市为田野观测点，搜集了该市 N 区、S 市和 X 县的城镇化发展、产业转型和民间借贷的相关资料及素材，力图从历史变迁的角度，综合考察一个地域社会里，民间资本市场的形成及其背后社会信用体系的运转。本研究试图在理论和方法上都有一定的创新和尝试，有一些自己独立的观点，但由于所涉及的地域范围广、跟踪的事件比较敏感，因而在实证研究过程中面临信息不对称等多种难题，所以在相关数据积累、指标的全面性以及概念的周延性方面，还存在很多的不足，希望能在今后的研究中进一步厘清和完善。

（一）本研究的创新点

本研究是一项探索性研究，在理论、方法和研究发现上都做了一些新的探索，因而具备了一些潜在的创新空间，主要表现在如下方面：

第一，本研究通过民间金融来实证分析社会信任问题，从民间金融的兴起、发展和危机爆发后地方政府对民间金融风波的治理过程，动态地分析普通公众对于民间金融信任关系的转化。过去有很多关于信任问题的研究，但大多是从宏观、抽象和逻辑演绎的角度出发，本研究将信任放在地域经济社会生活中，观察人们对于非正规民间金融的信任关系及其变化，因此本研究关于社会信任的研究是从微观层面到中观层面的实证分析，是在地域经济社会转型背景下对社会信任的实地分析和考察，社会信任不再是一套抽象而宏大的道德辞令。

第二，本研究发现，建立在传统人际信任基础上的民间借贷是与该地区的传统文化、传统民风民俗以及传统小农经济接轨的。这在一个地域社会流动性较低、地域社会相对封闭的情况下并不会发生太大的问题，但建立在这种信任基础上的民间金融市场，一旦遭遇到 D 市如此大规模的快速城镇化，则迅速膨胀的城市聚集体与脆弱的建立在私人关系基础上的民间借贷之间便会出现巨大的不匹配。因此，社会信任的断裂导致了民间金融风波的爆发。只有建立在公共权力和法治规范基础上的现代系统信任，才能解决地域金融结构与经济结构不匹配的矛盾，这个研究发现在理论和应用方面都具有一定的创新价值。

第三，本研究在研究社会信任时提出了关于社会信任断裂、社会信任转型与社会信任重建的问题。过去，社会信任断裂问题在关于政府公信力与政治信任领域的研究中有所体现。本研究提出的社会信任断裂是指建立在个人信任基础上的人际信任由于与现代金融体系的不匹配而造成的信任转型的断裂，实际上是经济社会现代化转型过程中基本制度的断裂，即社会中广泛蕴藏的人际信任关系无法向系统信任转型，导致社会资本不能合法、有效地流动。因此，这种信任的结构性断裂揭示了经济社会转型所面临的基本难题。

第四，本研究凸显了转型时期社会信任的中国特色。民间金融纯属个体经济行为，起因于个人，但民间金融风波爆发后，最后所有的责任似乎都转移到了政府。地方政府在治理民间金融风波时，希望依靠公共权力来组建地域金融系统。这种公共权力支持下的信任体系重建，非常符合中国社会的逻辑，凸显了社会信任重建的中国特色。D市之所以发生这么严重的民间金融风波，从政府角度来看，其实政府本身也存在一定的责任。因为政府作为"守夜人"，直到民间金融产生了问题后，才开始介入。政府在面对正规金融和民间金融这两个系统时，没有及早去规制，因此在爆发民间金融风波后，民众才要求政府处理问题。信任重建较好地揭示了转型期我国政府与社会的关系。

第五，本研究扩展了社区研究的范围。目前，大多数社会学的社区研究是聚焦在一个人口数量不大的、具体的生活共同体范围内，而本研究以追踪社会事实和社会事件为线索，大大拓展了研究地域。笔者探索的这件民间债务纠纷发生在D市N区、S市和X县等广泛的区域，遵循了追求社会事实的原则，大大拓展了传统社区研究的范围，追踪了该事件和所涉及市、县、区的整个地域。本研究通过过程事件分析方法，考察一个地级市近年来的城镇化建设所带来的经济产业转型，分析这个地域社会现代化转型背后社会信任关系的变化。本研究基本上遵循民间债务产生和发展的过程事件视角来分析D市民间金融的产生、发展和演变。过程-事件分析是由本土社会学者提出的一个带有方法论色彩的叙事和分析工具，最初学界主要将这一工具用于解读国家权力与普通农民之间高度分化的、变动不居的、处于实践状态中的关系的重要性（淡卫军，2008）。与社会学经典的结构-制度分析相比较，过程-事件分析善于将社会现实当作一种动态的、流动的过程来加以分析，能对社会现实做出更适当的描述和理解（谢立中，2007）。

过程-事件分析曾被广泛用于抗争行为和社会运动研究领域，并在此研究领域中不断与结构-制度分析相结合。一方面，它从事件过程角度力图对社会事件进行全方位透析，描述事件的过程和行动的力量；另一方面，它又从结构和制度的角度来理解与阐释事件发展的结构性动因和约束。应星写的《大河移民上访的故事》将两种研究视角融会贯通，堪称研究的典范。本研究关注的社会事实高度类似于大河移民上访的故事，它发生在一定的地域范围内，看上去纯粹是一场民间金融风波，实际上关涉国家金融体系和制度安排，关系到地方政府各部门的治理。因此，本研究借鉴过程-事件分析的基本叙事和分析方法，从社会信任的角度来研究和解读 D 市民间金融风波产生、发展的治理故事，在研究方法上也有一定的创新探索。

（二）本研究的不足之处

本研究是一项针对地域经济社会现代化转型过程中社会信任系统变迁的探索性研究。由于本研究所涉研究对象的敏感性、研究范围的广泛性以及研究时段的久远性，因此在实证研究中面临着多方面的难度，加上笔者本身出身于经济、金融学专业，对社会学的理论和研究方法的把握还比较有限，因而在理论的建构上还有待进一步提炼和深化。

本研究最大的不足在于研究现象的代表性问题。本研究所叙的事件发生在一个地级市及其下辖区县内，而我国拥有 300 余个地级行政区和 270 多个地级市，各地的经济发展和社会差异较大，各地城镇化进程中的金融支持系统可能各不一样，因此本研究对地域经济社会现代化的模式和途径，以及在此过程中社会信任与金融系统关系的阐释，不一定具有普遍意义。对我们这样幅员辽阔的国家来说，如何让金融更好地服务于地域经济社会的发展，还需要更多的案例研究，用以在众多地域经济社会现代化经验的基础上做进一步的比较研究。

第三章

传统社会信任与 D 市民间金融的兴起

自 2009 年以来，在 4 万亿救市计划的刺激下，市-县城镇化建设加速推进，整个地域经济和产业体系的地产化转型对资金的需求量急剧膨胀，而在地方正规金融系统多重失衡的金融环境下，以民间借贷为基础的民间金融市场迅速发展壮大。

民间金融市场的建立，有赖于传统社会信任关系的延伸扩展。D 市民间金融市场的形成和运转，建立在传统社会信任关系的基石上，支撑民间金融市场的信任关系尽管经历了从人际信任到组织（机构）信任的建构，但由于民间金融始终在灰色地带运行，尽管民间金融组织披上了各种光环，但实际上这些组织是缺乏法律支撑和正规金融系统认可的，因此其信任体系依旧十分脆弱。这种脆弱性其实为房地产经济衰退时所产生的巨大金融风险埋下了隐患。

本章主要介绍 D 市民间金融的规模、兴起和发展过程及其赖以支撑的传统人际信任网络。

一、D 市民间金融规模

作为运行于灰色地带的民间金融，其规模究竟有多大，对于 D 市及下辖区县的金融监管部门及一些地方领导而言，既是不便明说的事情，又是很难摸清的问题，因为民间金融本来就运行于灰色地带，没有正规的统计渠道。要摸清 D 市民间金融的规模总量是件很难的事情。据官方调查评估的相关报道，2013 年 D 市民间借贷规模达到高峰，全市民间借贷资金规模在 400 亿元左右。

2016—2017 年笔者通过多方面的社会关系，借助一些正式和非正式的渠道，对 D 市民间金融的体量和规模进行了估算。从 D 市金融办对全市民间非法集资的摸排数据中，大致估算出 D 市民间金融的总量为 250 亿元，约占全市正规金融系统总贷款额度的一半，或者全市居民存款总额的四分之一。尽管 D 市金融办所采集和掌握的数据与上述官方调查评估数据有较大出入，但可以理解，因为这个差距是地方金融监管部门经过摸排后，排除了一些利息正常[①]的借贷额度所造成的。

（一）D 市的总体评估

笔者专程走访了 D 市金融办 C 先生。D 市金融办曾专门对民间非法集资进行了摸排调查，因此其掌握的数据大体是可信的。从与 C 先生的访谈中可知，整个 D 市民间金融市场所吸纳的社会资金规模在 250 亿元左右，涉及 30 万个债权人。

笔者：民间融资整个市区有多少？有几百亿元吗？还是一百多亿元？

C 先生：我跟你实话实说，我们登记的打非办也在金融办，我们统计的是出了问题的 173 家公司，这些都是浮出水面的，有债权、有不稳定因素的是 173 家。我们估计金额是 193 亿元。但是，这个里面不包括另一块大的，就是我们的煤炭行业那块。你可能清楚，在我们这里，煤炭是我们的传统支柱产业，那一块其实更多。我们原来摸过底，大概是 100 家，资金总额大概是 50 亿～60 亿元。但是，那一块有几个特点：一是有钱人（反正就是在煤炭里面赚了钱的）这里投点资那里放点钱，这是一个。二是当地老百姓以入股的形式，3 000～5 000 元的那种比较多。我记得有一个煤矿涉及 3 000 多人，但金额只有 2 000 万～3 000 万元，就是平均多的 20 000～30 000 元，少的就是 3 000～5 000 元，就是这个乡附近的人放在里面了，那一块比较多。

---

① 2015 年 6 月 23 日由最高人民法院审判委员会第 1 655 次会议通过的《最高人民法院关于审理民间借贷案件适用法律若干问题的规定》明确表示：法律保护的固定利率为年利率 24%；年利率在 24% 和 36% 之间的是自然债务区；年利率在 36% 以上的借贷合同为无效合同。该规定自 2015 年 9 月 1 日起施行。

煤炭行业的融资是相对比较保守的，风险不是很大，毕竟是实体经济。我们估计的就是民间的不规范融资这一块，大概为250亿～280亿元。

笔者：这250亿元的民间融资牵涉多少人？

C先生：我们登记的有7.8万多人，这个是我们派了工作组进驻各公司进行了公开登记的，没有派的就没有进行公开登记，我们预测全市的直接债权人大概在30万人。在我们这里登记的只是其中一小部分，三分之一不到。

笔者：全市整个民间融资的占比达到全市贷款额的一半了？民间投资很活跃啊！

C先生：但是，这几年下降得比较严重，因为整个银行存款的回流也停了。我们已经连续26个月，住户存款的总数是全省第一。现在，我们D市的住户存款是1030亿元。到5月底，住户投资的愿望不是很强。

——访谈资料C_001

从上述访谈对话内容中可以看到，约30万人参与了D市民间资本市场，建构起了250多亿元的民间资本规模，平均每个人投资8万多元。如果按照当地1.5%～3%的月利率计算，对于参与放贷者来说，每人每月有1250～2500元的资本利得收入，而当地的公务员平均工资基本在2000元/月这个水平。因此，正是在这个意义上，我们可以说：D市民间金融市场既是地域社会资本的有效聚集，又是民间资本广泛参与城镇化进程的重要机制，同时还是广大居民家庭分享城镇化红利的重要渠道。

（二）S市的局部摸排

笔者通过S市有关部门获得了全市"非法集资"案件的企业目录清单，全市"民间非法集资"总额超过50亿元，其中26个重点案件中的企业和个人共集资15.64亿元，见表3-1。

表3-1　S市打击民间非法集资立案处理重点案件

	所属行业	融资金额（万元）	人均融资金额（万元/人）
1	投资类	33 203	10.18
2	批发与零售业	27 704	7.78

续表

	所属行业	融资金额（万元）	人均融资金额（万元/人）
3	房地产	16 000	6.15
4	投资类	15 000	8.82
5	房地产	12 000	24.00
6	批发与零售业	11 020	68.88
7	个人	6 900	60.00
8	商贸类	6 301	11.31
9	投资类	4 533	10.59
10	房地产	2 827	18.85
11	批发与零售业	2 800	9.33
12	服务业	2 500	12.50
13	商贸	2 164	11.33
14	批发与零售业	2 128	12.37
15	房地产	2 100	70.00
16	个人	1 700	42.50
17	商贸类	1 500	21.43
18	制造与建筑	1 024	6.97
19	服务业	1 000	11.11
20	批发与零售业	972	11.85
21	个人	900	100.00
22	批发与零售业	758	18.05
23	工业	500	13.51
24	个人	408	9.07
25	批发与零售业	300	15.00
26	个人	165	5.89

表3-1是从S市非法集资立案处理企业目录清单中摘录出来的26个重点案件。在立案处理的26个案件中，个人类集资案件5个，约占立案处理案件的五分之一。其余21个案件全部是企业融资，其中既有专门的投资公司，又有广泛涉及工业、制造、建筑、贸易、批发和零售等实体行业的企业。26个案件共融资15.64亿元，牵涉14 536个投资者（家庭）。我们可以看到，

这些企业基本上是当地的龙头企业，这些个人集资者大多是当地的商业精英。这些企业、个人背后不仅关涉 1.45 万个中产家庭，而且关涉数以万计的企业就业员工。这是 S 市当地经济系统中民营经济部门的重要组成成分，也是最具活力的部分。

二、D 市民间金融兴起的重要背景

在漫长的中国历史中，民间借贷关系古已有之，但并没有形成大规模的民间金融。从来没有哪个时期像今天一样，广大公众通过借贷给一些投融资公司的老板而分享城镇化进程中财富的增长。一些投融资公司通过民间融资而聚集起来的资金规模之大，已成为地方金融资本市场上的一股重要力量，甚至可以与正规体制内的金融资源比肩。

民间金融的兴起和发展，有着特殊的社会历史背景和正规金融体制环境。本研究认为，D 市民间金融起源于内地城镇化进程中金融资源的紧缺和正规金融机制的扭曲。本研究发现，D 市下辖的三个不同行政区域的资源禀赋和经济基础不同，它们以不同的模式启动了城镇化进程。但是，其共同的基本特征是金融资源的稀缺和配置扭曲。长期以来，D 市的正规金融组织廉价获取了大量的社会存款，但由于金融资源配置的规则和银行等金融组织的风险及利润偏好，这些社会存款未能有效地配置到当地经济发展中。

因此，各地城镇化进程中其实存在巨量的资金缺口。城投公司的兴起打破了以国有银行为代表的正规金融体系的一家独大。城投公司所发城投债的利息远高于正规金融机构的定期存款，它们以高于银行而低于当地民间高利贷的利息开始揽存。

也就是说，正是在市-县城镇化存在大量资金缺口的背景下，正规金融机构吸收社会存款的低利率和配置金融资源的高门槛，使得公众的储蓄不断向各种民间融资平台转移。随着城镇化的推进、房价的高涨、房地产开发的暴利，民间债务这个雪球不断壮大，居民家庭、房产企业、实体企业、投融资公司之间的相互借贷错综复杂，乃至最后那些正规金融组织也开发出各种理财产品，使得正规金融机构间的资源与非正规金融机构间的金融资源也发生了关系。民间金融机构的资源慢慢开始裹挟正规金融体系。

（一）市-县城镇化的大规模推进与产业转型

本研究非常关注 D 市的城镇化，因为大规模、高速发展的城镇化带动了房地产业及相关产业的集聚发展，由此产生了对金融资源和民间金融的巨大需求。毋庸置疑，地级市和县两级行政主导的城镇化是过去十年来推动地域经济社会发展的根本力量，但与沿海发达地区，北、上、广、深等特大城市内或周边的城镇相比，我国绝大部分地级市和县的金融资源是极其稀缺的，而特大城市和经济发达地区对人才、资源的虹吸效应更是加剧了金融资源分布和配置的不均衡，内地以地级市和县为主体的城镇化是在金融资源稀缺下的城镇化，与沿海地区的城市化路径截然不同。但是，经验观察和各种数据都表明：即便在这种金融资源十分有限的情境约束下，过去十年来，D 市下辖的不同区县在城镇化方面也取得了显著的成就，在市-县两级主导的城镇化推动下，各区县的经济和产业结构都开始了现代化转型。

如图 3-1 所示，过去 10 年来，在快速城镇化的推动下，D 市各区县的经济和产业结构开始了现代化转型。据 D 市城建局的档案介绍，在"十一五"期间，全市 5 个县、市、区的城镇人口达到 135.3 万人，全市每年有近 7 万人转移到城镇，这些涌入城镇的人员在为经济发展带来了巨大活力的同时，也给城市带来了交通、就业、保险、环保、住房、教育以及进城农民的公平待遇等一系列问题。针对这些情况，D 市为了全面提升城镇化的质量和水平，决定以高层次、高水平来规划城镇化工作。在发展过程中，政府领导认为：只有加快推进城镇化，才能增强城镇的吸纳能力、辐射能力和要素聚集能力，为 D 市的产业现代化转型提供强大保证。

城镇化发展速度的加快和规模的不断增长，有力地扩大了各类投资需求，同时又有效转移了当地农业人口。自 2006 年以来，N 市的新农村建设全面启动，全市 78 个村被列为省"千村示范工程"，46 个村完成了高标准的村庄建设规划，建筑业全年吸纳 2.5 万农村剩余劳动力；D 市经济社会结构的现代化转型，突出表现在各区县的城镇化增长上。

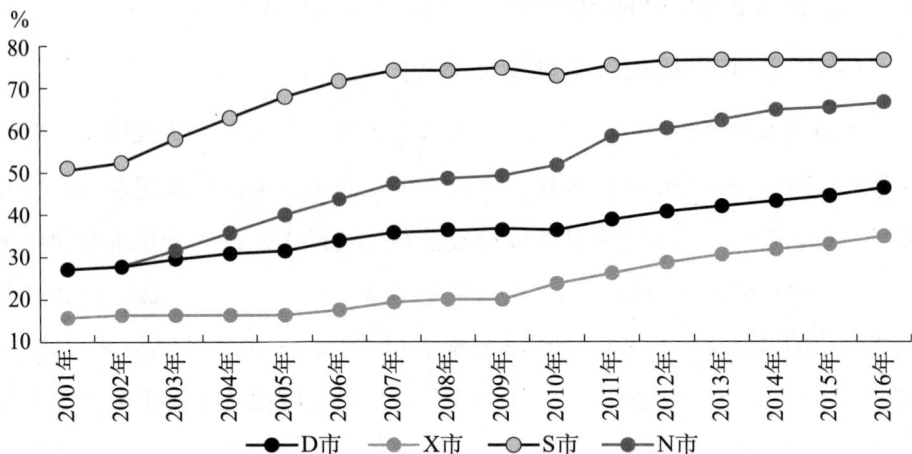

图 3-1　D 市各区县的人口及城镇化率（六普数据）

资料来源：各区县历年的统计公报。

　　尽管 D 市各区县的资源禀赋存在很大差异，同时不同区县走出了不同的城镇化路径或模式，但无论何种城镇化模式，其突出的表征就是现代房地产经济体系的兴起和建立。过去十多年来，本研究所选取的三个资源禀赋截然不同的区县，尽管一开始都根据自身的基础特点和资源优势采取了不同的城镇化模式，但最终都走上了房地产主导的现代经济产业化道路。

　　由房地产主导的产业结构的形成，突出表现在 D 市农业、工业和建筑业产值及增速的变化上。根据 D 市的农业发展分析报告（见图 3-2）：2011—2016 年 D 市农、林、牧、渔等第一产业的产值尽管有所增长，但增长率很低，而且其增长率的波动与全市城镇化增长率的波动保持高度一致。这表明：一方面，农业地区生产总值的增长其实对整个地区国民经济增长的作用微乎其微；另一方面，城镇化对农业产业发展的影响非常显著。

　　统计表明，2005—2016 年 D 市工业增加值的增长速度不断下降，特别是近年来的下降尤为明显。D 市的工业发展分析报告显示，最近十年来，整个 D 市的工业发展实际是在走下坡路（见图 3-3）。实际上，与农业相比，全市的工业体系正在不断衰落和解体。这也预示着一种全新的经济体系正在不断成长，这种全新的经济体系就是伴随和推动城镇化进程的现代房地产经济。

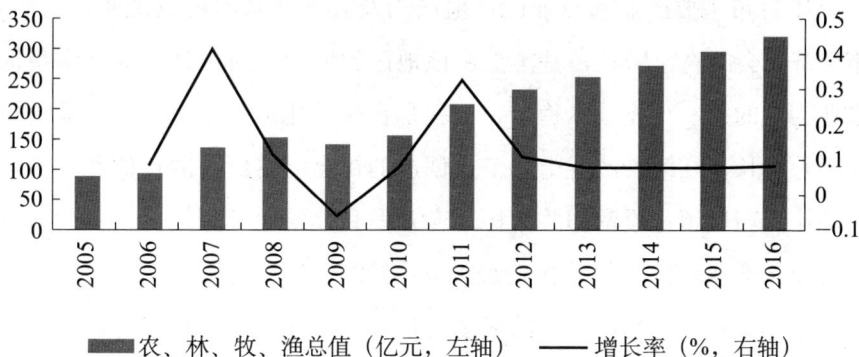

图 3 - 2 2005—2016 年 D 市的农业总产值及其增速

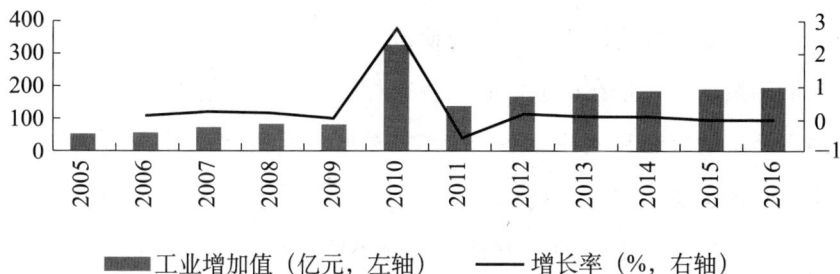

图 3 - 3 2005—2016 年 D 市的工业增加值及增速

而与工业的萎缩形成鲜明对比的是，与城镇化建设息息相关的建筑业增加值逐年快速增长。然而，D 市的建筑业发展分析报告显示，最近几年来，D 市建筑业的增速几乎呈现断崖式放缓，见图 3 - 4。

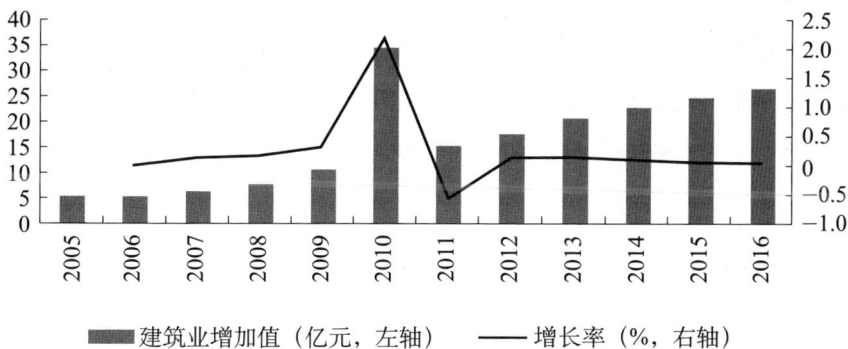

图 3 - 4 2005—2016 年 D 市的建筑业增加值及增速

上述 D 市主要产业和行业的产值结构及其增速基本可以说明：近年来，D 市经济社会的高速增长，基本上由该地区的城镇化所推动。其基本特征是以农业为主的第一产业基本稳定，也就是在城镇化进程中，第一产业的份额保持平稳增长；在第二产业中，工业创造的社会财富所占的比值和产值增速不断减小，与城镇化紧密相关的房地产开发和建筑业及围绕城镇化的众多服务业等第三产业取代了 D 市由传统工业主导的地方经济体系。

从总体上看，在高速增长的城镇化进程中，D 市的地域经济社会发展模式已经悄然发生了本质变化，即从过去由工业和农业主导的传统经济体系与发展模式，已经悄然转变为以房地产开发为中心的现代经济社会发展模式，建筑业和服务业取代传统工业和农业而成为 D 市经济增长的主导产业。无论是在产值总量上，还是在产业链条的复杂程度上，都远超过去的经济体系。

地产经济的兴起和地域经济产业结构的现代化转型，导致地域经济社会生活中对金融资源的需求迅速膨胀，而与经济和产业结构飞速变迁形成鲜明对比的是，以银行为主体的地方正规金融系统并没有发生与时俱进的改革，以更好地服务于地方经济社会的发展。其突出表现在，在金融资源的配置方式上，依然坚持国有部门优先的原则，稀缺的金融资源优先流向国有部门，民营部门很难获得正规金融系统中的金融资源。随着民营经济规模的持续快速扩大，其所需的金融资源越来越多。在获取正规金融系统的金融资源成本高、手续极端烦琐的情境下，传统经济活动中的民间借贷行为获得了飞速发展。以民间借贷为基础，以投资公司为中介，D 市构建了庞大的非正规金融系统，这一非正规金融系统有效地弥补了民间经济对金融资源的需求缺口，极大地调动了社会资金参与地方经济发展的积极性，有力地推动了 D 市的城镇化建设。

（二）正规金融系统资源配置失衡

前文大量的统计资料和数据表明，无论是从 D 市的整体上看，还是分区县来看，过去的快速城镇化都推动了地域经济和产业系统的现代化转型。在以房地产开发为主导的经济产业系统中，金融和资本是血脉。这个现代经济和产业体系的规模体量，远超由传统工农业主导的经济体系，其正常运转需要有大量的资金周转。然而，地方正规金融系统的体制及其运转，基本还停留在传统的由工农经济主导的产业时代，远远无法满足现代经济体系对资金的需求。因此，在这种正规金融体系的制度性约束下，建立在传统民间借贷基础上的民间非正规金融得以迅速发展壮大。在 D 市由城镇化主导的现代经济体系转型过程中，通过人际信任网络，迅速建立起了地域社会的民间资本市场。①

由于在 D 市没有真正意义上的地方上市公司，故正规金融系统几乎可以等同为由国有商业银行主导的银行系统。关于 D 市的正规金融系统，大致可以从如下一些数据中获得一个整体认知：

根据 D 市的统计公报，2015 年底城市的各种金融机构的存款余额为 1 284.75 亿元，比 2016 年初增加了 158.56 亿元，其中住户存款为 895 亿元，非金融企业的存款余额为 184.85 亿元。2015 年底 D 市金融机构各项贷款余额为 790.65 亿元，其中住户贷款为 251.07 亿元，比年初增加 14.38 亿元，非金融企业及机关团体贷款为 539.58 亿元，比年初增加 72.13 亿元，见表 3-2。

表 3-2　2015 年 D 市金融机构本外币存贷款余额及增长

指标	年末余额（万元）	增长（%）
金融机构本外币各项存款余额	12 847 505	14.1
其中：住户存款	8 950 011	16.2
非金融企业存款	1 848 464	14.2
广义政府存款	2 020 119	6.0
非银行业金融机构存款	25 507	−7.9
境外存款	3 404	−13.7
全年新增本外币各项存款	1 585 619	49.8
金融机构本外币各项贷款余额	7 906 488	12.3

① 刘卫平，杨艳文. 过程-事件视角下的 D 市民间金融危机研究. 清华社会科学，2021（2）.

续表

指标	年末余额（万元）	增长（%）
其中：住户贷款	2 510 732	6.1
非金融企业及机关团体贷款	5 395 756	15.4
♯个人住房消费贷款	875 559	9.1
♯中小微企业贷款	2 566 744	2.5
♯农、林、牧、渔业贷款	130 087	−36.1
♯制造业贷款	1 332 212	5.8
全年新增本外币各项贷款	864 900	16.4
金融机构人民币各项存款余额	12 821 828	14.2
金融机构人民币各项贷款余额	7 786 661	12.0

资料来源：2015 年 D 市的统计公报。

由此，我们可以看到该市正规金融机构的基本特征：首先，该市的存款主要来自住户部门，占到存款余额总量的 69.7%；其次，贷款余额占存款余额的比例较低，为 61.5%，住户部门的贷款比例更低，占全部贷款余额的 31.8%。由此可见，正规金融组织吸收了大量民间储蓄，但绝大部分贷款流向了"非金融企业及机关团体"，实际上就是以地方国企和机关事业单位为代表的公有部门。加上银行系统对于贷存比的考核和控制，正规金融系统的资源可用于民间的份额只占很小的一部分。实际上，随着经济体系的现代化转型，民间经济部门的规模日益扩大并远超国有部门的经济总量，因此它对金融资源的需求也越来越大。

表 3-3 是 2006—2015 年 D 市金融机构的存贷状况。由此可见，尽管 D 市正规金融机构的贷存比保持稳步增长，但基本上维持在 60% 左右，也就是尚有 40% 的金融资源未能有效用于当地经济社会发展，而贷出去的金融资源，绝大部分流向了国有部门。

表 3-3　2006—2015 年 D 市金融机构的存贷状况

年份	存款余额（亿元）	贷款余额（亿元）	贷存比（%）
2006	328.03	185.09	56.4
2007	383.99	208.69	54.3

续表

年份	存款余额（亿元）	贷款余额（亿元）	贷存比（%）
2008	486.96	244.55	50.2
2009	584.17	338.05	57.9
2010	655.75	399.32	60.9
2011	777.37	469.02	60.4
2012	907.03	550.03	60.6
2013	1 020.25	629.84	61.7
2014	1 126.10	704.16	62.5
2015	1 284.75	790.65	61.5

资料来源：D 市金融办的历年工作报告。

笔者通过实地调查了解到，在整个 D 市的城镇化进程中对资金的需求规模不断增长，因而资金缺口日趋扩大。N 区作为市政府所在的城区，金融资源相对其他区县而言比较充裕，但调研发现，单从 N 区的园区规划与投资计划的实际情况来看，产业园区开发资金的需求缺口很大，见表 3-4。

表 3-4 D 市 N 区经济开发区的资金缺口

D 市 N 区的开发区名称	级别	主导产业	基建项目（个数）	计划投资（亿元）	完成投资（亿元）
经济技术开发区	国家级	装备制造业，生物，新能源	17	20.45	3.55
SF 示范新区	省级	新材料	11	11.13	8.85
LX 经济区	省级	新材料	5	8.64	0.83

由此可见，尽管开发区模式为 D 市城镇化的大规模发展和快速起飞创造了条件，但在实际落地的过程中，面临着严重的金融资源约束，特别是体制内金融资源的约束。[①] 其主要原因在于：

第一，经济开发区对基础设施建设项目的贷款准入条件要求较高。目前在 D 市的 10 家银行金融机构中，只有中国农业发展银行、中国建设银行和中国农业银行为经济开发区的基建项目提供了贷款支持。但是，一些商业银行对经济开发区的基础设施建设项目贷款设置了更高的门槛。例如，中国工

---

① 用什么数据来衡量 D 市城镇化过程中的资金缺口，相关数据与指标还有待厘清和搜集。

商银行对国家级开发区的贷款要求是上年度的可支配收入不能低于 15 亿元，对省级开发区的贷款要求是上年度的可支配收入不低于 10 亿元。与此同时，它们对土地开发的投资强度也有相应条件。其中，国家级经济技术开发区不低于 320 万元/亩，省级经济技术开发区土地开发投资强度不低于 240 万元/亩。中国银行的要求是，若经济开发区为国家级项目，进度要达到 60％以上，现金流量估算达到在建项目全覆盖。因此，从 D 市三个经济开发区的现状来看，没有一个同时达到中国工商银行的信贷门槛。

第二，经济开发区基础设施建设平台企业的抗风险能力较弱。从整个平台公司的资本金实力看，D 市内 10 家专门承担经济开发区基础设施建设的平台公司的平均注册资金只有 7 000 万元，离各银行机构对经济开发区基础设施建设贷款设置的准入条件相差很大。

第三，从金融机构对担保和还款来源的要求看，一方面 D 市经济开发区基础设施建设贷款的担保范围狭窄，另一方面还款来源也较为单一。D 市辖区内的银行机构为经济开发区基础设施建设提供的贷款主要为抵押贷款，担保主要为土地使用权，还款来源主要为土地出让收入。在 23.1 亿元的贷款中，土地使用权担保贷款为 20.5 亿元，占比为 88.7％。贷款风险集中于土地出让收益，一旦土地价格下降，土地出让收入就会减少，从而必然导致还款来源不足的问题。这就从根本上决定了地域开发和城镇化过程中的金融支持模式及潜在的金融风险。

三、D 市民间金融兴发的几个阶段

正是在正规金融系统的制度性约束下，城镇化所需的巨额资金缺口使得以传统民间借贷为基础的民间非正规金融不断发展，最终形成了 D 市民间借贷市场。从本质上说，以民间借贷为基础的民间借贷市场的形成，是社会资本分享城镇化所带来的经济和财富增长的重要途径。

一直以来，我国商业银行系统采取了低息揽存、高息放贷的市场化运作模式，居民存款的利息不足以抵消通货膨胀导致的财富贬值。但是，一直以来，在国内金融系统中没有比银行更安全、可靠和利润相对较高的投资渠道，见表 3-5。

表 3-5　2015 年人民币存款利率（%）

项目		调整前利率	调整后利率
活期		0.385	0.385
整存整取	三个月	2.250	2.000
	半年	2.500	2.250
	一年	2.750	2.500
	二年	3.250	3.000
	三年	3.850	3.600
	五年	3.950	3.700
零存整取、整存零取、存本取息	一年	2.250	2.000
	三年	2.500	2.250
	五年	2.500	2.250
定活两便		按一年以内定期整存整取同档次利率打六折执行	
通知存款	一天	0.880	0.880
	七天	1.485	1.485
个人住房公积金存款	当年缴存	0.350	0.350
	上年结转	1.850	1.600

资料来源：央行降息后各大银行存贷款利率一览表，理财在线，2015-08-25.

注：本利率适用于非保证金存款，自 2015 年 6 月 28 日起执行。存款挂牌利率仅供参考，实际执行利率以客户与银行分支机构最终确认结果为准。

以 2013 年为例，中国银行一年期定期存款的名义利率为 2.25%，扣除 20% 的利息税后，存款人仅获得 1.8%。如果扣除价格因素，实际利率＝名义利率－通货膨胀率，根据国家公布的 CPI 上涨了 3.9%（第一季度）的数据计算，一年期银行实际利率应该是 2.1%。这意味着，如果将 1 万元存一年期银行存款，一年后减少实际购买力 210 元。换句话说，如果把 1 万元存入银行，一年后扣除本金、利息和税收后的收入实际上是 10 180 元。如果存款时的商品价格为 1 万元，按当年 CPI 增长 3.9% 计算，一年后的商品价格将上涨至 10 390 元，居民购买相同商品需要再支付 210 元。由此可见，如果停留在现有的金融系统环境下，仅通过银行存款，居民很难分享到城镇化所带来的经济增长和财富增值。

此外，银行贷款的高门槛、苛刻的抵押担保条件以及漫长的审核和放贷过程，也使得经济生活中大量民营企业、小微企业和经济活动无法低成本地获得银行部门金融资源的有效支持，见表3-6。

表3-6　2014年各主要商业银行的贷款利率

银行	短期贷款		中长期贷款			个人住房公积金贷款	
	6个月（含）	6个月至1年（含）	1～3年（含）	3～5年（含）	5年以上（含）	5年以下（含）	5年以上
央行	5.600	6.000	6.150	6.400	6.550	4.000	4.500
工商银行	5.600	6.000	6.150	6.400	6.550	—	—
农业银行	5.600	6.000	6.150	6.400	6.550	4.000	4.500
建设银行	5.600	6.000	6.150	6.400	6.550		
中国银行	5.850	6.310	6.400	6.650	6.800		
交通银行	5.600	6.000	6.150	6.400	6.550	4.000	4.500
招商银行	5.600	6.000	6.150	6.400	6.550		
中信银行	5.600	6.000	6.150	6.400	6.550		
光大银行	5.600	6.000	6.150	6.400	6.550		
浦发银行	5.600	6.000	6.150	6.400	6.550		
深圳发展银行	5.600	6.000	6.150	6.400	6.550	4.000	4.500
平安银行	5.600	6.000	6.150	6.400	6.550	4.000	4.500
广发银行	5.600	6.000	6.150	6.400	6.550	—	—
华夏银行	5.600	6.000	6.150	6.400	6.550	4.000	4.500
民生银行	5.600	6.000	6.150	6.400	6.550	4.000	4.500
兴业银行	5.600	6.000	6.150	6.400	6.550	4.000	4.500

资料来源：各大银行贷款利率表一览．南方财富网，2014-11-19．

上述各方面因素综合起来，助推了民间融资平台的产生。民间融资平台采取以高于银行存款的利率来吸收居民存款，又以高于银行贷款的利率来发放贷款的方法，但比从银行贷款的门槛低、时间短、速度快，能应对不时之需。此外，高速增长的城镇化所推动的经济发展，特别是房地产开发的丰厚利润回报，也是支撑民间融资平台生长和不断发展壮大的重要土壤。

D市民间金融的兴起和发展，经历了从简单的个人、亲戚朋友、邻居之间的人际借贷，到组织成立投资公司，开具存条以高息吸收社会资金的转变，其借贷关系从熟人社会走向陌生人社会。D 市民间借贷背后的信任关系也从熟人社会的人际信任走向灰色地带的信任，最后纯粹建立在经济利益的基础上，也就是信任的纽带其实越来越脆弱。

（一）资本利得与全民参与：人际信任网络的雪球效应

在资本利得的诱惑下，基于血缘、亲缘、地缘等社会关系的民间借贷行为普遍盛行。例如，从亲戚那里借 10 万元，亲戚的亲戚借 5 万元，朋友借 10 万元，朋友的朋友借 5 万元，如此往复，分散而微小的民间资本涓涓细流最后汇成了民间金融市场的江海。笔者调研到的一个案例，集中代表了 D 市民间资本的形成过程及其基本特征：

S 先生，D 市建筑业包工头，小学文化，在叔父的带领下，从在工地上搬砖干起，一步一步成为在 N 区从事建筑工程的包工头。

2007—2012 年 S 先生在 D 市先后承包过一些工程，赚到了人生的第一桶金。此后，S 先生在 D 市买了 2 套房子，生了 3 个娃，家里还聘请了保姆。就个人消费而言，他先开奔驰，后换宝马。在其出生的 X 县小镇里，乡亲们都将其视为成功人士和大老板。好多家庭希望搭上他走出乡村，去 D 市打工、做生意或直接去他的工地赚钱。也有一些亲朋好友逢年过节就提着土鸡土菜拜访他，打听他接下来有什么好项目，可以跟他入一些股份。

在房地产火爆的时候，只有特别好的朋友或特别亲的亲人才能入股，因为资源是有限的，能拿到地皮做开发的，能承包到建筑工程的，总是少数人。

当这些人在房地产领域"发了财"后，人皆美慕，认为只有房地产是发财致富的最好行业，一有机会都想跻身这个行业。

2012 年春节，S 先生在家族聚餐的时候跟亲友们吹嘘，他将有一个大的房地产开发项目，但自己资金不足，需要大家入股。S 先生的家族在当地算是一个大家族，其父辈有六兄弟八姊妹。

八叔一直是跟着二叔做建筑的，十余年来积累了 50 万元资本，他从一个普通农民到在建筑工地做工积累了 50 万元资本，也算是小有收获。因此，他决定跟着老侄干一票大生意。于是，他在老丈人那里又借了20万元，让老丈人帮忙借了20万元，在邻居家以1分的月利借了10万元，一共100万元入股到S先生的最新项目中，希望干一票大的后在村里盖个新房子。

二叔是老包工头，快60岁了，还有个小孩老四没有稳定工作，也希望S先生带着去工地上学习锻炼、熟悉房地产行业，以后好子承父业，有自己的事业，因此也替儿子入股100万元。

六叔本来是在X县做教育培训的，颇有一些资本积蓄，因此他也入股了100万元，其中60万元是个人积蓄，40万元是将房子抵押给银行借来的贷款。

此外，S先生还发动老丈人那边的三姑六婆入股，共吸纳资金100万元，自有资本也有100来万元。一共400万元资金，跟另一个老板合伙承包D市一个地块的房地产开发项目。

——访谈资料编码：S＿001

可以看到，仅仅S先生这一个体融资者，其融资的社会网络如下（见图3-5）：

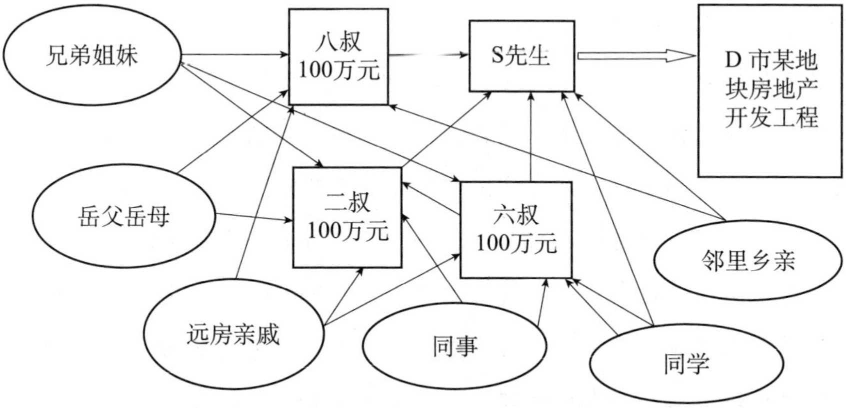

图3-5 民间个人融资网络关系示意图

S先生的融资网络基本上遵循差序格局的人际关系网络，越是靠近中心，血缘关系越浓厚，汇集的资金量也越大；当然，这种信任关系在一般情况下也越牢靠。越往边缘，血缘关系逐步切换为地缘、业缘关系，信任强度也相对减弱，但从总体上看，支撑个体融资网络的是传统熟人社会的人际信任。

民间资本市场上的利息为月利 1.5% ～ 3% 不等，从亲戚朋友那里借钱的月利可能就 8 厘到 1 分 2，有的甚至是不用利息的。上述案例是亲友们都通过包工头 S 先生入股一个房地产开发项目。在项目完成后，大家分红，其实也就是资本利得而已，不可能按照整个项目所得的利润，按照股份多少来分享利润。

实际上，以 S 先生为代表的个人融资网络只是民间金融系统的最底层，S 先生只不过是民间资本市场网络中的一个节点而已。众多的 S 先生将个人汇集起来的资金最终投向了投融资公司或地产公司。在 S 先生的局部网络中，八叔可能以 1 分以下的月利从亲朋好友那里借了一笔钱，再以 1.5 ～ 2 分的月利借给 S 先生，而 S 先生则可能自己拿去投资，也可能直接把钱以 3 分或者更高的月利放到投融资公司"理财"。

在房地产经济景气的时候，这个市场上的每一个环节都能赚到钱。因此，这种民间资本网络最大限度地把整个地域社会的闲散资金聚集起来，投入到房地产开发事业中。所以，在银行系统对当地民间开发商并没有多少贷款支持的情境下，当地房地产开发市场依然能够建立起来。

（二）从熟人社会到陌生人世界：灰色地带的信任建构

D 市民间金融的最初环节根植于强社会关系中，血缘、亲缘和地缘关系是民间借贷的重要前提与基础。然而，当民间资金通过层层借贷关系，最终汇集到投融资公司后，这种基于熟人社会网络的信任关系实际上就已发生了断裂。投融资公司已经卷入了非常现代化的经济增长体系中，进入了一个陌生人的投资世界里，个体间的信任关系已然走向了现代契约和合同关系（但是，投融资公司开具的这种契约和合同又是缺乏法律保障的，因为投融资公司自身就运行于灰色地带）。也就是说，汇集民间资本是基于熟人社会的信任网络，而使用民间资本（将汇集起来的民间资本进行投资）则进入了现代经济运行系统，需要的是支撑现代经济社会的系统信任。

然而，当地的民间投融资机构并没有获得系统信任，而是一直运行于灰色地带。各种投融资机构以外贸公司、担保公司、实业公司的形式在工商部门注册，但其投融资业务实际上没有得到任何的系统担保，无论是正规金融系统，还是法律法规。但是，这类处于灰色地带的组织机构之所以能大量吸收民间资金、获得公众的信任，有几个主要的渠道。

在此，本研究以 D 市最大的民间投融资机构——J 集团为例，描述这种灰色系统背后的信任建构过程和手段。J 集团实际上是 D 市最大的房地产投资企业，几乎承揽了全市 50% 以上的大型房地产开发项目，其融资需求在全市规模最大。2014 年初，J 集团因为遭遇投资者挤兑而发生资金链断裂后，在 D 市引发了一场金融风波，其债务纠纷至今尚未解决，因此该集团最具典型性。

（1）利用公众之间的口碑，即通过内部员工的口头故事，讲述自己如何通过投资赚了钱，带动一批亲戚朋友前来投资。小 L 是 J 集团的一名中层管理人员，他反映：除了日常生产任务以外，老板就鼓动企业员工到外面拉存款，并从存款佣金中提成 1%。而企业员工外出拉存款增加业务，自然从亲戚朋友做起。随着亲戚的亲戚，朋友的朋友，一传十，十传百，社会资金被源源不断地吸引过来。一边是高利息的诱惑，一边是出于对亲戚朋友的信任，D 市几乎出现全民将存款投放到投资公司吃利息的社会风潮。一位在当地教育部门工作的朋友曾告诉笔者，他身边的同事、朋友和邻居，几乎没有一个家庭不参与这种民间投资的。在办公室以及左邻右舍碰面时，大家都在讨论钱放在哪一家企业利息高，放在哪一家企业较为稳妥。

N 区居民老 W 还清晰地记得 2013 年春节前，他去 D 市 J 集团办理借贷业务的场景："100 多平方米的三层大厅里，乌泱泱一片挤得到处都是人，有好几个队伍一直排到走廊外，人声鼎沸，简直就像逢年过节时的菜市。营业大厅里其实有存钱和取款两个柜台，但大家都挤在存钱的柜台存钱，取钱的柜台人很少。那次，我用蛇皮袋装了 50 万元现金去 J 集团存款营业部存钱，上午 10 点多钟到营业大厅排队办理存钱手续，直到下午 5 点多才轮上。"

W 先生是 J 集团债权委员会的维权代表，据他透露：该债权委员会登记的负债达 24.8 亿元，涉及近 1 万个账户。J 集团作为 D 市一个大型房地产企业，给出了 1.8% 的月息。笔者在实地调研中搜集到的一些"借据"证实了这一说法，见图 3-6。

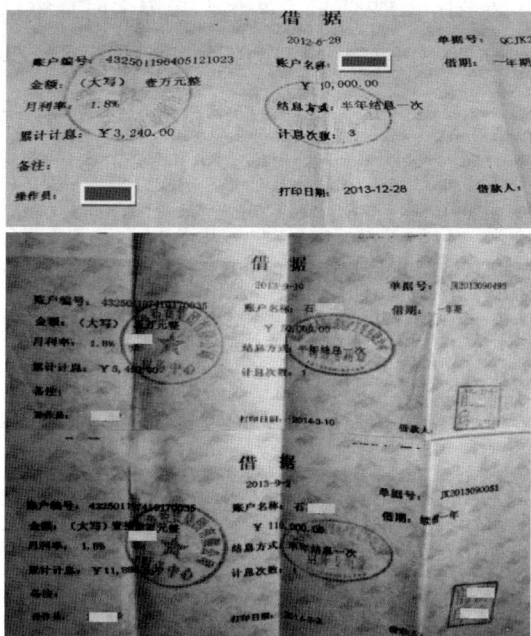

图 3-6　D 市 J 集团向投资者开具的借据

从这些借据上可以看到，不同时期开出来的借据都是月利 1.8%，年利高达 21.7%。10 万元的存款，在 J 集团存放一年，可获得 20 000 多元的利息，而在银行定期存款一年，只有 3 000 元利息，两者差距之大，可见一斑。因此，高额的资本利得，加上人与人之间的口碑传播，使得社会资金源源不断地涌向 J 集团。

（2）利用政府官员产生的信任光环效应，借助民众对政府和领导的崇拜来增强企业的信誉——"光环效应"。"光环效应"最早由美国著名心理学家爱德华·桑代克于 20 世纪 20 年代提出，主要是指人们对人或者事物的认知和判断往往只从局部出发，也就是常常从局部出发以偏概全，从一个光点呈现光环状扩散而得出整体印象加以认知和判断。这种类似于爱屋及乌的品质或特点，如同月晕的光环一样，向四周扩散开并产生弥漫效应，所以人们称这种心理效应为"晕轮效应"。J 集团董事长 X2 就非常善于应用和把握这种群体心理效应。

X2 不仅善于包装自己的身份形象，而且善于营造企业的社会形象。据反映，为了提升自己的学历，X2 先后去清华大学等多所高校学习并攻读工商管理学位。在创业期间，他先后获得"中国杰出企业家""全国优秀青年企业家""第五届全省十大杰出经济人物""全国帮扶青年创业计划先进个人""省优秀青年民营企业家""全省关爱员工优秀民营企业家""D 市优秀中国特色社会主义事业建设者""捐资助教模范"等几十项荣誉称号。与此同时，X2 还是省第十、十一届人大代表，D 市第二、三届人大常委会委员，先后担任省工商联常委、省青联常委、省青年企业家协会副会长及 D 市青年联合会副主席。各种官方身份和头衔云集一身。

此外，X2 还善于利用各种机会与省委领导留影，例如，在市委、省委领导来企业视察工作时，X2 与领导合影，然后将自己与各级领导的留影悬挂在企业展示。这已成为其企业文化的一部分，向外界彰显企业的地位和荣耀，暗示企业的背景和后台。正是基于这些光环，J 集团吸引了广大市民的关注和信任。

（3）以各种官方机构颁发的资质证书、评级证书来增强企业声誉，以获得社会信任。在 J 集团交易大厅的墙上，挂满了由各种官方背景的机构颁发的"先进""示范""重点"企业资质证书。据了解，J 集团拥有政府有关部门和相关事业单位授予的"全国就业先进企业""中国职工教育培训示范点""中国 AAA 级信用企业""中国服务业 500 强企业""省 100 强企业""全国企业文化建设百佳单位""中国企业文化管理创新十强企业"七大资格证书。

笔者访谈了一批向 J 集团存钱的债权人，并询问他们："为什么会信任 J 集团，而且把全部积蓄都存到这家企业？"债权人都认为：

> 政府都给了 J 集团这么多的荣誉和资格证书，领导都密集来调研背书，作为市里的明星企业、全国 500 强企业等，在我们市有这么大影响力，我们这些小老百姓难道还不相信政府和领导吗？政府都信任这家企业，我们还有什么好怀疑的？再说，那些年房地产业这么赚钱，也听说有人靠放贷赚了很多钱，我们也想赚点钱……

自 2010 年以来，在 D 市，还有众多企业为了吸收社会资金，给出了月利 1% 至 3% 不等的高息揽存。当地一家知名企业的老板张总说：

这几年来，我们这里有一个非常奇怪的现象，就是最繁忙的实体企业不是生产和销售部门，而是融资放贷部门。许多实体企业实际上已成为融资平台，比银行还热衷于搞融资和贷款业务。

——访谈资料 A＿001

（三）从个人集资到机构借贷：D 市民间金融市场形成

城镇化的快速发展以及房地产开发规范的变化使得市场对资金的需求不断扩大，民间借贷和融资规模也迅速壮大。最初的房地产开发，用当地日常用语来讲，其实是"集资建房"，当时的房地产开发好比"空手套白狼"，一位当地建筑业的老板 Z 先生告诉笔者：

大概在 1999—2003 年的时候，那时开发房地产是基本上不需要太大资本的。因为只要把地皮拿下来了，房地产开发项目通过审批，就可以在工地上搭建一个棚子进行预售，预售其实就是先交房款总价的 30％或 50％。因为那个时候商品房很少，预售的时候购房者还排着很长的队伍。开发商借着这笔预售资金就可以把房子建起来，几乎不用自有资本。因此，那时简直就是空手套白狼，"撑死胆大的"，只要有胆，借钱把地皮买下来，房子是不愁卖的。哪怕是一个乞丐，一个农民，只要有胆，就可以去干房地产，而且几乎不需要自有资金……

在这种环境下，后来各地都出现了最早的一波"老板跑路潮"，一些没有诚信和道德底线的人，将预售款拿到手后就不干工程了，房子也不建了，直接拿着那笔钱跑路了，由此引发了一些社会事件。于是，地方监管部门开始逐步监管和规范房地产开发市场。最严格的是后来的预售许可证制度，所有的房地产开发项目都必须在项目获批后，且工程主体建设到一定程度时，才能向政府有关部门办理《预售许可证》。例如，要建成 12 层的建筑，必须在建好 5 层后，方可开盘销售。

这种制度极大地增加了开发商的开发成本，因而开发商必须具备一定的资本实力，才能开发房地产了。当然，这也是市场竞争加剧和房地产业不断制度化、规范化、现代化的必然结果。

——访谈资料编码：S＿002

由此可见，房地产市场的规范化发展要求开发商的自有资金越来越大。在中国，许多开发商都是草根出身，甚至就是以前的建筑包工头，连正规的有营业执照的公司都没有一个，往往是花一笔钱挂靠在某家正式的企业下。比如"××公司××项目部"，实际上就是花钱买了个公司的壳子，通常就是几个私人合伙老板在开发。最初，这种项目到农村信用社比较容易得到贷款，若要到国有商业银行进行土地质押贷款的话，需要各种关系和送礼：

并不是说在银行贷不到款，而是银行方面既可以贷款给你，又可以不贷款给你，贷款的这个权力掌握在银行行长手里，而不在于你的项目有多么合法和正规，也不在于你的项目有多大的盈利空间。盈利空间越是大，你去银行贷款所需的成本就越高。有时，甚至你事先已经跟银行打好了招呼，说什么时候要贷款。那些人满口答应你："好说，好说，你只要先把过桥资金凑足了，银行这边是没问题的……"

在你七拼八凑甚至借高利贷把过桥资金准备齐了后，你再去找银行贷款的时候，他们就会找各种理由推辞，说这也不行、那也不行，有一万种理由，其实背后就是要好处。因此，在体验了与银行打交道的麻烦后，要用钱时，我宁可凭自己的信誉，通过私人关系去借钱。

——访谈资料编码：S_003

在这种情境下，民间借贷的需求日益扩大，传统单个放贷者的资金显然无法满足不断增长的资金需求。因此，直接的借贷关系必然向中介组织和机构借贷的方向发展。因此，各种在当地工商部门注册的融资平台以投资公司、贸易公司、担保公司、小额贷款公司等面目出现在市场上，即从事民间资金募集的人数也就越来越多。这些公司和企业成了民间资金的汇聚点及中介，进而使地域社会的民间资本市场建立了起来。这样，传统地域社会里民间借贷参与者之间的血缘、地缘、亲缘社会关系也随之松散。此外，在传统民间借贷关系中，多少具有帮助的性质，而民间资本市场的参与者纯粹是以获利目的进入民间借贷市场，放贷人变为单纯的利润追逐者和资金供给者，资金使用者和放贷人之间实际上已经没有了紧密的血缘、地缘、亲缘关系，只是与各种中介公司有简单的借贷契约关系而已。

　　这种地域性的民间资本市场，其资金来源和内部运转错综复杂，既有个人之间、个人与企业之间、企业与企业之间甚至以企业和银行为代表的正规金融机构之间都存在借贷关系，又有与地域社会以外的其他地区之间的借贷关系。在传统意义上的民间借贷关系中，资金来源主要是普通居民家庭的闲散资金以及私营企业主的剩余资金，而在城镇化背景下的这个民间资本市场的资金来源已发生了明显的变化，包括政府公职人员、普通居民家庭、企业法人、商业银行、上市公司、大型企业和国有企业、各类民间融资机构等都参与其中，共同构成了当地城镇化进程中的地域金融（资本）市场。

　　如图 3-7 所示，虚线下方的部分基本上是民间资本市场，虚线上方的部分是正规金融系统，民间资本市场与正规金融系统在资金源头上通过居民部门连接起来，在投资产品上通过理财和借贷与民间融资机构关联起来，而在经济系统内最后又通过房地产开发项目与城镇化紧密捆绑在一起。

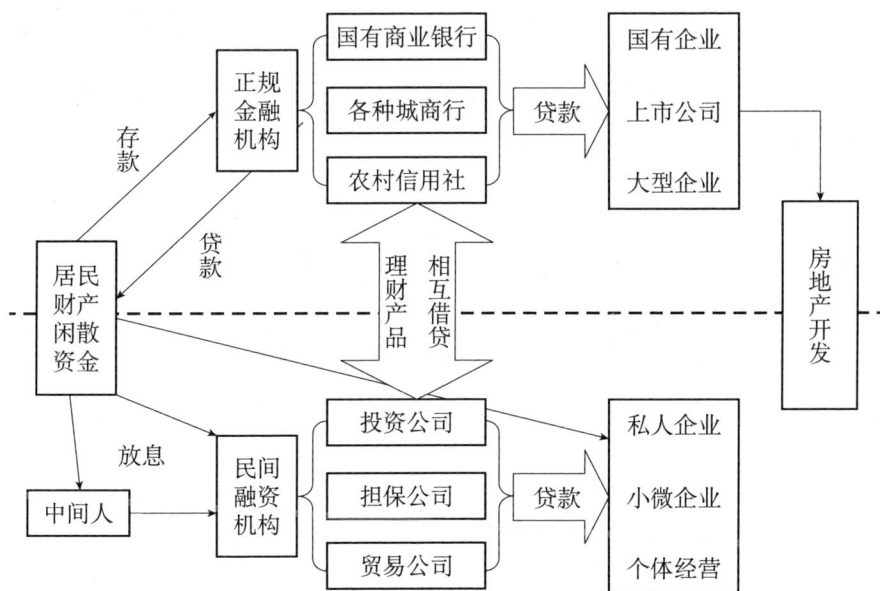

图 3-7　D 市金融市场的结构示意图

　　在大规模的民间金融兴起前，广大居民家庭的积蓄和闲散资金大多以存款的形式被银行等正规金融系统吸纳。正规金融系统将吸纳的居民存款以贷款形式配置到国有企业、上市公司或大中型企业，而中小企业很难获得银行的信贷资源。随着 D 市城镇化的大规模启动，以房地产为核心的地方民营经济迅速发展壮大，对金融资源的需求急剧膨胀。因此，在最初私人借贷的基础上，出现了专业的投融资公司，它们专门从事"钱"的生意，众多的实体企业也开始进入。民间投融资机构以"投资公司"、"担保公司"和"贸易公司"的形式出现，它们以高于银行定期存款的利率吸收居民存款，又以高于银行贷款的利率向各民营企业和房地产项目贷款。在高息回报的影响下，居民存款有不断从正规金融系统流向民间金融系统的趋势。民间金融系统与正规金融系统也有部分往来，即在鼎盛时期，民间投融资机构也会将部分流动资金用于购买银行理财产品（利息相对较高），以降低融资成本。如此一来，正规金融系统与民间金融系统实际上存在一个良性互动，共同构成了推动地域城镇化的金融（资本）市场。

（四）小结：传统信任网络是 D 市民间金融的基石

本章主要概述了使 D 市民间金融兴起的产业转型和金融背景，评估了 D 市民间金融的规模，阐释了支撑民间金融背后的社会信任机制。本研究发现，建立在血缘、亲缘、地缘等熟人社会人际关系基础上的传统信任是支撑 D 市民间金融的重要基石。

从 D 市民间金融兴起的背景来说，快速城镇化引起的产业结构变迁导致了地域经济发展对金融资源需求的急剧膨胀，而以银行为主体的正规金融系统由于其贷款门槛和风险偏好等一系列政策与制度的原因，使广大民营中小企业获得信贷资源的机会和途径较窄，加上正规金融系统的存款利率与民间借贷利率之间的较大差异，这三个因素是以民间借贷为基础的民间金融在 D 市逐步发展的主要背景，也可以说是结构性背景。

从 D 市民间金融发展的过程来看，大概可以分为三个阶段：第一个阶段是建立在个人声誉、地位和人品基础上的私人借贷。这种私人借贷全凭个人的人格魅力、社会声望。在私人借贷阶段，很少发生违约事件，因为其背后的信贷网络是基于血缘、地缘的强关系，而且该私人借贷时期是处于房地产兴起的初期，整个行业处于上升周期，资金运转也比较快速。因此，在私人借贷阶段，那些敢于将存款借出去放息的投资者是尝到了甜头的。第二个阶段是从个人借贷走向有组织的机构借贷，也就是民间投融资公司的兴起。各种实体企业也开始开设投资部，利用各种手段和渠道高息吸纳民间存款。私人之间的借贷关系逐步转向个人与投资公司的契约关系。当然，在这个过程中，大部分私人信贷网络嵌于机构投资网络中，成为一个有组织的民间借贷网络中的一些关键节点。在这一阶段，民间融资的规模和效率大大提升。第三个阶段就是投融资机构参与房地产市场投资以及机构之间的相互拆借阶段。这一阶段使得整个民间金融更加复杂化，俨然建立起一个地域性民间金融市场，并通过一些简洁渠道与正规金融系统发生关系。例如，个人把房产抵押给银行后将贷款拿去民间投融资机构存放，以赚取利差；投融资机构可能将剩余现金流用于购买正规金融机构的短期理财产品，以降低资金成本；等等。民间金融的发生、发展过程，是一个经济利益关系不断复杂化的过程。

从 D 市民间金融的累积机制来看，我们不得不说，地域社会文化（尤其是传统熟人社会的信任关系）是支撑民间金融不断发展壮大的根本力量。在大规模的城镇化之前，D 市及下辖区县依旧保持着农耕社会里的社会习俗和行为规范，熟人社会的个人信任关系是私人借贷的重要基石。如果说民间借贷环节还处在人际信任网络的基础上，那么在城镇化进程中，这种民间借贷的形式也发生了重大变化，众多投融资平台的兴起，使得民间借贷从人际借贷走向组织化和机构化的民间投融资系统。但是，由于这些处于灰色地带的投融资机构并没有获得正规金融部门的授权和法律给予的信用，因此其信用体系极其脆弱。

一旦在投资端有风吹草动，该信息就会通过融资端的熟人社会网络迅速传播开来，人们并非彼此不再信任，而是对投资端的那个系统不信任，因为投资端对于这个汇集民间资金的熟人社会网络而言，是个"黑洞"。支撑人们对这个"黑洞"产生信任的只有两个东西：一是本金安全；二是如期付息。任何危及这两个东西的因素，都会在熟人信任网络中掀起波澜，从而危及人们的信任和信心。这种系统信任的缺陷所造成的金融体系与产业体系的不匹配，为经济衰退期的民间金融风波埋下了巨大的隐患。

第四章

社会信任断裂与 D 市民间金融风波

　　建立在熟人社会个体信任的基础上，通过民间借贷行为而逐步形成和发展起来的民间资本市场是正规金融系统的必要补充。在民间金融系统中，投资者的信任最初来自熟人之间的社会信任，而当其发展到机构借贷和融资阶段后，尽管开具了借款凭证，具有一定的契约性质，但这种契约本身是存在很大法律漏洞的。因为企业和投融资机构本身的融资资质合法性存疑，所以借款凭据的合法性也存疑。因此，在从熟人社会转向陌生人社会时，投资者的信任发生了悄然转移，对机构的信任其实来自每月利息的如期、足额发放，来自整个民间借贷市场信用环境的良好。利息的发放一旦断裂或市场上突然发出危险信号，建立在脆弱的私人信任之上的民间金融市场将面临灭顶之灾。

　　在 D 市，从 2013 年底开始，庞大的民间金融市场因为一个民营企业家的坠亡而开始逐步瓦解，最终因为谣言导致全市最大的房地产集团 J 集团的投资部发生挤兑并使整个民间金融市场雪崩，致使 D 市发生了巨大的民间金融风波。在民间金融风波后，数量庞大的民间投资者与投融资机构之间发生了债务纠纷，而围绕着 J 集团的债务偿还问题，D 市发生了一些债权人讨债事件，地方政府也陷入了民间债务问题的化解困局。

　　一个民营企业家的非正常死亡，为何会引爆 D 市民间金融风波？本研究认为，这个民间企业家的坠亡并不是一个偶然的个体事件，而是当地的一个社会事件。如前所述，熟人社会里的个人信任是支撑 D 市庞大的民间金融市场的重要基础，在这种差序格局人际关系基础上建立起来的个人信任网络中，中心人物在短期内具有无可替代的地位和作用，而中心人物的去世，就意味着这个社会网络关系面临着解散或重组的风险。在 D 市整个民间金融系统的信任网络中，这样一个民营企业家又是一个关键的节点，而这个民营企业家的去世，意味着这个节点的消失，即在 D 市民间金融系统的信任网络中撕开了一个缺口。也就是说，与对金融危机进行解释的人性论（包括"贪婪论"和"恐慌论"）以及群体论（羊群效应）等不同的是，本研究认为：造成 D 市民间金融系统瓦解，导致民间金融风波的根本原因是社会信任网络的断裂。本章将回顾 D 市民间金融风波爆发的具体过程。

一、D 市民间金融风波爆发的过程

支撑 D 市民间非正规资本市场有效运行的是持续繁荣的房地产经济系统，巨大的房地产开发利润空间是融资主体能给付高额利息的根本。然而，好景不长，自 2010 年以来，我国房地产调控呈现出"三波"推进模式。① 这三波政策的力度越来越大，导致了历史上最严厉的一轮宏观调控。在这三波严厉的房地产调控政策背景下，房地产市场逐步降温，D 市出现了许多楼盘卖不出去、开发商资金没法及时回笼的情况。因此，个别房产开发项目发生了资金链断裂、老板跑路的现象。正是在此期间，全国各地因民间融资引起的案件频发：在江苏省泗洪县，由于资金链断裂，许多大型借贷者纷纷出逃。在哈尔滨，圣瑞公司的非法集资金额高达 45 亿元人民币，导致众多债权人资金外流；在包头，惠龙公司非法集资案的法人代表金利斌非正常死亡，该结果导致 1 500 多名投资者受到重大损失；在 2015 年，网报河南南阳有多家开发商非法集资，因资金链断裂导致债权人损失惨重……这些案例表明，金融风险在民间融资领域率先显现，并产生了广泛的经济社会影响。

只要发生民间融资的资金链断裂事件，整个民间资本市场投资端的广大民众就会陷入恐慌。就 D 市 N 区、S 市及 X 县而言，自 2013 年以来，先后爆发了因民间借贷资金链断裂而产生的民间金融风波。本章以 D 市三个区县

---

① 第一波为以"国十一条"为代表的紧缩型调控，第二波为以"国十条"为代表的打压型调控，第三波为以"9·29"新政为代表的管制型调控。

的具体个案来说明 D 市民间金融风波产生的具体过程、发生的机制及其经济社会后果，从而揭示出缺少系统信任的民间金融市场所蕴含的巨大经济社会风险。

（一）T 企业 X1 坠亡：D 市民间金融风波的导火索

2013 年圣诞节前夕，D 市车水马龙，大街小巷的商铺都为即将到来的这个盛大的西方节日而装点门面——彩灯闪烁的圣诞树，头戴红色圣诞帽子、嘴贴白色胡子、身着红色棉衣、脚穿红色靴子的圣诞老人已站在门口，似乎老早就开始准备给勤劳的中国人派发节日礼物……

然而，就在这狂欢圣诞夜的前夕，一个悲剧给整个 D 市带来了一场风波：

23 日下午 6 点 40 分左右，D 市一家经营了 20 多年的优秀民企 T 公司的董事长 X1 先生，突然在市内一个国际住宅小区死亡，后经当地公安部门现场勘察和现场调查访问，初步认定为 X1 系高空坠亡，具体原因正在进一步调查中……

据公开资料显示，T 公司是 D 市的一家综合性大型民营企业，下辖 6 家子公司。X1 先生是 D 市人大代表、D 市第四届优秀青年企业家、D 市农业产业化协会副会长、D 市青年企业家协会副理事长，同时也是 D 市质量技术监督协会常务理事，并被省乡镇企业局评为"带领农民奔小康领军人物"。

D 市经济开发区的官方信息显示，成立于 1993 年的 T 公司总资产 1.2 亿元，是目前市内最大的科技型农业产业化省级龙头企业。T 公司的固定资产为 7 000 万元，2003 年落户于 D 市经济技术开发区，连续四年被农业发展银行 H 省分行授信为 AA 级信用企业，并被评为 H 省金融诚信企业，是国家粮食局和中国农业发展银行重点支持的骨干粮食加工企业，省级动态储备粮承储单位。①。

从次日开始，百余市民聚集在 T 公司门前，要求提取存款。自此，D 市各大主要路口就会不时出现债权人讨债的情况——不少投资者几十年的财富

---

① 相关信息来自 D 市的媒体报道。

化为乌有。一位 47 岁的投资者说，自己在 T 公司投资了 100 多万元，2 分的月利，现在 X1 走了，资金不知怎么处理，类似的投资者还有不少。

一位女士曾向笔者反映："我自己曾向 T 公司投了 10 多万元，是 2 分的月利，那是自己的血汗钱，到了那个月底就可以拿到 1 万多元的利息了，但我从没想过会发生这种事。"投资者希望 T 公司的其他股东能够出面跟民间投资者当面协商、处理此事，"毕竟涉及的民间借贷估计有上亿元的资金"。

1. 社会信誉高、实力雄厚的本土实业家

为了弄清 T 公司这个"民间债务崩盘导火索"背后的具体情况，笔者曾亲自调查走访了 T 公司的财务总监 L 先生。L 先生介绍：T 公司于 2003 年招商引资，是 D 市经济技术开发区内唯一一家从事水稻加工的省级农业产业化龙头企业。在当地政府各级各部门领导的支持下，特别是在农业发展银行的支持下，T 公司的实力不断壮大。早在 2006 年，T 公司就收购了邻县的国有精制大米厂，成立了 D 市 T 公司有限公司的分公司。T 公司先后被授予"市粮食骨干企业""农业产业化省级龙头企业"的称号，还被列入全市小巨人企业项目，省重点扶持的粮油加工企业。T 公司重视品牌建设，其产品获得"省名牌农产品"的称号，并被评为省著名商标。与此同时，T 公司还被推选为市质量技术监督协会常务理事单位和省稻米协会理事单位、市农业产业化协会副会长单位。T 公司的董事长兼总经理 X1 先生也被选举为市质量技术监督协会常务理事、市农业产业化协会副会长，并当选为市第四届优秀青年企业家。

按照"公司＋基地＋协会＋农户"的运作模式，2007 年 T 公司在 D 市下辖各区县的乡镇发展优质稻种植基地 21 万亩，发展订单农业，带动周边农户 65 000 余户，年均替农户增收 1 400 元。T 公司生产的大米已通过国家绿色食品发展中心认证，成为 D 市首家获得绿色食品标签认证的企业。截至 2010 年底，T 公司的总资产约为 11.8 亿元，总占地面积约为 72.7 亩，总建筑面积约为 9.65 万平方米。是 D 市粮油加工行业规模最大的省军粮定点加工企业和农业产业化省级龙头企业。T 公司先后被国家粮食局、中国农业发展银行、财政部认定为国家重点扶持的粮油加工企业，连续五年被中国农业发展银行授牌为 AA 级信用企业，被中储粮总公司认定为国家临时储备粮代储单位及省级动态储备粮企业，在中国首届绿色食品博览会上被评为"畅销金奖"，也是全省大米产业 16 家骨干企业之一。T 公司生产的优质晚籼米被评为省级名牌农产品，并获得中国绿色食品发展中心颁发的绿色食品证书。

2. 在房地产暴利驱动下的企业业务拓展

这么优质的一家地方实体经济和民营企业，怎么就顷刻之间陷入了危机，又怎么会成为整个 D 市民间资本市场崩盘的导火索？这对几乎所有人来说都是一个难以回答的问题。L 先生为笔者解开了事件谜团：

在米业基础之上，X1 又先后创立 TX 地产、TX 传媒、TX 食府等多家公司。其中，X1 占 T 公司的股份达 99% 以上，只有不到 1% 的股份为其女儿持有。除 X1 的女婿负责 T 公司外，其他子公司由聘请的职业经理人打理。

企业的经营扩张一直很稳健，直到 2009 年这一波金融刺激后，地方密集上马各种项目，加上房地产的火爆，T 公司也经不住短期暴利的诱惑，于是组建了 TX 地产投资房地产领域。但由于 T 公司不懂工程建筑，在承包开发一个项目时因工程质量问题，一下亏掉了几百万元。当然，这点亏损不足以导致企业财务出现问题。

——访谈资料编码：L＿001

3. 贷不到款的石榴梦与资金链断裂

T 公司最大的败笔是 2009 年上马的突尼斯软籽石榴项目。

当然，不能不说 X1 是个非常有情怀的人，他最大的梦想是改变农村和农民。2009 年，T 公司成立突尼斯软籽石榴综合开发有限公司，在周边农村承包了上千亩农地种植从突尼斯引进的软籽石榴，T 公司规划在五年内发展 5 万亩突尼斯软籽石榴种植基地。至此，T 公司对该项目的总投入高达 10 多亿元。

由于"突尼斯软籽石榴"工程的资金投入多，而 T 公司的资金渠道又狭窄，从而导致建设资金严重不足，出现了资金缺口较大等问题。截至 2011 年底，T 公司的总资产为 5.39 亿元，销售收入为 2.5 亿元。由此可以想象，仅仅依靠 T 公司自身的滚动发展是难以满足"突尼斯软籽石榴"项目的资金投入需求的，所以 T 公司向外举债发展就成了企业的必选之路。T 公司能够获得的银行贷款不多，于是民间借贷渠道就成为其资金的重要来源。此前，T 公司还曾鼓励员工借钱给公司，现在发展到鼓励员工通过宣传公司向社会募集资金。社会民众借款给 T 公司的金额从几万元至几十万元不等，多数在十万元左右，月息为 1.5%～3%，还款期限多为一年期，利息有年结和月结等形式。这些参与集资的借贷者来自社会各个层面，除 T 公司的员工外，有当地农民、企业工人、酒店服务员，也有个体经营者和外来务工人员，其中不乏家族全员参与。

T 公司最大的失误其实不在于民间借贷，而在于这个石榴项目。石榴项目承包的上千亩农户土地是无法向银行贷款的，因而只有通过民间融资。然而，这种农业项目基本上只能靠天吃饭，在 2013 年果木开花挂果时期，连续的雨水天气使得挂果很少，这个时候 T 公司才意识到该项目的巨大风险。T 公司为此项目已经连续 4 年付出了巨额投入，自此 T 公司陷入了财务困境。

——访谈资料编码：L_002

（二）谣言与误传：J 集团遭遇投资者挤兑

凑巧的是，作为 D 市最大的房地产开发集团，J 集团的董事长 X2 与 T 公司董事长 X1 同姓 X，而且是同乡。因此，在 X1 坠亡后，社会上一些不明真相的群众误传是 J 集团董事长 X2 坠亡了。于是，在 2014 年春节后不久，J 集团陆续遭遇投资者的挤兑。广大的投资者纷纷来到 J 集团投资部，要求还本付息。2014 年 4 月 25 日，J 集团对外宣布停止兑付业务。

J 集团的这一宣布，就像一枚炸弹在 D 市炸开了。人们开始纷纷要求回收资金，致使当地的各借款企业都受到了影响。据 D 市财政厅相关工作人员介绍，D 市共有 73 家企业和个人卷入了民间借贷事件，问题资金高达 118 亿元。尽管政府官员表示，在陷入困境的公司中，超过 90% 是实体企业，但实际上，当地知情人士透露：真正做实业的企业老板不会不懂这么一个浅显的道理，也就是出了问题的企业中，有相当一部分企业是借着做实业的幌子，吸收大量的民间资金，再转投来钱快的房地产领域。

二、谣言与恐慌蔓延：社会信任网络的崩溃

根据中国人民银行D市分行发布的数据，截至2013年底，D市民间贷款的资金规模约为400亿元。实际上，D市的民间债务纠纷在2013年底就露出了苗头。

N区的经济技术开发区是一个国家级经济开发区，产值在1 000万元以上的企业有80多家，其中陷入借贷纠纷的企业有10多家。三年前，在整个D市楼市的高额利润诱惑下，许多实体企业纷纷通过投融资涌入房地产市场。在房地产市场的高峰期，D市的房地产利润高达100%，而且周期短、见效快。由于房地产的高利润足以支撑高利息，结果是越来越多的实体企业开设了投资部，或发展担保借贷业务，或直接融资进军房地产市场。但是，从2012年开始，D市房地产市场就趋于饱和状态，依靠高额利息的发展方式难以为继，最终导致了大量的借贷纠纷。自T公司老总坠亡后，D市及其下辖各区县的资金断裂事件也纷纷浮出水面，见表4-1。

表4-1　D市民间集资的崩盘时间表

时间	事件
2013年10月	T公司法人X1的坠亡事件，揭开了D市民间借贷崩盘的序幕。
2014年初	D市经济开发区内，一大批企业出现支付困难，引起挤兑现象。
2014年4月	D市龙头企业J集团宣布停止付息，遭遇挤兑潮。
2014年5月	D市第二波挤兑风潮来临，70多家民营企业身陷挤兑风暴。
2014年12月	D市委、市政府确定了一批帮扶企业，J集团等五家企业成为政府帮扶企业。

（一）龙头企业遭遇挤兑：D市社会信任的崩溃

2014年4月25日，D市最大的房地产公司J集团因巨额民间借贷的资金链断裂，停止兑付债务。随后，数千债权人将J集团围了个水泄不通。

J集团可谓D市房地产业的顶梁柱，曾经辉煌一时，占据了整个D市房地产开发市场的绝大部分份额，并先后获得了多项殊荣。

　　2014 年 4 月 26 日，D 市发生了人群强行堵塞公共交通的事件。当天上午，D 市金融办、D 市 N 区政府负责人紧急在迎宾馆向债权人进行了解释和劝导工作。时至中午，J 集团董事长 X2 来到现场，向人群当众承诺：保证 5 年内恢复正常生产经营，还清债务，而且他绝不会逃跑。然而，惊慌的投资者情绪并未得到丝毫缓解。

　　事实上，J 集团的民间融资并不是骗局或非法集资，因为 J 集团的融资利息并不算太高，它的月息仅为 1.8 分，而 D 市当地很多民间借贷的月息却高达 3 分。应该说，投资者行为完全符合《中华人民共和国合同法》和《最高人民法院关于人民法院审理借贷案件的若干意见》中关于"民间借贷的利率可以适当高于银行的利率……但最高不得超过银行同类贷款利率的四倍"。由此可见，民间投资者的行为也没有违法。

　　直到 2015 年 6 月底，D 市人大常委会主任会同市委常委、市政府副市长以及政法委书记等领导，先后多次召集市政府驻 J 集团帮扶工作组、市金融办和 D 市 N 区区委、区政府主要负责人，对 J 集团如何化解民间债务的工作，进行了较为全面的评估和深入细致的研究。化债工作在政府帮扶工作组、个人债权人委员会、J 集团的共同努力下取得了初步成果——"6·30 协议"，这个还款协议约定了分期还本付息，得到了广大投资者的认同。

　　相对而言，"6·30 协议"是一个倾向于保护投资者权益的协议，除争取到了一部分银行的贷款支持外，最重要的是成功引进了几家省内大型国企的战略合作，并以现金支付了第一期利息的 20% 和总本金的 10%，剩下的部分分期付款。但由于各种原因，J 集团后来无法筹集到资金进行此后各期的兑付，于是试图通过司法途径重组债务。正是这一举动，导致广大债权人认为 J 集团出尔反尔，而债务重组是试图赖账。

　　因此，围绕着 J 集团的民间债务偿还问题，民众要求偿还本息的事件不断。现在的情况是，企业没有起死回生，而债权人的权益也没有得到有效保障。更为严重的是，D 市的这股赖账之风，已经蔓延到全市的各个角落，包括偏远的农村。可以毫不夸张地说，由民间借贷引发的民间金融纠纷，导致了人与人之间的社会信任断裂，整个 D 市的诚信环境已经遭到破坏。一位朋友向笔者坦言：

我生活在偏僻的山村。现在，我周边凡是以前有点儿积蓄的人，都把钱借给了自己的朋友或者亲戚。有的是借去急用的，有的是借去做生意的，有的是借去建房子的。但是，现在一谈到借款的事情，都是一声叹息。其结果是：没钱的那些人不愿意还钱，但他们照样过得潇洒；有钱的那些人也不愿意还钱，他们过得更潇洒；只有那些把钱借出去的人，成了龟孙子！

在我们D市，有的人在外面做生意、打工辛辛苦苦打拼几十年，好不容易积蓄了几十万元钱，有的本来是要建房子的，有的是准备娶儿媳妇的，也有的是准备养老的，但都没能经得起亲戚朋友的鼓捣，就纷纷把钱借出去了。这些钱一过自己的手，马上就成了别人的钱。当钱在别人手里，你想要把它拿回来，这比以往任何时候都要困难。现在，借方（债务人）就给贷方（债权人）两个字：没钱！

这些把钱借出去的人，大多是非常节俭和勤奋的人。他们辛辛苦苦一辈子在外面工作赚回来的钱，却一夜之间因上当受骗而化为了"灰烬"。

众所周知，企业赚钱或赔钱是很常见的。但是，整个D市的企业都亏空了吗？亏空的钱又都去哪儿了？那些欠债的人为什么个个还过得潇潇洒洒？为什么他们比债权人过得还风光？只有一种可能，就是他们有钱不还债！

——访谈资料编码：投资者访谈 a1_001

根据我国企业的相关制度设计，如果企业资不抵债，根据企业自身的决定或债权人的要求，应立即申请破产还债程序。这样做的好处就是：第一，可以保障债权人公平受偿，并且使债权人取得最大利益，把损失降到最低；第二，可以维护社会稳定，案结事了，社会就不会出现混乱；第三，企业可以通过拍卖或者处置，把一些不良资产通过剥离处理掉，对一些优质资产通过转让或者重组，重新焕发生机。

另外，如果公司已经资不抵债，却没有依法办理破产手续，可能的结果是公司所有人将公司的财产转移；要不就将财产清偿给自己关系亲近者或者有权势的人，其结果是债权人原本可以拿到的债务资产，却成了银行的抵押物，这样就不再属于债权人可以受偿的资产范畴了。

情况更为严重的是，那些借钱赖债的人，按理说本来应当受到法律的追究，但现在受到保护的却是那些赖账的人，而受到打击的却是债权人。

——访谈资料编码：投资者访谈 a1＿002

现在的 D 市，人们几乎对任何人都缺乏信任。

（二）挤兑风潮传导至区县：S 市商业精英的资金链断裂

作为转型中的资源枯竭和工矿企业城市，商业地产是城市转型和再开发的重要投资领域。Y 公司就是在 S 市转型过程中成长和发展起来的一家实力雄厚的地方商业地产开发公司。

Y 公司成立于 2008 年 6 月，注册资本为 1.5 亿元人民币，是全省中部地区具有较强综合实力的房地产开发企业，下辖 14 家子公司。Y 公司的业务涉及房地产开发、星级酒店、文化教育以及贸易投资领域，现有员工 70 余人，员工最多时高达 400 余人。

D 国际商业广场项目是 Y 公司在 S 市开发的重点项目，总用地面积为 8 244.6 平方米，建筑占地面积为 4 653.75 平方米，总建筑面积为 7.88 万平方米。D 国际商业广场位于 S 市最繁华地段，可谓 S 市的"黄金码头"。该项目集购物、休闲、娱乐、餐饮、居住以及星级宾馆于一体，力争打造湘中最高档次、最大规模、最具影响力的 CBD 城市综合体。Y 公司的这个项目由 5 层商业裙楼和 2 栋塔楼组成。其中，一栋塔楼将被开发为 30 层的豪华住宅，另一栋塔楼将被开发为 28 层的五星级酒店和服务式住宅。

KK 国际大酒店是 Y 公司在 S 市老城区打造的豪华型星级酒店，酒店客房设有高级单间、标准间、商务套房、行政套房、豪华总统套房等 190 间，其设计新颖，具有新时尚元素及风格迥异的大堂吧、中西餐厅、大丰堂中餐厅、多功能会议厅、尚品茶艺会所、足浴保健等；酒店委托 HK 国际管理集团公司进行全面经营管理。2011 年 7 月，沃尔玛中国区总部决定投资 D 国际商业广场。国际零售巨头沃尔玛的入驻，直接提升了 S 市的商业零售档次和城市商业环境，同时也带给 S 市 1 000 个就业岗位和 1 000 万元左右的年税收。

据有关部门介绍，D 国际商业广场是 D 市、S 市两级政府城市升级的重点项目，是全市商业提档升级的标杆之作，总投资高达 3 亿多元。该项目占据 S 市最重要的行政、商业核心地带，涵盖时尚街区、大型购物中心、星级酒店、国际公寓和高档住宅等多元生态于一体，力求建成时尚之都和休闲之城。

然而，在 D 市民间债务发生崩盘的谣言与恐慌的大背景下，Y 公司也遭遇了挤兑潮。由此，整个 S 市发生了民间债务纠纷。受 D 市民间债务纠纷的影响，S 市的各债权人纷纷开始要求收回本金。有两个债权人率先将 Y 公司告上了法庭：

原告诉称：2013 年 7 月 19 日，被告 Y 集团公司（以下简称"Y 公司"）的法定代表人 B 先生以公司需要资金周转为由，向原告借款 200 万元，B 先生约定以房产作为抵押，借款的月利率是 2‰，利息按月支付，并签发借据。同日，原告通过银行转账将 200 万元人民币转入被告指定账户。

受 D 市民间债务崩盘事件的影响，2013 年 12 月 26 日原、被告又签署了借款抵押合同。在 2014 年 1 月后，被告不能按约定支付原告利息了，经原告多次向被告索要借款和利息，被告仍不偿还，所以原告诉至法院，请求依法判决：

1. 被告应偿还原告借款的本息（利息自 2014 年 1 月 1 日起至还本日止）。

2. 当被告不履行上述债务时，原告有权以抵押物折价，或者以拍卖、变卖其财产的价款优先受偿。

3. 本案诉讼费用由被告承担。

被告 Y 公司在法庭上辩称：

1. 借款在抵押担保时约定借款时间为 2013 年 7 月 19 日至 2014 年 12 月 19 日，因公司经济状况恶化，故没有按约定时间支付利息。该借款利息实际已支付至 2014 年 1 月 19 日，共偿还 570 333 元，包括已经支付的 6 个月利息计 240 000 元，其余 330 333 元为偿还的本金。

2. 公司正在进行资产债转股重组，银行承诺重组后立即发放贷款，希望原告再延长几个月，或者直接参与债转股重组，被告届时将偿还贷款。

法院根据证据做出以下判决：

1. 限被告 Y 公司在本判决生效之日起 7 日内向原告偿还借款本金 200 万元并支付利息（利息从 2014 年 1 月 1 日起按月利率 2‰ 计算至借款本金清偿之日止）。

2. 如果被告 Y 公司未按第一项判决清偿债务，则原告可对位于本市 D 国际商业广场的抵押物优先受偿。

3. 如果被告 Y 公司未按本判决指定的期限履行金钱给付义务，应当按照相关法律的规定，加倍支付延迟履行期间的债务利息。

4. 本案的案件受理费由被告 Y 公司承担。

5. 如果对本判决不服，可自本判决送达之日起 15 日内向法院提交上诉状，并按对方当事人的人数提交副本。上诉于 D 市中级人民法院。

——资料编码：S 法院案卷 001

一波未平，一波又起，在民间债务纠纷愈演愈烈的情况下，地方银行也加紧了对银行贷款的督查。中国邮政储蓄银行股份有限公司 D 市分行（以下简称"邮政银行 D 市分行"）也对 Y 公司提起了诉讼：

原告邮政银行 D 市分行提起诉讼：2013 年 6 月 26 日，被告 Y 公司与原告签订《小企业授信额度合同》及《小企业流动资金借款合同》，合同约定原告向被告公司提供可以循环使用的借款额度 500 万元，在被告公司出现经营恶化及逾期拒不偿还贷款本息等情况下，原告可提前收回全部借款本息。同日，原告与被告 Y 公司签订《小企业最高额抵押合同》，Y 公司以其位于 S 市新城路 15 号的房产作抵押为上述借款本息等提供担保，并在房产部门办理了抵押手续。其他被告与原告共同签订了《小企业最高额保证合同》，约定在合同中设立连带责任保证。2014 年 7 月 8 日，原告根据约定向被告 DY 工贸公司发放贷款 500 万元，被告 DY 工贸公司向原告出具了借据，借款年利率为 8.4%，逾期年利率为 12.6%。被告 DY 工贸公司自 2014 年 11 月 20 日起没有按期偿还借款本息，截至 2015 年 3 月 20 日，共拖欠原告到期应归还的借款本金 500 万元，利息、罚息 171 004.91 元，而目前被告 DY 工贸公司的经营状况严重恶化，其已无力清偿原告的到期债务。综上所述，原告与被告

DY 工贸公司签订的《小企业授信额度合同》及《小企业流动资金借款合同》合法有效，与其他被告签订的《小企业最高额保证合同》及《小企业最高额抵押合同》也系双方真实意思的表示，且在合法有效的保证期内。现在，被告仍未按约向原告偿还相应借款本息的行为已构成严重违约，也给原告造成了极大的损失。

请求：

1. 判令撤销原告与被告 Y 公司签署的《小企业流动资金借款合同》。

2. 判令被告 Y 公司立即偿还原告全部借款本金 500 万元，利息和罚息 171 004.91 元（暂计算至 2015 年 3 月 20 日止，此后仍按约定计算至判决清偿之日止），并承担相应的违约损失。

3. 判令被告 Y 公司对 DY 工贸公司所欠的借款本息及违约损失承担连带清偿责任。

4. 被告承担所有诉讼费及律师费 7.5 万元。

——资料编码：S 法院案卷 002

我们可以看到，D 市民间债务纠纷所导致的民间债权人挤兑，使得 Y 公司的资金链断裂，进而无法支付银行贷款的本息，因此银行要求收回贷款，最终使 Y 公司这家商业地产开发公司无法运营下去。

笔者采访了 Y 公司的董事长 B 先生，B 先生对公司的运营理念、整个项目的规划都表示充分的肯定，说自己把握了 S 市城市转型的契机，方向没错。唯一的遗憾是，在当时（2010—2012 年）房地产行情好的时候，自留的固定资产比例过高，8 万多平方米的房产自留了 5 万平方米，结果导致自有资本没能及时回流，而公司又向其他领域扩大经营，因此不得不向民间举债。

除了遗憾之外，B 先生对于公司当前的处境最大的抱怨就是对过去几年这种无序的民间借贷的抱怨，他认为政府监管不到位：

毁就毁在那帮地痞流氓手里！一些地痞流氓随便租一间商铺就开起了公司，打着各种投资的幌子用一分、两分的利息吸收资金，然后以 3 分、5 分的利息放出去，有的甚至吃喝嫖赌花掉了。这种事情一爆发，就坏了整个地方资金市场的环境……像我们这么实、这么稳健的项目，好多投资人都跟风而退，结果导致公司资金链断裂。当然，也并不排除一些人对我落井下石……

——访谈资料编码：B＿001

由于 Y 公司对地方经济社会稳定具有举足轻重的作用，因此 S 市政府及时介入了危机处置，使 Y 公司成为市政府重点帮扶的企业。

（三）社会信任环境破坏：X 县民营企业雪上加霜

据官方统计，截至 2015 年底，X 县金融机构各类货币存款余额为 2 574 706 万元，同比增长 19％。其中，住户存款余额为 2 003 720 万元，非金融企业存款为 218 271 万元。2015 年底，全县金融机构本外币各项贷款余额为 1 078 031 万元，比上年增长 13.9％。其中，居民贷款余额为 445 791 万元，非金融企业、事业单位贷款余额为 632 240 亿元。

由此可见，2015 年全县各金融机构的存款余额高达 257.5 亿元。然而，恰恰是在这样一个高储蓄的县，各行各业的资金紧缺无比，因此民间借贷非常活跃。然而，在 D 市民间债务纠纷愈演愈烈的大环境下，X 县众多投融资企业也遭遇了挤兑风潮，各种非法集资案件浮出水面，关于 X 县非法集资案件的各种事件也满天飞。

2015 年，省纪委监察厅网站曾通报了省委巡视第四组反馈意见整改情况。通报称：在 71 名民企政协委员中，参与民间集资的有 17 人，目前已有 6 名委员被暂停职务，4 名委员涉嫌民间集资。关于"参与民间集资的干部利用职权牟取不正当利益"的问题，巡视通报称：要严肃查处参与非法集资的领导干部，建立民间融资债权人排查制度；会同纪检、组织等部门，组成联合检查组，开展对公职人员参与民间融资的专项清理排查行动，对涉及民间融资非法获利的领导干部和组织债权人上访集访群体性事件的，一经查实，坚决依法依规、从重从快处理。①

在此背景下，D 市人大常委会成立了关于人大代表参与融资问题整改工作

---

① 湖南 D 市：全市 71 名民企政协委员 17 人参与民间集资．新华网，2015－09－02.

领导小组，领导小组下设六个工作组，每个县市区分别成立专门工作组，具体负责本选区工商界代表参与本市民办筹资问题的整改工作。这六个工作组分别对 74 名 D 市企业界及市以上人大代表进行了逐个走访调研，全面了解代表参与民间集资的情况。

D 市的具体做法是，对于已经确定参与民间集资的一些企业，分三类情况进行处置：第一类，对已列入打非办打击类的，已许可公安机关对其依法采取强制措施；第二类，对已列入打击非法集资办处置类的，违法问题一经查实，即由选举单位立即对其进行劝辞；第三类，对列入打击非法集资办帮扶类的，将协调相关部门帮助其走出民间集资的阴影。在抓好整改非法集资问题的同时，加快建立健全相关制度。

对于那些涉及民间非法集资的委员或代表，则采取如下措施：对涉嫌违法犯罪、社会影响较大、已被司法机关采取强制措施但尚未做出结论的委员，将暂停委员职务，一旦他们被做出违法的结论，则立即撤销委员资格。对于那些参与民间集资且金额巨大的和社会影响大的委员，则采取劝其请假的措施，使其不参加市政协的会议和活动；如果本人提出辞去委员职务，政协则同意其辞去委员职务，以减少社会不良影响。

在轰轰烈烈的打击非法集资行动下，X 县民营企业遭遇了自 2008 年金融危机以来的又一个漫长寒冬：

X 县的 Q 科技有限公司（以下简称"Q 公司"）是一家从事电子陶瓷制品的新材料制造企业，始建于 1997 年，2010 年实行股改，公司占地面积为 6.6 万平方米，现有员工 226 人。其中，大学本科以上学历 47 人，占全体员工的 20.8%；技术研发人员 31 人，占全体员工的 13.7%。公司总部位于 A 市，制造基地在 X 县的县经济开发区向红工业园。

自 2010 年以来，为了扩大生产规模，Q 公司增购规划用地 100 亩，其中建设用地 82 亩、绿化用地 18 亩，预期形成年产 1 000 万套新型复合陶瓷托辊及 6 万吨皮带输送机的能力。为此，近年来 Q 公司新建厂房 64 500 平方米，新增了 3 条增加项目产能的生产线，新建办公及科研大楼 10 500 平方米，仓库 13 500 平方米，其他配套建筑（包括单身员工宿舍及食堂）共 4 500 平方米。

上述项目的落地，是 Q 公司基于 2009 年以来国家的产业发展和相关经济政策环境做出的决策，已经初步与某政策性银行达成了贷款协议。但是，由于 2014 年 D 市民间债务纠纷，整个银行系统提高了对 D 市民间债务的警惕性，因此将该市列入了信用黑名单，四大国有商业银行均暂时不再向该市企业提供贷款。而已经初步达成协议，就等银行高层会议批贷的 YH 公司也被误伤。由于 Q 公司未能及时获得原来预期的银行贷款，在投资基础设施 3 000 万元后，将企业的风险基金 5 000 万元也投入了新增项目的建设中。因此，在民间债务纠纷的影响下，Q 公司从民间市场也无法融资，导致 Q 公司一下子陷入了资金困境，不得不进行大规模裁员以缩减开支。Q 公司员工最多的时候有 600 余人，现在不足 300 人，已经压缩掉一大半。

三、政府成为最后的依靠

在 D 市这次民间债务纠纷中，众多普通家庭卷入其中，有些家庭的财产损失很大。由于改革开放以来的经济发展，大部分家庭不仅解决了温饱问题，而且陆续有了一些家庭积蓄。但是，在银行存款利率低、本金增值慢，理财风险大、骗局多，普通老百姓的投资知识和经验又相当缺乏的情况下，他们手头的一些积蓄几乎不可能有资产性收益。这次，好不容易迎来一个可以获得投资回报的机会，因而一些家庭不仅将自家几十年来的积蓄全部投进投资公司，而且向亲戚朋友低利息举债投资，还有的甚至将自己的房产也抵押给银行，以赚取息差。

其结果是，在地产金融链条断裂、民间债务纠纷爆发后，众多家庭损失惨重。因此，一些债权人联合起来要求政府出来解决问题，而小部分债权人则走投无路。这场民间债务纠纷在当地引发了不少悲剧。

在债务纠纷爆发后，债权人的社会信任发生了转移。"有问题，找领导""出了事，找政府"的一贯逻辑，使得债权人开始向地方政府施压，要求解决问题。有的债权人诉诸法院，希望用法律来追求公平正义，维护自身的权利，而法院系统除了依照相关法律法规做出判决外，对追债无可奈何；人们花费九牛二虎之力将债务人诉诸法院后，发现判决根本无法执行。在法院判决无法执行后，债权人开始希望有更高一级的政府和领导关注底层的艰难，找到解决的办法。此时，各级政府和领导成为人们求助的对象。

（一）弱者的武器，唤起社会的关注度

在D市民间债务纠纷爆发后，众多家庭损失惨重，一下陷入了困境。笔者随机询问了J集团的几位债权人的家庭生活现状，他们的反映如下：

Q1先生：这四年里，我们付出了所有的时间、精力、钱财，本人是肺癌患者，家里还有一个85岁的老父亲需要我来赡养。我没有赚钱能力，而且每年需要大笔的医疗费用来维持生命，家里的负担全部落到了我老婆身上，但平常又离不开我老婆，所以只能在家里种田，勉强维持我们的生活。目前已经负债累累，恳请上级部门领导能够为我们债权人做主。

——访谈资料编码：投资者访谈 a2_001

Q2先生：这四年里，我们付出了所有的时间、精力、钱财，现在爸爸身患肺癌，他没有赚钱能力并且每年需要大笔的医疗费用来维持生命；家里有个85岁的爷爷需要赡养，老婆又怀孕在身，无法工作，家庭重担全部落到了我一个人的身上，造成整个家庭经济困难、负债累累，简直生不如死。

——访谈资料编码：投资者访谈 a3_001

2014—2015年类似事件在D市集中爆发，随处可见。不少家庭几十年的积蓄顷刻间化为乌有，有些家庭甚至是在银行抵押房子套出的钱，还有一些家庭是从亲戚朋友那里借来的钱……一时间，不少家庭因此陷入了赤贫状态，也演绎出了不少民间悲剧。

（二）诉诸法院系统，无奈遭遇执行困境

一开始，债权人希望以法院判决的方式来维护自身的合法权益。关于D市J集团的债务问题，笔者访谈了8位债权人的依法抗争故事。这些债权人都曾聘请律师，以法律手段将J集团告上法庭，要求还本付息。

这些债权人与J集团商定的借款时间、借款金额、借款周期及利息，见表4-2。

表 4 - 2　笔者访谈的 8 位投资者借贷情况

债权人	借款时间	借款金额	借款周期	利息
Q1 先生	2014 - 03 - 11	10 万元整	1 年	月利 1.8%，半年结息
Q2 先生	2014 - 03 - 22	29 万元整	1 年	月利 1.8%，半年结息
Q3 女士	2013 - 02 - 22	12 万元整	1 年	月利 1.8%，半年结息
Q4 女士	2014 - 01 - 17	5 万元整	1 年	月利 1.8%，半年结息
Q5 先生	2012 - 09 - 22	20 万元整	1 年	月利 1.8%，半年结息
Q6 女士	2013 - 03 - 01	21 万元整	1 年	月利 1.8%，半年结息
Q7 先生	2013 - 12 - 08	22.5 万元	1 年	月利 1.8%，半年结息
Q8 女士	2013 - 07 - 01	14 万元整	1 年	月利 1.8%，半年结息

原告诉称，被告先后向他们借款，双方约定的月利率为 1.8%，借款期限为 1 年，半年结息 1 次，J 集团向原告出具了借据。但从 2014 年 4 月 25 日开始，被告单方面违约停兑债务，还威胁债权人不签协议就拒不还钱，欺骗债权人签订不公平的还款协议。为此，原告先后两次上访 H 省政府，最低要求仅为享受已签订协议债权人的待遇，即归还 10% 的本金，保留原始借据。但是，被告仍然对此置之不理，还极力劝说原告签订还款协议。被告的这种行为是严重违法违规的，故为维护原告的合法权益，特诉至法院，请求法院公正裁决。法院一审判决如下：

本院认为，合法的借贷关系是受法律保护的。被告 J 集团向原告借款，有原告提交的被告借据及银行转款凭证为凭，且被告 J 集团对借款的事实予以认可，双方之间的借贷关系明确合法。本院依法可以确认，被告理应偿还借款，故对原告要求被告 J 集团偿还借款的诉求，本院予以支持。关于利息，原、被告约定的利率未超过年利率 24%，符合法律规定，原告要求按约定的利率支付利息的诉求，本院予以支持。

——资料编码：D 法院案卷 001

然而，法院判决的执行遇到困难，债权人辛辛苦苦请律师打官司，得来的也只是加盖法院系统公章的对事实的认定而已。

Q1 先生：四年以来，我们一直奔波在市政府、J 集团、法院等各个部门理性申诉，该案件已判决多年但未予执行。自己的血汗钱拿不回来，我们只有不断地申诉，这些年我们奔波在公司、法院、政府的各个部门，身心疲惫不堪，加上精神上的折磨，我现在的身体每况愈下，连基本的生活都很难维持，这样的情况我就更无法去打工赚钱了。如今企业一次次的失信，让我们这些债权人苦不堪言。

——访谈资料编码：投资者访谈 a4 _ 001

（三）地方政府成为救命稻草

法院判决没能执行，债权人要求变卖公司资产强制执行未果，于是上级政府成为债权人最后的救命稻草。自 2014 年以来，在 D 市和省政府所在地，陆续发生了多起债权人聚集事件。

2014 年 10 月 9 日，D 市 4 家公司的数百名债权人到市政府门前广场上聚集，要求政府出面惩处集资企业，讨回被骗资金。据说，从 2014 年 4 月以来，D 市 20 余家公司的债权人因集资款无法兑现，已多次进行聚集。

2014 年中，继 J 集团出现无法支付债权人集资款事件后，D 市又一百强企业出现无法兑付集资款的情况，导致 D 市民间集资风波全面爆发。

据反映，D 市债权人的讨债行为一直未曾停歇，他们将大量的时间和精力花在讨债的事情上，却没有任何作用。J 集团的债权人 Q7 先生向笔者反映：

J 集团的资金链断裂后，在市政府的见证下，我们这些债权人与 J 集团签下了 4 年内分 8 次还清利息以及本金的协议。可惜，企业只在签订协议的时候支付了一次本金的 10％以及利息的 20％，此后就再也没有消息了。企业一次次地失信于我们这些债权人，让人无可奈何。

——访谈资料编码：投资者访谈 a5 _ 001

2018 年两会期间，D 市再次发生了债权人讨债事件，债权人的诉求是强制执行法院已生效的判决书。

债权人还组成讨债团，向中央派驻地方的巡视组递交诉求报告。然而，债权人的本金何时能讨回，还是一个未知数。

四、小结：社会信任的断裂是 D 市民间金融风波蔓延的根源

从表面上看，一起十分偶然的坠亡事件，引发了整个 D 市的民间债务纠纷，造成了多米诺骨牌效应，基于人际信任建立起来的 D 市民间借贷市场顷刻崩盘。当然，国家宏观货币和金融政策的收紧是导致 D 市房地产经济衰退的重要原因，也是导致 D 市民间金融风波的重要环境背景。

但是，我们必须看到，D 市民间债务纠纷的爆发，其本质是金融系统与现代产业结构和体系不匹配这一基本矛盾的必然结果。凭借熟人社会私人信任网络建立起来的民间非正规金融系统，尽管有效地将广大民众的闲散资金和家庭积蓄聚集起来，弥补了正规金融系统的不足，有力支撑了 D 市的城镇化进程和产业体系的现代化转型，但现代经济和产业系统的运行，不仅需要大规模的资本积累，而且需要有稳定的可预期的信任系统。这种信任系统建立在现代国家的主权信任和政府信誉上，即便发达国家也是如此。而在 D 市，基于民间借贷建立起来的地域性民间资本市场，尽管体量很大，但它缺乏组织、分散无序、野蛮增长，始终在灰色地带运行。在没发生问题前，无论是地方政府还是金融监管部门，都放任其发展。

当一个企业的资金链断裂或一个老板跑路的事件发生后，正是基于传统熟人社会网络的信任，使得谣言和恐慌也能广泛传播，在没有现代系统信任作为支撑的情况下，投资者人人自危，纷纷要求退还本金，因此发生了投资机构挤兑潮。在这种情况下，纵使是地方银行系统，恐怕也招架不住。由于依托民间借贷网络建立起来的民间金融系统没有及时向国家认可的正规金融系统转化，因此，一旦遭遇宏观经济环境大起大落的波动，其必然因恐慌而陷入挤兑。

从 D 市整个民间金融风波爆发的过程来看，我们看到，通过多年积累起来的庞大的民间金融系统在短短的半年内就雪崩瓦解，演变成地域性民间债务纠纷，其最根本的原因是社会信任的断裂。在 D 市这场民间金融风波产生和爆发的过程中，社会信任的断裂表现在三个方面：

（1）个体信任的断裂。X1 的非正常死亡，撕开了民间金融系统所依赖的

信任网络。X1 是通过人格、地位、社会声望而获得民间资金的，但通过 X1 名下的 T 公司的房地产开发项目以及农业项目，这些民间资金投入了更大的地域经济和产业现代化进程中。X1 作为 D 市民间金融系统中的一个关键节点，其非正常死亡不仅意味着一个生命的结束，更为严重的是其身后所承载的社会信任关系网络的断裂和瓦解。

（2）社会信任类型的结构性断裂。如前所述，在从个人借贷走向机构借贷的民间金融发展阶段，社会信任关系其实已经从传统熟人社会里基于血缘等强关系的社会信任悄然转变成现代社会里基于契约和合同关系的陌生人之间的信任。这意味着建立在传统社会信任网络基础上的民间金融投资活动，已经脱离了熟人社会里经济活动的基本特征，卷入了高速流动和变幻莫测的现代经济旋涡中。民间金融必须有现代法律和公共权威作为支撑，建立起普遍的现代系统信任。然而，在 D 市，各种民间金融机构都是未获得国家和地方法律授权的投融资公司，它们运行于灰色地带。因此，民间金融并没有建立起现代系统信任，这是社会信任的结构性断裂。

（3）政府的公共信任并未有效承接民众的信任转移，由此产生社会信任的彻底断裂。在民间债务纠纷爆发后，广大投资者将希望寄托于地方政府，希望政府出来主持公道、稳住形势。事实上，在市政府相关部门的努力下，"6·30 协议"已经初步稳住了广大投资者的恐慌情绪，赢得了缓冲的时机。但是，在政府主持下的这个被广大投资者认可的协议，后来并没有得到企业的贯彻实行，由此重新激发了广大投资者与企业之间的矛盾，并使广大投资者的信心几近崩溃。

毋庸置疑，D 市这场民间债务纠纷已经影响到众多的中产家庭，进而影响到 D 市经济社会发展的全局。从理想的角度看，不论是从维护广大民众的根本利益出发，还是从维护当地经济社会的稳定出发，地方政府和正规金融系统都应该与当地民间金融系统进行对话与合作，科学评估民间金融系统的资产和风险，将其全面纳入监管系统，实现现代性转换。实际上，这场民间债务纠纷是如何演变的呢？下文将阐述地方当局对这场民间债务纠纷的应对措施。

第五章

D市不同部门应对民间金融风波的策略

毫无疑问，民间债务纠纷已经演变成了关系政府、市场与社会的公共治理问题。面对这场民间金融风波，各部门是如何应急和进行问题处理的？

本章选取金融监管部门、地方司法部门以及地方政府来展示D市对这场民间金融风波的处理策略。面对这场由中心地区爆发，进而向D市下辖三县两市蔓延的民间债务纠纷，各公共部门一开始并没意识到这是一个关系全市经济社会发展的问题，而是将其当作一般的民间事件处理。各部门的第一反应都是从本职工作出发，力求保证各部门在处理该问题时不犯错误。在这个原则下，金融部门是防范风险，迅速收紧地方的银根，停止向所有民营企业放贷，四大国有银行都将D市暂时列入信用黑名单；监管部门打出了"打击非法集资"的大旗，以彰显自身职责；地方政府在上级政府的压力下极力平息事态。此外，它们就是采用各种方式、方法做基层工作，安抚投资受损群体，尽可能平息事态。

本研究发现，当D市民间债务崩盘后，投资者的信任依托发生了转移，他们寄希望于法院和地方政府等现代社会的组织系统。

投资者社会信任的崩溃，是当地经济社会发展中的极大损失，无论是民营企业的转型，还是地方经济结构的转型，没有了当地民间资本的参与，就如同无本之木、无源之水。因此，重塑地域社会信任系统，重拾民间资本的信心，是当地经济社会持续发展的关键。

一、金融部门：紧缩信贷，高筑风险防火墙

在D市民间债务纠纷爆发后，省级银行在当时混乱的环境下，内部通知

将D市暂时列入信贷黑名单，而D市各主要商业银行立马按照上级银行的指令，对市内各民营企业的贷款全线收紧。有的银行为了规避风险，干脆停止对市内民营企业放贷。当地某银行支行行长反映：

当时，由于全球经济持续低迷，国内的影子银行、不良贷款、地方债务、房地产泡沫对我们银行业的冲击加剧，所以商业银行普遍都以信贷紧缩来规避风险，采取加紧催收到期贷款和全面提升放贷标准的措施。与此同时，各担保公司因代偿资金增加，纷纷在资金风险增大的情况下，也基本停止了新的担保业务。2013年，D市的一些企业遭遇资金链断裂的形式不一，由此引发了民间融资集中爆发的风波，所波及的企业濒临破产，而D市的其他企业也深受影响。特别是生产性企业的原始资本积累更是固化为土地、设备、厂房等，企业一旦需要采购原材料就要付现，而销售货款却不能及时回笼，因此大多数企业缺乏流动资金，并处于缺血或失血性休克的状况。一旦这种情况继续下去，导致企业生产停止、倒闭，那么老板逃跑等恶劣现象或将出现并呈现蔓延趋势。我们担心，一旦经济急剧滑坡，社会稳定也将面临严重挑战。

——访谈资料编码：S-E_001

实际上，在民间债务纠纷爆发后，D市内几乎每天都会发生债权人要求政府出面讨回血汗钱。在各种社会压力下，政府部门也积极组织与地方国有银行系统的对话会，希望银行能对一些具有经济基础的企业进行贷款，帮助它们渡过难关，毕竟这些企业关乎当地的经济发展和民生就业。

地方银行真的是要收紧银根吗？根据《2013年银行业社会责任报告》，我国银行业从业人员达355万人。这个庞大的团队仅在工资、运营和培训上的花费就不低于5 000亿元。与此同时，从各地每年储蓄以15%的速度增长来看，经济越是低迷，民众就越是喜欢选择储蓄作为理财方式，即便按银行利率来支付利息，一年也需要上万亿元的利息支付，再加上不良贷款和外债风险等，银行想把门关起来都难。所以，捂紧贷款口子是银行为了规避风险的借口而已。X县主管经济金融工作的副县长向笔者反映道：

我们都知道，县长是站在全县经济社会发展的大局上来思考当下所面临的难题的。在这种情况下，确实需要有一个能为整个民间金融系统做担保，通过提供资金来稳住投资者信心，稳住资金链不断断裂的趋势的机构或部门。但是，谁有这么大的实力来提供担保？谁有这样的公信力来稳住局势？当然只有国有银行系统了。从道义的角度来说，地方银行系统好像是有责任伸出援助之手的。

但是，国有银行早已商业化运作了，它们都是自负盈亏的企业，而且确实没有这个义务拿出真金白银来救市。再说，地方国有银行只是国有银行在地方的经营网点，各支行行长完全没有这个权限。最后，即便政府用公共财政组建风险基金来担保，为民间市场提供援助，但民间金融这么乱，并且监管不到，没有底数，怎么确定为哪家担保呢？缺乏可操作性……

——访谈资料编码：S-Z＿001

这意味着主要民营企业、地方银行系统、金融监管部门、地方政府之间的沟通与对话迫在眉睫！这种对话不是简单的增进互信了解，需要大义和担当。然而，地方房地产市场低迷，根本无信可谈。最关键的是，如果政府、银行、企业三方面抱团取暖，则无法将危转化为机，迅速找到地域经济新的经济增长点，重新启动地域经济发展模式。这就要求政府、银行、企业一起努力，共同打造互助、安全、多赢的现代银信体系。

然而，若这种机制没有上层制度安排，则在地方层面是难以搭建起来的。在现有的金融体制和经济环境下，上层是很难分别考虑地方状况的。D市金融办主任就表达了地方政府和地方金融系统在化解这场民间债务纠纷时所面临的核心难题：

原来我们有17家民营的担保公司，每家都有1个亿，现在银行都不准了，不跟民营的担保公司合作。我刚才跟你讲，我们就3个亿。你要担保多少呢？17个亿！它本身是个担保，也是民间投资，你又把这条路给堵死了。

这个不是批评银行，你也知道，只要这些问题得不到解决，应该说对于经济特别是大量刚刚崛起的中小微企业的培育是非常不利的。

——访谈资料编码：S-C＿004

二、监管部门：打击民间"非法集资"

对于金融监管部门而言，在民间债务纠纷爆发后，它们抽调各部门的人力，在各地迅速组建了"打非办"，即打击非法集资办公室。开始对当地主要企业进行摸排和查账，调查摸排其是否有民间融资集资行为。

对于这个问题，我们采取的一个基本模式就是分类处置，对于所有暴露的问题，通过层层举报，再由政府派出工作组。这些工作组有牵头部门的，有公检法的，有人民银行、银监、财政、税务、审计这些相关职能部门的。2013年，省委领导小组出台了一个文件，该文件对风险暴露的识别、摸排、工作机制、处置善后做了一个详细规定。

根据这个文件的一些精神和操作原则，我们对D市的情况进行了分类处置，即分为依法帮扶、依法处置、依法打击三类。

第一，根据清产核资的情况，企业是资可以抵债还是资不抵债的，这个就跟破产法一致了。第二，面对风险，这个企业老板有没有担当。你没有担当，还要逃，那我就要严厉打击。第三，是否有转移资产、逃废债务的行为。这个就是通过摸排和各种查账，查你的现金流，查你的机制。如果有这个情况，不用说，坚决查处和打击。第四，银行的支持与否非常重要。因为银行是专业部门和专业机构，银行的调查是非常科学的，比政府还专业。第五，是否集资。我们后来统一叫投资，或者叫集资参与，现在不叫债权人，原来叫债权人。根据这些条件，如果你资不抵债，还转移了财产，并且不配合政府处理，那我就要打击了。如果你是亏损了，但为人很坦诚，而且没有转移财产，并把个人财产拿过来处理这个问题，那么政府会努力帮着他渡过危机。

我们现在最难做的，其实是依法处置的那一批。因为依法处置的话，其资产必须首先偿还银行等国有部门的债务后，才能用来偿还民间的投资者，而好多企业的资产都不够偿还银行的债务。

——访谈资料编码：S-C＿005

三、基层政府：慰问与安抚

地方政府在上级政府的压力下努力平息事态。

对市级以下政府，尤其是乡镇政府而言，在民间债务纠纷爆发后，其基本的职能就是配合上级政府进行慰问和群众安抚工作。他们采用各种方式并动用各种基层力量做群众工作，安抚投资受损群体，尽可能平息事态。

（一）市县两级：内部清查

由于一些债务人有市县人大代表、政协委员等体制内的身份和头衔，极易引发人们对政府的不满。在此背景下，D市人大常委会成立了关于人大代表参与融资问题整改工作领导小组。该领导小组下设六个工作组，每个县市区分别成立专门工作组，具体负责本选区企业界的人大代表和政协委员参与民间集资问题的整改工作。这六个工作组分别对D市74名企业界的市及市级以上的人大代表进行了逐个走访，全面了解本市代表参与民间集资的情况。对于那些涉及民间非法集资的"委员"或"代表"，采取如下措施：对本市涉嫌违法犯罪、社会影响较大、已被司法机关采取强制措施但尚未做出结论的委员或代表，将暂停其职务；一旦他们被做出违法的结论，则立即撤销其委员资格。对于那些参与民间集资金额巨大、社会影响大的委员或代表，可采取劝其请假的措施，使其不参加市政协的会议和活动；若本人提出辞去委员或代表职务，则同意其辞去委员或代表的职务，以减少社会不良影响。

2015年，省纪委监察厅网站通报了省委巡视第四组的反馈意见和整改情况。该通报称，在71名民企政协委员中有17人参与了民间集资。通报要求严肃查处参与非法集资的领导干部，建立民间融资债权人排查制度，同时会同纪检、组织等政府职能部门组成联合检查组，一并开展对公职人员参与民间融资的专项清理排查行动，对凡涉及本市民间融资非法获利的领导干部，一经查实，坚决依法依规、从重从快予以处理。

（二）乡镇一级：安抚工作不堪重负

对于乡镇一级地方政府而言，慰问和安抚投资受害者是最沉重的工作。

一些家庭在将几十年的积蓄投进投资公司后，损失惨重，一下陷入了赤贫状态。还有少数家庭将房子都抵押给了银行，并将房屋抵押贷款都投进了投资公司，这部分人更是凄惨。

基层安抚工作的基本方式是实行属地化管理，将工作指标分解到最基层的乡镇一级。笔者曾到 S 市下的一个乡镇进行走访，相关工作人员都反映：

近年来，民间债务纠纷越来越多。我们乡镇还不算最严重的地方，但全镇范围内涉及民间债务纠纷的家庭也有 26 户。其中，有几户人家基本处于贫困状态，经常来镇政府要求政府解决问题。我们已经把能给的政策和资源都给了他们，什么低保、扶贫、救助，反正能给的政策和资源我们都给了，再找我们要也无济于事了。但还是有几个，动不动来镇政府，一坐就是一整天，搞得你没法正常工作……

——访谈资料编码：SXF＿001

镇长曾参与化解和处置一起民间债务纠纷，他深有体会地感慨道：

这场民间债务纠纷对一些家庭的打击确实是很大的，有的家庭真的是一贫如洗了。我曾经参与处理过一个小案子，去一户人家里慰问。那是一个四口之家，男的是在工地上干活，家里是 20 世纪 80 年代的老红砖屋，有两个小孩子，一个大概 6 岁，一个还在喂奶，家里把所有积蓄 5 万块钱放到投资公司赚息钱。结果据说是老板跑路了，本金拿不回来，雪上加霜的是，全家的主要劳动力在工地上出了事故，二级伤残。我去他们家慰问的时候，女的正在给小孩喂奶，可怜的妈妈干瘪的身体哪还有什么奶吃呀，所以这孩子一直哭个不停。临走的时候，我自己掏了 400 块钱放在桌子上，说是以个人的名义给孩子买奶粉的，但那些钱短时间内没法给他们找回来，而政府一定会努力。

后来，一些群众说看到了跑路老板的一辆好车停放在某处，几十个债权人将车子团团围住，纷纷要求立马把车卖了分钱，但那是不合法的。接到报案后，民警都不能靠近，因为他们已经不相信任何人。最后我过去了，其中就有我去慰问过的那户人家，那个女的见我到了，示意大伙让开。她觉得我是可以信任的人，于是让我把那辆车开到了公安局。后来，我们依法将那辆车进行变卖处理，还了那些债权人的部分本金。因此，我觉得：我们做基层工作的，除了动之以情，还要晓之以理，老百姓也能理解……即使不能为他们讨回本钱，至少要给他们信心，让他们意识到我们正在为维护他们的利益而努力，争取赢得他们的信任。

——访谈资料编码：SZ_001

因此，在民间债务纠纷爆发后，基层政府的首要工作就是劝抚投资受害者家庭，尽可能为这些家庭争取一些社会救助、低保等政策待遇，以安抚他们受伤的心灵。

四、司法系统：愿做债权人的"孙子"

作为最具公信力的部门，司法系统除了依据法律和规范的规定，对一些上诉到法院的案件进行依法裁决之外，在执行方面没有任何可操作性。

经过长达5年的反复协商，2018年5月底D市中级人民法院专门为化解J集团债务问题召开了投资者见面会，并邀请各方人士参与听证会，希望能对D市最大的债务案件进行重组处置。法院给投资者写了一封声情并茂的公开信，其中宣称：

小平同志说过："我是中国人民的儿子，我深情地爱着我的祖国和人民。"我们法院工作人员也一样，只要有可能，我们愿意是债权人的儿子、孙子，千方百计也要把债权人的钱搞回来。所以，大家一定要齐心协力，我们哪怕拼出老命，也要不辱使命，坚决为人民而战，坚决为荣誉而战。

——摘自D市中级人民法院的公开信

公开信的本意是征得债权人的信任，同时也表达法院对维护投资者利益的姿态。但是，据参加听证会的投资者代表反映，实际的债务重组方案基本否定了2014年政府、企业和投资者达成的分阶段偿还本金的协议。下面是这位投资者参加由法院组织的债务重组听证会后的笔记：

戒备森严的债权人会议

5月28日上午9:00，作为JG社区债权人代表，我参加了在HT会议室举办的 J 集团司法重整债权人会议。整个现场戒备森严，我的心情就像当时的气氛一样，感到非常沉重，有一种说不出的滋味！开会前一天，我本在 A 市与同学聚会，先后接到 J 集团管理人员和社区打来的好几个电话，一而再、再而三地通知和嘱托我一定要回来参加会议。记得开会那天，凌晨 1:30 我就从 A 市坐火车返回，8:00 我就赶到体育馆的 HT 大酒店。会场的大门外已设置隔离障碍，车辆几乎无法通过，此前因我没有提前领到参会证，所以只好拿着身份证从南大门入场，却被工作人员挡在门外，工作人员拿了我的身份证进去验证后，才放我进了第一道关卡。

第二道关卡是先在酒店门口进行签字登记，门口一字排开坐了十几位工作人员，帮我复印身份证后进行了登记，随后进入会场；在门口，我又被拦住进行全面搜查。我随身携带的背包都被拿下来一一检查，装在包里面的风油精、矿泉水、眼药水、小瓶香水等日常生活用品，都不得带入会场。

进入会场，马上就有人来给我指引，带我进入座位，座位上都已编好号码、写好名字，给每个人准备了一瓶矿泉水。当时，我看人到的还不多，正好可以看看资料、拍下会场。主席台背景墙上拉着一个写着"J 经贸集团等 13 家公司司法重组第一次债权人会议"的横幅，会场还有两台摄像机对着主席台。在主席台上就坐的是市中级人民法院审判长以及 4 位审判员，此外还有两位书记员在边上就坐。

在会议最后，由审判长就所有债权人关心的几个问题做了一些说明。他说：这次司法重组将最大限度地维护债权人的合法权益；"6·30 协议"的法律效力不容置疑，并且已经构成违约，但要按照协议兑现的话，集团公司的所有资产都会纳入司法重组；如果打非，只能对债权人不利，而且是属于公安职权范围内的事，法院无权决定；等等。

——资料来源：被访民间投资者提供

从这位投资者代表反映的司法重组会的组织形式和会场情况来看，显然，投资者对于这样的处理不太认同。

五、本章小结：危机应对忽视了系统信任的建设

当D市民间资本市场雪崩后，利益受损的投资者纷纷要求政府出面来解决问题。

然而，从银行系统到监管部门，再到地方政府，并没有正面回应投资者的诉求。

此后，投资者经过调查，发现J集团在省城有一处商业楼房，他们要求将该资产进行拍卖来偿债。

这处商业房产估计是J集团的核心资产，是目前维系公司运营的重要固定资产，在2016年房价跳涨一倍后，投资者要求政府将房产拍卖来偿还债务。然而，政府拒绝了投资者的建议，而是试图采用债务重组方案。地方政府的这种做法引起了广大投资者的猜疑。

地方政府陷入这种困境的原因有三个：第一个原因是一开始没意识到民间借贷纠纷尽管发生在民间，但事关当地经济社会发展。第二个原因是没有认识到民间债务纠纷的本质是社会信任的断裂，地方政府在应对危机、处理公众诉求的时候，没有认识到民间金融实际上是当地经济社会发展的重要资本。第三个原因是在回应债权人的诉求时，没能为其提供信心保障。也就是说，包括司法系统在内的公共裁决系统并没有清晰地说明权益边界在哪里，即便已经判决的案件都没法得到执行。

本研究表明，在D市民间债务纠纷爆发后，政府部门成为公众信任的重要依托。然而，地方政府在应对和治理民间债务纠纷时的策略，却没有将民众的信任（信心）有效承接过来。一直以来，民众对政府的信任以及政府信任建设是政治社会学研究的热点问题。相对于地方政府，民众更信任中央政府，这是过去公众与政府信任关系研究领域的一个基本共识。

在D市民间金融兴起、发展和纠纷处理中，地方政府的确有一些责任：一是在民间金融兴起的过程中，政府授予企业的一些荣誉都增强了社会公众对企业的信任；二是在民间金融的发展过程中，政府相关部门尤其是金融监管部门没能及早评估民间金融的规模、规范其运作，更没有建立起风险警示

和相应的信用担保系统；三是在民间债务纠纷爆发后，没能有效承接民众的信任转移。

"信心比黄金更重要"，D市的故事表明：无论是应对民间债务纠纷，还是应对正规金融系统危机，以及应对社会危机，最根本、最有效的方式是充分依托和发挥政府公共职能部门的公信力，安抚民心，赢得民众的支持和信任，建立和维护好现代社会系统信任是抵抗经济、金融乃至社会危机的基本底线。

第六章

以政府信誉重塑地域金融的努力

投资者社会信任的崩溃，是当地经济社会发展中的极大损失，无论是民营企业的转型，还是地方经济结构的转型，没有了民间资本的参与，就如同无源之水、无本之木。因此，重塑地域社会信任系统，重拾民间资本的信心，是当地经济社会持续发展的关键。

在市政府层面，也试图重新建立起经济社会发展的一套新信任系统。一方面通过总结城投公司的经验和教训，另一方面通过向外省市考察学习，D市决定整合国有闲置资产，以国有资产向银行做抵押担保，以银行贷款作为原始资本，组建创投公司，再以国有资产做担保，以此来吸引和带动民间资本投资，继续推动当地城镇化发展。

然而，由于在民间债务纠纷中地方政府没有给投资者一个满意的解决方案，大部分民间资本已经被深度套牢在民间债务纠纷的泥潭里；新生的民间资本也不再相信任何投资项目，宁可把钱存到银行也不肯轻易参与政府倡导的 PPP 模式。整个民间投资环境恶化，人们对项目投资的基本信心已经崩塌。因此，政府主导的地域信任系统的重建效果极其有限。

一、覆水难收：民间债务崩盘后的地域经济

如前所述，尽管在民间债务纠纷爆发后，各部门都对其进行了干预和治理（例如，金融部门紧缩银根，监管部门打击非法集资行动，基层政府进行了慰问和安抚），但 D 市经济社会发展所依赖的民间资本市场环境已经荡然无存，由此带来了连锁反应：一是给 D 市资金流量不足的民营企业以雪上加

霜的打击；二是像 S 市这样的资源枯竭型城市的转型发展资金更加缺乏；三是新型城镇化战略也因缺乏民间资本的参与，导致启动资金匮乏而无法落地实施。

（一）民营企业的举步维艰

民营企业是吸纳社会就业的主力。D 市国民经济统计公报显示：2015 年，全市民营经济增加值为 597.45 亿元，增长 9.5%，占地区生产总值的比重为 46.3%，民营企业对全市经济增长的贡献率高达 58.6%。然而，长期以来，因为我国独特的金融体制和环境原因，民营企业一直面临融资难、贷款难的问题，严重制约了其进一步发展壮大。

人们可能会问，为了解决中小企业融资难的问题，国家不是专门为小微企业设置了为其融资服务的融资机构——小额贷款公司吗？在 2008 年，中国银行业监督管理委员会和中国人民银行积极推出小额贷款公司服务中小企业的制度，并发布了《关于小额贷款公司试点的指导意见》。该意见指出："小额贷款公司是由自然人、企业法人与其他社会组织投资设立，不吸收公众存款，经营小额贷款业务的有限责任公司或股份有限公司。"我们通过这一点可以认定，小额贷款公司被认为是专门服务于中小企业、个体经营户以及农户的重要金融服务机构。

政策和制度的出发点及目标预期是美好的，但小额贷款公司实际上并没有解决民营企业的融资难题。有研究表明：自该政策出台以来，小额贷款公司的业务数量和贷款余额都出现了快速增长，见图 6-1。

但是，到了 2013 年，小额贷款公司的新增贷款规模是剧减的，而到了 2015 年，小额贷款公司的新增贷款额度甚至开始出现负增长，2016 年小额贷款公司的新增贷款额度更是同比减少了 131 亿元。与此同时，小额贷款公司的数量也在 1 年之内减少了 1 900 家。主要原因是小额贷款公司从一开始就受到束缚："无法吸收公众存款"实际上意味着资金来源受到严重限制，使得它们很难扩大贷款。"巧妇难为无米之炊"，官方推出的小额贷款公司一直被融资渠道受限的问题所困扰。对于资金需求庞大的民营经济来说，显然是杯

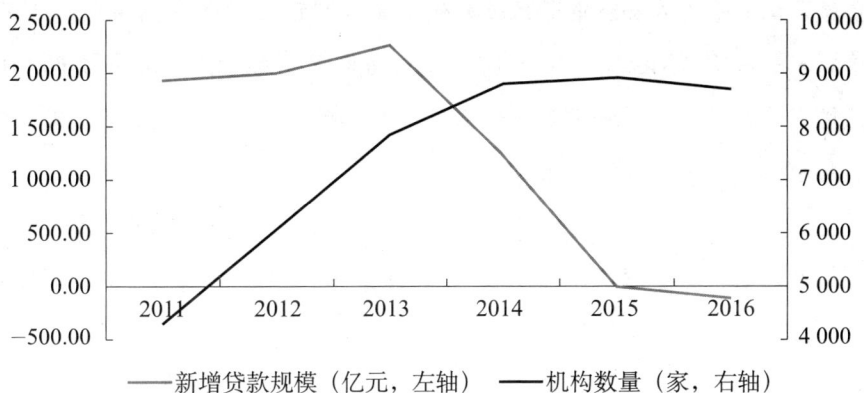

图 6-1　2011—2016 年全国小额贷款公司新增贷款额及机构数量

资料来源：以人民的名义：为解决中小企业融资难而生的小贷公司为啥活不下去了？亿欧网，2017-5-5.

水车薪，无以解渴。

在这样的金融制度和环境下，大部分民营企业的生存和发展主要还是靠以民间借贷为核心的社会集资。在 X 县，民营企业主要集中在电子陶瓷行业。X 县素有"全国电子陶瓷之乡"和"全国电子陶瓷和艺术瓷出口基地"的美誉，其特种陶瓷起步于 20 世纪 70 年代，工艺技术成熟、产业基础扎实、产品质量过硬、市场占有率高，是全县乃至整个 D 市最具发展潜力的特色产业。X 县工信局的相关报告资料显示：

经过数十年的发展沉淀，X 县的特种陶瓷基本形成了一个集陶瓷生产、机械制造、技术开发、产品营销于一体的产业群，并积累了得天独厚的核心优势。全县有特种陶瓷企业 200 余家，国家高新技术企业 5 家，规模经营企业 27 家，年产值 1 亿元以上企业 4 家。主要产品有以放电管、水阀片瓷件、电热器瓷件、温控器瓷件等为主导的 7 大类 1 000 余个品种，初步形成了电真空器件、电光源、温控器、陶瓷金属化系列，保险管用系列，壳体系列，结构陶瓷、水阀片、发夹板和耐磨陶瓷产品。全县有电子陶瓷专业技术人才和熟练工人 2 万余人。

2015 年，实现特种陶瓷总产值 38.68 亿元……目前，从国内看，我县水阀片瓷件系列产品占有全国 80% 以上市场份额，温控器瓷件占有 70% 以上市场份额，保险管瓷管和放电管用金属化瓷管占有 50％以上市场份额。从国际来看，××电陶、MC 陶瓷等近 10 家企业与美国爱默生、德国西门子、日本三岛株式会社等世界 500 强企业建立了业务关系，产品远销美、法、日、韩、德、马来西亚等国家及台、港、澳地区。

——访谈资料编号：X-J_001

长期以来，电子陶瓷行业成为 X 县工业和产业的重要基石及支柱。然而，在民间债务纠纷爆发后，许多企业因资金链发生断裂而不得不破产、倒闭。据统计，全县目前尚有 83 家电子陶瓷企业，共吸纳就业 4 831 人，其中技术人员 417 人，普通职工 4 414 人。由此可见，在民间债务纠纷和产业转型升级的双重背景下，民营经济遭遇了极大的打击，同时也给地方就业带来了严重压力，不少家庭因主要劳动力失业而陷入贫困。

在轰轰烈烈的"打击非法集资"行动下，X 县民营企业遭遇了自 2008 年金融危机以来的又一个漫长寒冬。

（二）缺乏转型发展的资金

对于 S 市而言，在民间金融风波后，其转型发展步履维艰。由于煤炭、矿产等资源的日益枯竭，产业和经济的转型发展已成为关系城市可持续发展的希望所在。近年来，该市实施了一系列转型发展战略，市委、市政府着力推出转型发展的六大工程，即推进工业提质转型、农业提质增效、三产提质升级、环保提质攻坚、城市提质扩容、民生提质改善。所有的这些发展规划要真正落实，总共需投入资金 100 亿元以上。

然而，这些都是 S 市转型发展的美好蓝图。实际上，要实现这样一个拥有 40 余万人口规模的老工业城市的转型发展，单凭体制内的正规财政和金融资源，简直是杯水车薪。因此，实际上 S 市的转型发展步伐十分缓慢。特别是在民间债务纠纷四处蔓延的情境下，有钱人都不再轻易投资冒险了，社会资本大部分处于冻结和休眠状态，民间资本失去了昔日的活力。因此，S 市的转型发展愈发显得步履维艰。

笔者访谈了该市的一位副市长。该副市长就谈及，单单是城市基础设施更新这一块，目前就存在很大的资金困难：

　　实际上，从 2009 年开始的新城区 11 平方公里的建设，既是我市城镇化推进的重大战略，又是市政扩容的重要内容。因为我们原来老城区只有 9 平方公里，昨天我们在那里吃饭的地方，那就属于老城区，只有 9 平方公里。过去 20 年来，就靠这点城区基本承载了 15 万～18 万的城市人口，我们总共才 38 万人口，基本上中心老城区就承载了 15 万～18 万人口，所以当时想通过这 11 平方公里的新城再造，在进行城区扩容的同时，也推进我们的新型城镇化。但是，这几年实行去产能和转型升级等发展政策，许多工矿企业关停，全市财政、税收急剧下滑，包括这几年的经济下滑，土地出让的热情也不是很高，所以在新城区，尽管路网结构拉通以后，实际上形成的产业发展和它的拉动能力很小，等于我们原来这块投入的 28 个亿之多，想通过这种投资来拉动更大一轮的经济发展，实际上起的作用非常小，因为民间资本已经不相信经济环境了，都不来投资了。但是，X 县的新城再造时间比我们 S 市早了近 10 年，因此 X 县的拉动效应就非常明显。在目前房地产经济萎靡和民间债务纠纷下，我们试图通过新城扩建来带动产业和经济转型发展的战略实际上是受阻的，许多政策也利用不上了，比如像我们的政府大楼，此前是取得了批文，但现在的形势你就没办法再建了。

——访谈资料编码：S-X _ 001

　　像 S 市这样的老工矿业城市，当资源过度开采而几近枯竭后，转型发展的步伐特别艰难，也特别紧迫。据了解，S 市聚集了 D 市地域范围内几乎一半以上的千万富翁甚至是亿万富翁，许多都是依赖煤炭和矿产资源发的家。其实，S 市有着相当丰厚的民间资本。但是，由于民间债务纠纷，众多社会资本流失的流失，套牢的套牢，推动经济发展的资本几近枯竭。正如该市金融办主任所慨叹的：

　　上天给了我们 S 市很好的资源，可就是因为没有战略发展的眼光，导致好的资源没有得到较好的利用，结果是没有给这个城市带来多少好处……在经济形势好的时候，我们没想过要进行城市建设和扩容，只是沉浸和死守在工矿经济时代，没有及早地启动再城市化，结果是好多本地老板依靠矿产发家后，到别的地方去搞房地产了。我们的民间资本都外流到其他地方，帮人家搞建设去了。好了，现在房地产市场不行了，大部分老板都被套死在房地产里。但是，资金确确实实流到了别的地方，你看周边城市的基础设施都比我们好，城市也比我们的大。如果 S 市也能较早地启动新城扩容和新一轮城镇化，那么凭借当时全市所拥有的资本活力，实现转型发展是基本没问题的。

——访谈资料编码：S-Y＿001

通过这个案例，我们可以毫不夸张地说，政府对民间资本的规范引导和适时恰当利用关系着一座城市的发展。遗憾的是，在 S 市迫切需要民间资本参与城市转型发展的关键时刻，民间资本早已外流到周边城市，并被锁定在房地产里。S 市启动转型发展的战略，政府投入再多，也不过是一场独角戏。

（三）新型城镇化杯水车薪

民间债务纠纷的蔓延，不仅使得类似 S 市这样的资源枯竭型城市在转型升级时所需的资金欠缺，而且在很大程度上延缓了新型城镇化的进程。H 镇是其实现 S 市城市扩容和试点新型城镇化的主要载体，也是全市新型城镇化的首批试点小镇。

在此，我们先大致介绍一下该镇的财政、税收状况，接下来再剖析其实施新型城镇化所面临的一些金融和资本方面的问题：

1989 年，H 镇撤乡建镇，全镇总面积达 45.7 平方公里，现在的城镇建成区为 3.2 平方公里。H 镇以建材工业园为龙头，初步形成了以化工、冶金、建材、机械、纺织、采矿六大行业为基础的乡镇工业体系。现有大小企业 154 家，民营规模企业 10 余家，产值超亿元民营企业 3 家。H 镇现有日产 4 万吨的自来水厂 1 座，110KV、35KV 的变电站 2 座，容量 1 万门的邮政电信大楼 1 座，移动通信接收站 4 座，大型市场 2 个，容量 60 台以上的客运站 1 座，垃圾填埋场和垃圾转运池各 1 座，水泥硬化三板道 1 500 米，预埋下水道 3 000 米，架设高杆路灯 100 盏，街道两旁全面实施绿化。H 镇拥有的交通条件非常便利，基础配套设施齐全。应该说，H 镇的小城镇建设初具规模。

近年来，H 镇的国内生产总值持续增长，2016 年实现工业生产总值 44 亿元。财税收入明显增加，本级税收从 2012 年的 744 万元增长到 2016 年的 968 万元（其中，国税收入 751 万元，地税收入 217 万元），年均增长 7.8%。H 镇立足现有基础，发挥资源、资金、技术、人才和区位优势，工业实现了集群化发展，同时形成了以 HX 水泥、YH 冷耐、XD 耐火为代表的建材工业园，以及以 BJY 为代表的循环经济产业园和以 TTX 物流为代表的现代物流园，为发展经济、壮大全市的财源做出了杰出贡献。

目前，H 镇共有机关干部 128 人。按有关法律和章程设人大、政协、纪委、人民武装、工会、共青团、妇联、残联，党政机关内设党政办、计育办、经济发展办、综治办、安监站、人力资源和社会保障站、文化体育广电站、农开中心等站所。①

2016 年，市财政对 H 镇财政延续执行财政包干体制，经过多轮测算确定的包干基数为每年 928.3 万元。2016 年，该镇财政支出 2 816.61 万元。全年支出数额较大的部门分别为：政府办公厅（室）及相关机构事务支出 803.5 万元（其中，含全镇财政统发工资 607.04 万元），农村综合改革 603.86 万元（其中，本级投入 38.18 万元，上级专项资金投入 565.68 万元），城乡环境整建支出 370.39 万元（上级专项资金投入 250 万元），综合治理支出 214.3 万元，农林水事务支出 79.28 万元，社会保障和就业支出 66.81 万元，计划生育支出 43.63 万元，党委办公厅及相关事务支出 35 万元，派出所支出 30.12 万元。

上述财政数据表明：第一，乡镇财力保障极其有限。财政体制包干基数 928.3 万元基本上只能保障人员及社保缴费支出，无法满足日益增长的城镇管理和社会综合治理的支出需求。第二，乡镇一级的财权与事权不对称。小城镇建设、综合治理、安全生产、税收等各项工作的责任都在乡镇，而财政上的体制包干没有充分考虑这些工作需求。第三，税种分配不合理。国家的税种划分使地税系统在这里几乎没有税基厚、税源广的主体税种，现在大多

---

① S 市 H 镇档案资料。

是征收困难、税源分散的地税小税种。虽然分税制实现了向中央财政高度集权的目的，而类似 S 市这样的很多地方财政近年来举步维艰。第四，现在的分税制在设计和实施上与政府分级管理体制并不配套。我国设有中央、省、市（州）、县（县级市）、乡（镇）五级政府，预算法规定一级政府享有一级财权，五级政府就要按五级分税，而实际是县级财政分享极小部分的税收，承担大量基层具体工作的乡镇根本没有税收分成。第五，转移支付体制不完善。因此，"跑部钱进"几乎成了各地方政府争取财政转移支付的基本途径。一直以来，"跑部钱进"是依靠地方发改委规划各种项目，再逐级向上申报。然而这些年，地方发改委已经没有了搞项目的动力。因此，乡镇一级靠项目争取的地方发展资金也越来越少。这是新型城镇化所面临的体制内的资金困境。

在体制外，随着民间债务纠纷的蔓延，民间资本更是没法进入乡镇一级来投资和带动当地产业发展。作为 S 市的经济重镇，H 镇于 2005 年被批准为 D 市唯一的全省小康示范镇，2014 年又被列为 D 市首批新型城镇化试点小镇。在这样的金融环境下，H 镇如何推进新型城镇化的建设工作？笔者采访了 H 镇的一位负责人：

乡镇现在基本上没有了财源，因此，我们报上去的新型城镇化蓝图很美好，要打造很多项目和产业。这些项目和产业，你说是浮夸吗？一点也不浮夸！我们都是根据当地拥有的资源，因地制宜做出的项目规划。比如说，沿河走廊和风光带建设有着多重功能：一是防洪功能。沿着资江河畔加高河堤，能有效提升防洪抗洪功能。二是发展旅游产业，同时促进产业转型升级。沿河风光带是多美的自然资源，如果开发出来，能带动整个 S 市旅游产业的发展和提升周边民众的收入水平。三是改善环境、治理污染，如此等等。这本来是借助新型城镇化而确立的一个综合性项目，一举多得，其综合效益十分明显。

但是，这么大工程的启动，前期基本上是没有收益的，在很大程度上应该属于基础设施投入这一块。因此，民间资本是不愿意进来的，更何况现在民间债务纠纷四处蔓延，好多老板跑路。因此，民间资本也很难通过招商引资的方式吸引过来。目前，这里根据省小城镇建设协调领导小组的安排，由省环保局对口支持我们镇的小城镇建设。

自 2006 年以来，省环保局专门制定了对口 H 镇的小城镇建设的工作方案，并多次来镇里进行调研和指导，帮助解决了数十万元资金。镇党委、镇政府在积极寻求上级各部门支持的同时，克服了自身财政困难，不断加大对 H 镇小城镇建设工作的投入力度：2006 年投资 40 余万元改组了城管队，组建了环卫处，健全了城镇管理机构；2007 年筹资 128 万元修复了派出所到镇市场前的两侧下水道，缓解了镇区的排水压力。2008 年又筹资 98 万元新建了客运站，解决了以路为站的难题。2009 年从镇内企业筹资 200 万元，对镇内的主要公路干道进行了硬化。近年来，H 镇的小城镇建设也得到了上级领导和政府的大力支持：省建设厅支持了 20 万元；D 市市委书记、市长多次来 H 镇视察和指导工作，帮忙解决了 25 万元资金。S 市政府也高度重视 H 镇的发展建设，先后多次召开专题会议，解决了 50 余万元资金。

因此，H 镇在全国第一轮试点镇发展期间，拥有土地、户口等优惠政策，并且财政状况良好，D 市、S 市两级市政府每年至少要给 H 镇几十万元的小城镇建设维护费，使得城镇建设迅速发展。但近年来，相关的优惠政策被相继取消，财政可支配收入的来源极其有限。目前，全镇财政资金缺口 200 万元以上，因而自身运转非常艰难。此外，由于 H 镇是全国发展改革试点镇和省小康示范镇，要不断投入、不断建设，而目前全镇每年的财政收入就是市财政拨付的 200 万元左右，虽然每年能到上级相关部门争取少量的项目资金，也只能保证机关的正常运转和机关干部基本工资的发放，无力对小城镇建设进行过多的投入，致使 H 镇的小城镇建设停步不前。

在目前民间债务纠纷蔓延、地方经济很不景气的环境下，招商引资也十分困难。因此，我们在考虑，能不能在镇一级设立投融资平台，毕竟 H 镇还有许多闲置的资产，能不能把它们盘活并组建一家投融资公司，然后向银行贷款，先把小城镇发展规划的基础设施建设起来。如果能这样，那么在后期吸引社会资本进来，就会比较容易了……

但是，在目前的金融监管环境，尤其是打击非法集资等政策下，镇一级投融资公司是批不下来的。

——访谈资料编码：S-H＿001

显然，随着 D 市房地产业通过民间借贷而建立起来的地域性资本市场的雪崩，已经对 D 市经济社会发展造成了影响，要在短时间内重新建立和恢复这种信任关系显然已不大可能。但是，重建社会信任是 D 市经济社会发展的当务之急。

如何迅速重建信任？D 市政府通过前往重庆等地考察学习，试图以地方国有资产作为信用担保，创立了一种新型的投融资平台——创投公司。创投公司既融资又投资，但主要投资于实业项目。如果说过去的城投公司主要通过以土地为担保抵押物进行融资，进而推动地方的基础设施建设和城镇开发，那么新的创投公司是以地方国有资产为担保抵押物，向银行或社会融资来推动产业开发，希望以此带动当地投资走向实体经济。然而，在民间债务纠纷尚未得到较好治理的情境下，这种模式的进展十分缓慢。

二、国资担保重塑地域金融的努力：从城投到创投

在民间金融市场崩盘、地域经济发展举步维艰的情境下，怎样贯彻党中央供给侧结构性改革的要求，加快推进经济增长方式转型升级呢？

一直以来，地方政府在推动地域经济发展方面其实已形成了一套模式和体系。此前，学界就提出过"地方政府即公司"等知名命题。其实，在城镇化背景下房地产经济的崛起，就是地方政府推动的结果。在快速城镇化时期，地方政府开创了城投公司主导的地域经济发展模式。在城镇化需要深化发展的新时期，过去的城投公司模式已经负债累累，但在民间投资乏力的情境下，怎样开启新的地方经济引擎？

D 市政府通过去重庆等地方学习考察后，在新一届市委、市政府的领导下，试图开创一种创投公司模式，专注于以政府力量来引导和带动实体产业的成长。实际上，这是地方政府重建社会信任、再造地域金融的努力。

（一）地方债务：城投公司的功过是非

在城镇化资金储备不足和金融支持乏力的情境下，城投公司曾经为城镇

化的飞速发展发挥了强有力的促进作用。城投公司以土地为担保，以地方政府财政为支撑，通过发行债券吸纳民间资金，为市政公共基础设施建设的大规模发展做出了卓越的贡献。以D市为例：

D市城市建设投资集团公司成立于2001年，经过多年的发展，目前集团公司下辖12家子公司，包括D市宾馆、城南新区建设开发有限责任公司、天棚资产管理有限公司、D市城投房地产开发有限公司、D市城投物业公司、农业发展有限公司、棚户区改造投资有限公司、自来水公司、市政工程总公司、公交公司等，现有员工320人，总资产为226亿元，净资产为120亿元，负债为108亿元。

近年来，D市城投公司累积融资118亿元，完成建设投资104亿元，完成市政基础设施项目138个，建成了一条高速线以及众多学校、公路、公园、桥梁等重大基础设施建设项目，为全市经济发展和城市建设做出了重大贡献。

2011年3月18日，D市成功发行了12亿元8年期市政项目建设债券。这是全市历史上第一次向资本市场直接融资，成功开辟了融资新领域。2012年和2014年D市又分别发行了13亿元、18亿元城投债券。2016年3月，D市城投公司非公开发行了15.3亿元公司债。当前，D市正在与国家开发银行进行对接，拟发行20亿元基金。

D市中心城区的面积已经从撤地设市时的26平方公里扩展到目前的近60平方公里。这离不开城投公司作为城市融资主平台、城市投资主载体、城市建设主力军在推进全市城市化进程中所发挥的突出作用和做出的积极贡献。

但是，城投公司主导的城市增长模式有一些天然的弊端。首先，城投公司的一个弊端是它在公司属性和组织管理模式上的缺陷。城投公司普遍实行两块牌子（市城投集团，市城投管理办）、一套人马、合署办公的管理模式，其名为公司，实为机关事业单位，所以现有的体制机制无法适应市场化的激烈竞争。因此，为持续、健康发展，城投公司正在酝酿改制方案，将市城投集团改制成国有独资企业，实行自主经营、自负盈亏的现代企业管理制度。市政府作为城投公司的资产出资人，授权市国资监管部门对城投公司履行出资人职责并进行监管。市委、市政府主要管理城投公司的董事会、监事会、经营班子和城投公司的工资总额、业绩考核，以便强化内部管理、重建高效专业的人才队伍，进而凝聚人心、提振信心。

其次，城投公司的另一个弊端是经营方面的非营利性。历年来，城投公司承建的项目都是公益性项目，建设出来的项目不能形成公司的经营性资产，因而其投入建设的资产不能变为公司的收入。由于过去城投公司大量的精力和资金都集中于不能产生直接收益的项目，也就是非经营资产比例过重，因而城投公司缺乏自我造血功能，所以城投公司的现金流是负数，并直接导致城投公司的资产负债日益沉重，无法有效扩大融资：

比如说，城投公司投入几十亿元资金将湘中大道建好后，周边的地皮从50万元/亩涨价到200万元/亩。但是，此时土地的增值跟城投公司的投入没有关系了，市政基础设施改善所带来的土地增值绝大部分都流进了房地产开发商的腰包。因此，城投公司正在设想，请求市政府批准公司对已竣工的项目进行政府回购，即使财政暂时没有能力回购，也要出函确认，并且形成一种机制；与此同时，建议充实偿债专户，并根据市委、人大的提议设立偿债专户，请求财政每年安排一定的偿债资金，防范平台的突发性风险。

——访谈资料编码：S-T＿001

最后，城投开发模式的最大弊端是只善于或者说不计成本地推动城市硬件规模的增长，而无法营造城市经济。从本质上讲，城投公司的基本作用是将城市土地转化为各种建筑空间，以推动新型城镇化建设，但对于城市经济和产业的发展，城投公司则无能为力。因此，城投公司的最大弊端就是近期公共舆论所批判的土地财政模式。城投公司是地方政府土地财政的关键环节和组织载体，如果没有城投公司这一组织平台，土地财政就运转不起来。城投公司的基本逻辑就是征地-整理土地-以土地为抵押物向银行贷款-投资公共基础设施建设-招拍挂出让土地-偿还银行抵押贷款。显然，城投开发模式的最终推动力就是房地产经济。因此，一旦房地产市场达到饱和，这一模式就走到了尽头，没有可持续性。实体经济和产业的发展才是一个城市持续繁荣及发展的根基。

D市城镇化走到今天，房地产市场已经基本饱和了。最近，全市经济发展最大的危机就是民间融资的困境。其实，这个民间融资不单是 D 市有，其他地方也一样。现在，全市的发展战略是响应中央号召，慢慢往实体经济发展，因此市政府的决策是慢慢把它（城投公司）的功能稀释，并新成立了一个创投公司。

——访谈资料编码：S-T＿002

（二）重塑地域金融：创投公司的美好愿景

D 市创业投资有限责任公司（以下简称"创投公司"）是经市政府批准成立的集投资、融资、建设、经营于一体的国有投融资平台公司，于 2015 年 11 月挂牌运营，注册资本为 15 亿元，全部来自市国有闲置资产。自成立以来，围绕产业扶持助推转型、水洋生态新区开发建设、城市资产资源开发运营三大职能，创投公司先后成立多家分（子）公司和参股投资多家优质企业。随着业务的不断拓展，创投公司正逐步发展成引领 D 市经济转型发展的国有集团公司。

创投公司严格按照现代企业管理制度运作，设置了董事会、监事会，实行董事会领导下的总经理负责制，设办公室、人力资源部、财务审计部、投资开发部、资本运营部和工程管理部 6 个部室。D 市创投公司下属全资子公司 4 家，分别为市 YC 开发建设有限责任公司、HC 环保科技有限公司、XC 咨询管理有限责任公司和资产经营管理公司（筹建中），还有一家分公司和参股 6 家民营企业。创投公司的鲜明特色是以国资为担保，通过各种投融资手段大力推进地方企业的发展，并处于国资委的审查和监管之下。其主要职能包括助力地方产业招商引资和新型区域开发建设，以及城市国有资源的开发。

由此可见，在民间资本处于困境的情况下，为继续推进当地城市化建设和经济结构转型，D 市政府试图整合所有国有资产来组建一个以政府信用为担保的、拥有现代企业建制的国有企业，借以带动民间资本的参与。从本质上讲，创投公司的组建表明了新一届市委、市政府重建社会信任系统的努力。对于这一点，D 市城投公司的 Y 总理解得比较透彻：

根据我的理解，像刚才他们汇报的这些东西，其实还是一些细节问题。

现在创投公司最大的困惑就是刚才您讲的，我们在做顶层设计的时候，怎么样把它作为政府在市场经济环境下指导经济模式的一种创新，同时应该从全域的角度来考虑创投公司。它不仅是一家公司，而且是众多国有企业中的一员，但从这个层面上讲，它也是一个市场主体。创投公司不一样，它敢参与市场经济，不仅要引导整个地方的经济格局，而且要引导整个地区的经济走向，这才是创投公司要做的事情。组建创投公司与以往的国有企业是不一样的，创投是一种模式，是一种经济自立模式、一种顶层设计，这是在政府层面实现宏观调控的一个重要途径。

对于创投模式来说，我要把政府搬迁作为一个项目来看待。这个项目的投资是 20 个亿，那么项目产生的回报是多少？这个外溢效益为 120 个亿，这个是我算的钱。在我没发现前都是市场发现的，我逐渐领悟到，如果将项目市场化，而且把政府搬迁看作一个大项目的话，这个项目投入 20 个亿实际上带来了 120 个亿，这条道路修好以后两边的土地增值与老板进入房地产开发以后产生的营利，总值达到 120 个亿。在过去，政府是直接投入了 20 个亿，没有享受 120 个亿的财富增值分红。现在搞的这个创投模式，就是要享受到这个财富增值的分红……

——访谈资料编码：S-T＿003

（三）曲高和寡：PPP 遭遇民资冷落

笔者与 D 市新组建的这家创投公司的领导班子召开了座谈会。经座谈了解到，尽管自成立以来，创投公司紧紧围绕国家、省市的产业发展政策，从产业投资、城市基础设施建设、城市资产资源开发运营三方面推进实施项目 18 个，拉动投资总额约 135 亿元，谋划储备项目 10 余个，预计可拉动投资约 80 亿元，但这些都是创投公司的产业发展和项目规划，实际落地困难重重。PPP（public-private-partnership）方式同样面临着政府、企业和民间三者之间信任关系的重建。

（1）工业类 PPP 项目。在产业项目招商与投资方面，目前创投公司投资参与的工业类项目有 4 个，总投资为 33 亿元。

一是招商引进深圳一家电子公司，双方合作成立 SX 新能源公司，共同投资建设"动力电池生产线及废旧电池清洁回收"项目，总投资为 20 亿元。目前已完成该项目的一系列前期工作和一期厂房购买，正在开展厂房装修和设备采购，计划于 9 月底建成投产。

二是招商引进广东一家科技公司，双方合作成立 HJ 光电公司，共同投资建设"大尺寸 YAG 激光晶体及深加工"项目，总投资为 5.6 亿元。目前已完成项目公司注册和项目立项，计划第四季度开工建设，争取年底建成投产。

三是招商引进一家省内农业公司，双方合作成立 JF 智能公司，共同投资建设"民用无人机生产、检测及监管云平台建设"项目，总投资为 5.4 亿元。目前已完成项目公司注册、厂房租赁和项目立项，计划 9 月底建成投产。

四是代持农发行 2 080 万元专项建设基金参股投资 D 市乐开口公司，共同投资建设"无添加集成化一步成型米粉成套装备制造"项目，总投资为 2.08 亿元，目前已正式投产。

（2）服务业 PPP 项目。在服务业领域，创投公司共投资参与项目 4 个，总投资为 10 亿元。

一是与市中心医院、X 县旅游建投公司合作成立 HQ 健康产业公司，共同投资建设"X 县 TM 健康养生基地"项目，总投资为 3 亿元。目前首期出资已实缴到位，正在开展土地调规和策划设计工作，计划第四季度开工建设。

二是出资建设"D 市创业创新服务平台"项目，总投资为 2 亿元。目前已完成工程可研编制，正在办理土地变更手续和启动勘察、设计、招标等工作，计划第四季度开工建设。

三是代持农发行 4 600 万元专项建设基金参股投资 D 市手拉手公司，共同投资建设"互联网＋智能安防系统集成与应用平台"项目，总投资为 4.6 亿元。目前已在 X 县 30 多所学校推广使用，下阶段将在全市范围内全面铺开。

四是与深圳 FT 贷、XL 担保公司合作成立 D 市 BT 转贷公司，开展市内中小企业银行转贷业务。BT 转贷公司的注册资本为 6 000 万元，上半年已办理转贷业务 45 笔，累计放款 3 亿元，实现主营业务收入 140 万元、利润 100

万元。

（3）城建开发 PPP 项目。创投公司还参与城市片区开发建设与招商。自成立以来，创投公司主要开展了如下业务：

一是片区规划设计。委托中国城市规划设计院完成了水洋生态新区整体规划，规划了以城市特色服务为主导的 TH 片区、以健康养老与特色居住为主导的 SH 片区、以文化教育和湿地休闲为主导的 LH 片区三大功能片区；依托多个连续的 SX 河湾，打造以休闲娱乐为主题的 SX 河湾片区；依托区域路网工程，打造具有特色道路景观的公路花带片区。

二是基础设施建设。策划包装了水、电、路、气等城市基础设施建设项目 6 个，总投资为 43 亿元，正在开展工程可研编制等前期工作，计划第四季度开工建设。其中，包括 LX 南岸江 LT 大桥至东二环防洪工程项目，总投资为 5.45 亿元；LP 大道东延段道路新建工程，总投资为 3.04 亿元；LX、SX 交汇区域水污染综合治理工程，总投资为 5.49 亿元；LX 河南岸沿河路建设工程，总投资为 8.36 亿元；地下综合管廊建设工程，总投资为 15.69 亿元；给排水管网建设工程，总投资为 5 亿元。

三是公共服务项目建设。策划包装健康养老、棚户区改造、体育设施等公共服务类项目 3 个，总投资为 16.8 亿元，正在开展工程可研编制等前期工作，主要包括：SH 养老院建设项目，总投资为 7.65 亿元；SH 村社区棚户区改造项目，总投资为 5.3 亿元；SH 片区体育设施建设工程，总投资为 3.86 亿元。

四是片区产业招商。联系洽谈了多家国内外知名学校、医院及影视投资机构，其中由 HD 影视、SZ 投资共同出资建设的 SXH 湾影视基地，已达成投资合作意向。该项目用地总面积约 1 000 亩，总投资约为 30 亿元，目前正在进行规划设计方案的编制。

（4）地方国资开发 PPP。创投公司还负责部分地方国有资产（资源）的开发与运营。

在地方国有资产划转方面：为充实资产，创投公司已向市政府申请同意划转 13 处国有资产，主要包括 6 处闲置办公楼、3 宗闲置土地、市服务外包大楼及其相关的 4 处资产。现已正式启动相关手续，计划 2016 年 9 月底划转到位。

在国有资源接收运营方面：经过市政府批准，创投公司通过整体划转接收了市发改委的工程咨询中心和市环保局的环科所，组建了 XC 咨询管理有限公司，于 2016 年 7 月正式挂牌运营；下一步还将接收市规划设计院等事业单位，打造一家能为项目建设提供全流程服务的综合性咨询服务机构。

在地方国有资源开发建设方面：在成功争取到政府公共资源的开发经营权后，创投公司已编制了中心城区加油站、加气站、充电桩（站）的整体规划，现已完成"市新能源汽车充电站（桩）建设项目"的前期立项工作，并同步开展国家专项建设基金申报及建设运营招商等相关工作。该项目的总投资为 5 亿元，拟建设 3 个充电站、7 380 个充电桩。

在社会资产收购方面：为抓住有利商机，创投公司组建资产经营管理公司进行专业运作，主动联系收购依法公开拍卖的不良金融资产，并通过招商运营或转手出售等方式实现资本运作增值增效。现已锁定一处工业厂房和一宗商业地产，正在开展调查摸底和竞拍准备工作。

尽管新组建的创投公司在上述关系城市化建设和经济产业转型的四大主要领域内都有广泛的布局，力图通过在这些关键领域内规划一些大型重点项目，同时以国有资产和地方政府信用为担保，吸引和带动一部分市场及企业资金参与到项目的开发和发展中来，从而推动地域经济从房地产主导的产业体系向实体经济转化。这一组织设计的用心不可谓不好，但现实总不尽如人意，在经历了民间债务纠纷后，D 市无论是市场还是民间社会，全部陷入观望状态，投资全面收缩。人们宁可把钱存进银行，甚至把现金藏在床底下，也不肯轻易拿出来投资。

对于地方招商引资来说，整个 D 市信用环境的破坏，也使得外面的企业对 D 市闻声色变、望而生畏。因此，以国资担保的创投公司所推出的一系列 PPP 项目，实际进展十分艰难。该公司的第一个大型项目，实际上还是通过书记的私人关系，从深圳引回来的一个出身在本地的老板，他利用这种老乡兼私人友情的关系回乡创业。即便如此，该投资老板实际上也是忧心忡忡。

创投公司的总经理也从侧面反映了民企对于地方的不信任和合作前景的担忧：

笔者：还有一个问题，就是说你们参股或吸引这些民营企业来参股，进而推动它们的发展，它们有没有顾虑，就是怕你们把它们给吃掉？在谈招商的时候，因为这些客户很可能是有几个股东的，往往一个股东接受了，其他的股东接受不了，需要反复做工作。

创投公司经理：现在的民营企业确实有一股潮流，就是说不要跟政府绑在一起，我搞我自己的。

笔者：有什么机制来约束这个东西？

创投公司经理：机制暂时没有……我们创投的核心竞争力在哪里？我觉得是拥有政府优势，这个是核心竞争力。其实，这里面有一个机制确实需要建立，就是像国际管理公司那样的退出机制。我们也设置了退出机制，对于我们参股的民营企业（像互联网手拉手公司），我们参股 20%，那么政府参股的 20% 企业可以使用，但等这个项目走向正常了，就是比较成熟了，创投公司就应该回来做别的事情了。那么，我们应该跟企业进行结算，一个相应的机制就应该推出来。

——访谈资料编码：S-C＿001

三、小结：信任重建的艰难与政府重塑地域金融失败的根源

在地域经济发展陷入停滞、民营经济遭受重大挫折、就业遭遇困境的情况下，传统的粗放型城镇化模式无以为继，城投开发模式负债累累，尽管地方政府试图另辟蹊径，以地方国资和政府信誉作为担保，组建政府主导的创投公司，以期在粗放型城镇化基础上推动创新创业，引导资本走向实体经济的投资，吸引和撬动民间资本参与地方经济与产业转型，但由于历史的旧账没能得到妥善处理，整个 D 市的社会信任环境已经恶化。在人际信任消失的同时，民众也不信任企业，整个社会信任因而断裂和瓦解。从创投公司的实际运转来看，民营资本始终保持观望状态，不敢轻易参与，而且大量的民营资本已被深度套牢在许多因资金链发生断裂而中断的房地产开发项目中。

实际上，回过头看，随着全国房地产市场 2015 年的跳涨，2016 年 D 市

房地产价格普遍上涨了一倍。如果 2013 年这次民间金融风波处理得当，政府与企业和投资者通力合作，那么到现在，任何一个房地产项目都能偿清债务，政府、企业和投资者能够实现共赢。然而，遗憾的是，因为对这场民间金融风波的不当处理，当地经济社会发展 5 年来仍然深陷泥潭。这一切归因于地域经济社会发展所依赖的现代社会信用体系尚未实现真正转型，所以基于系统信任的现代金融体系也无从建立。因此，地域经济社会的现代化转型之路任重而道远，中部地区深度城市化的空间广阔、发展的潜力巨大，但最关键的是以什么样的制度体系恢复投资者的信任，实现经济社会发展进程中的共建与共享。

政府公信力是重建社会信任的重要根基，也是社会信用体系的基石。政府公信力是指政府在公共管理过程中得到公众普遍信任而获得的权威性资源，对推动国家信用体系和制度建设起着至关重要的作用。党的十九大报告提出，要增强政府的公信力和执行力，建设人民满意的服务型政府。地方政府的公信力是应对包括金融危机在内的社会危机的重要堡垒。在中国特色社会主义制度下，党和政府是民众的主心骨，"有问题，找政府"，广大民众对政府的公共权威还是十分维护的。全球最大的公关公司爱德曼（Edelman）发布的 2018 年全球信任度调查显示：中国民众对政府的信任度继续以 84％领先于世界。[①] 另有研究表明，与给予民众各种福利和物质实惠相比，建构公平正义的制度环境，越来越成为政府赢得公众信任和支持的重要途径。因此，政府公信力的建设和维护，是重建社会信任体系的核心。

但重建社会信任，单纯依托政府公信力也无济于事。政府公信力只是现代社会信任系统中的一个重要组成部分。重建社会信任，还需要建立起以法律、制度、规则、担保信用组织、仲裁机构和执法系统等一系列环环相扣而又相互配套的现代社会系统信任。对于 D 市而言，民间金融系统本是汇聚社会资金的重要平台，是由传统人际社会信任网络支撑的地域社会资本市场。由于缺乏系统信任的建构和接盘，一场民间债务纠纷使得社会信任关系断裂，

---

① 全球民调：中国民众对政府信任度达 84％，而美国仅 33％. 人民网，2018-01-23.

民间社会资本消耗殆尽。这也意味着，在迈向经济社会现代化的进程中，社会信任的重建还意味着传统社会信任网络的现代化转型。这种信任网络的转型，就是通过建立现代系统信任来逐步替代传统的人际信任，以现代系统信任来吸纳传统信任网络所发挥的凝结社会资本的作用。在经济领域，就是要建立起与现代产业结构相匹配的金融体系，充分认识民间资本和民间金融对于现代经济建设事业的重大作用，不断将民间金融纳入法治化、制度化和规范化的运作轨道。

第七章

信任体系重建与地域金融的现代化转型

通过民间借贷汇集成的民间金融曾作为促进地方城镇化和经济发展的重要力量，对地域城镇化和经济产业体系的现代化转型起到了重要的推动作用。但民间金融风波的爆发，又使得 D 市经历了一次磨难。

对于这场风波，地方政府、金融监管部门都在各自职权范围内推出了各种举措，力求维持当地社会稳定并尽量减轻集资群众的损失。但经济形势疲软、融资困难等原因，使政府主导的信用重建的效果并不明显，而民间金融风波背后的社会信任环境恶化，其危害可谓更大、更深、更久。

对民间金融风波的处理不当导致整个地域经济社会的信任环境遭到破坏。因此，经济社会发展转型的当务之急是重拾社会信心、重建社会信任系统，推动地域金融的现代化转型。

一、客观评判民间金融是正确处理纠纷的前提

从 D 市民间债务的起源、兴起和发展及其对当地经济发展，尤其是在城镇化的贡献中，我们可以看到：民间金融如果应用得好，实际上是一种非常有效的汇集社会资本的金融机制，也是实现民众分享经济增长成果的有效模式，还是对当前正规金融结构的重要补充。

（一）民间资本市场是正规金融结构的重要补充

在 D 市，官方认为通过民间借贷而形成的民间债务市场的总规模在 300 亿元左右（如果加上在司法条例许可范围内的健康民间金融，其规模高达 500 多亿元），占整个正规金融系统全社会存款余额的三分之一以上和贷款余

额的一半。该市场的存在，有效吸纳了全社会的闲散资金参与当地的城镇化建设，并推动了当地经济社会的发展。建立在民间借贷基础上的民间资本市场，实际上是正规金融系统的重要补充，弥补了正规金融系统的不足。因此，民间借贷市场实际上应成为地方金融体系架构的重要组成部分。

从实体经济的角度出发，一直以来，由于我国银行业金融体系自身的治理结构不完善，所以传统意义上的借贷市场对民营企业的信贷"歧视"现象一直存在。其结果是我国民营中小企业不得不借助非正规的民间借贷方式进行市场融资。这种现象的长期存在，在客观上造成了民间借贷市场的繁荣；与此同时，这种民间借贷市场的繁荣现象，与当地民营经济的发展成熟水平高度相关。近年来，中国的企业改革实际上出现了"国进民退"的趋势，进一步加剧了民营企业向正规金融机构融资的困难，这也在一定程度上促进了民间借贷市场的进一步发展。

从国家宏观经济层面分析，我国居民的投资渠道狭窄等因素，使得大量的民间资本进入了民间借贷市场。

通过民间金融对城镇化建设的资金介入这个事实来看，民间借贷市场作为现阶段正规金融的有效补充，可以在一定程度上缓解一部分社会融资需求问题。我们可以看出，在此过程中，由于正规金融机构信贷投放的局限性，以民间借贷为基础的民间资本市场利用其灵活高效的运作特点，在满足民营企业发展、"三农"经济、地方产业集群发展的融资需求等方面弥补了银行信贷服务的空白。

从这个意义上看，以民间借贷为基础的民间资本市场的形成，有利于形成多层次的资本市场，同时增强了地方经济运行的自我调整和适应能力，并且满足了各类市场主体的部分融资需求，已成为社会融资的一个重要补充渠道。多年来，我国的民间借贷市场在部分地区异常活跃，其快捷、灵活的方式受到了众多中小企业特别是初创型小企业的青睐，民间金融有力地支持了我国民营经济的投资需求。从我国民间金融的发展历史来看，民间借贷的市场发展通常与民营经济和市场经济的自身特点相适应。就地方民间金融的发展而言，比如我国经济较为发达的浙江温州的民营经济，毫无疑问离不开温州活跃的民间投资。此外，还有一个非常重要的问题是我国大部分自发的民间投资创业计划往往没有经过严密的可行性论证，所以正规金融机构从防范信贷风险的角度考虑，一般不愿意对创业者给予信贷支持。所以，这一巨大的市场就吸引了民间资本的进入，从而使得我国的民间借贷成为支持民营经济创业投资的重要力量。

正因为如此，在温州民间债务纠纷爆发后，中国人民银行决定赋予民间借贷以"制度层面合法性"。制度层面合法性是指金融管理当局对长期存在的民间融资市场给予了一个明确的身份，允许其作为国有银行体系主导的正规借贷市场的有效补充。[①] 从管理层面上说，国家对民间金融制定了相应的经营警戒线，从而不再对民间借贷市场（如高利贷市场）的发展采取放任自流的态度：

> 《最高人民法院关于人民法院审理借贷案件的若干意见》规定，民间借贷的利率可以适当高于银行的利率，各地人民法院可根据本地区的实际情况具体掌握，但最高不得超过银行同类贷款利率的 4 倍。超出此限度的，超出部分的利息不予保护。对于个人或单位以转贷牟利为目的，套取金融机构信贷资金高利转贷他人，违法所得数额较大的，可依《中华人民共和国刑法》第一百七十五条的规定，以高利转贷罪论处。

为了便于管理，中国人民银行计划批准一批在民间借贷市场中从事专业放贷业务的机构或组织，将其作为民间借贷的专业放贷人对待。可以看出，央行通过出台放宽民间借贷经营限制的新政，并在加强监管的基础上，允许隐于民间的巨量资本"转正"。这一举措被认为是在中国逐步建立起一个多元化的融资体系。然而，从现实情况来看，由于疏于监管，各地民间借贷市场出现了野蛮生长和无序扩张。当前，最重要的是要逐步解决民间借贷手续简单、严重缺乏必要的专业性管理和法律法规的支持，具有不规范性、盲目性、分散无序性，从而容易引起借贷双方的纠纷等问题。

---

① 民间借贷终成正规军 . 金融界，2011 - 12 - 28.

（二）民间借贷市场是汇集社会资本的有效形式

从 D 市民间债务产生、发展和崩盘的社会后果中不难看到：以民间借贷为基础的民间资本市场的产生，是当地城镇化发展和正规金融制度具有局限性的结果。民间资本市场的产生，迅速而有效地集聚了庞大的社会资金。与其说这是一种经济学意义上的民间资金或社会资本，倒不如说这是一种社会学意义上的社会资本，因为这些社会闲散资金聚集的背后，是一张社会关系网络。正是基于熟人社会的信任，这些资金才能源源不断地汇集起来，最后聚集在各类投资公司，并参与当地的经济发展和城镇化进程。

这是社会自发产生和汇集的民间资本，无须政府的组织和建立，但需要由监管部门提供应有的法律保障。以民间债务为基础的地域性资本，恰恰是近年来各类金融和政策部门呼吁参与经济发展的"社会资本"。

2012 年，为了贯彻落实《国务院关于鼓励和引导民间投资健康发展的若干意见》，鼓励和引导我国民间资本进入银行业，并加强对民间投资的融资支持，中国银监会依据《中华人民共和国商业银行法》《中华人民共和国银行业监督管理法》等法律法规及有关国家政策，制定了《中国银监会关于鼓励和引导民间资本进入银行业的实施意见》。该意见要求，各级银行业监督管理机构要充分认识到，鼓励和引导民间资本进入银行业对加快多层次银行业市场体系建设、建立公平竞争的银行业市场环境的重要意义。此外，该意见要求在促进银行业金融机构股权结构多元化、平等保护各类出资人的合法权益、改进银行业金融机构公司治理和内部控制的基础上，采取切实可行的措施，积极支持民间资本进入银行业。

2012 年，《卫生部关于社会资本举办医疗机构经营性质的通知》规定：社会资本可以按照经营目的，自主申办营利性或非营利性医疗机构。同年，中国证监会发出《关于落实〈国务院关于鼓励和引导民间投资健康发展的若干意见〉工作要点的通知》。贯彻落实《国务院关于鼓励和引导民间投资健康发展的若干意见》和《国务院办公厅关于鼓励和引导民间投资健康发展重点工作分工的通知》，要求充分发挥资本市场功能，研究提出鼓励和促进民间投资健康发展的具体措施。该通知要求系统内的各单位、各部门要认真学习领会国务院有关文件精神，充分认识鼓励和引导民间投资健康发展的重要性，把促进民间投资健康发展作为资本市场服务实体经济的重要组成部分，纳入资本市场改革发展和监管，切实抓好落实。

目前比较流行的 PPP 项目融资模式（以下简称"PPP 模式"），更是热切期盼社会资本的加盟和参与。具体说来，PPP 模式就是"公私合作模式"，包括广义和狭义两个范畴，目前讨论得较多的是狭义 PPP 模式。我国官方及业界认为，与 BOT（建设-经营-转让）模式相比，PPP 模式更强调由政府和社会资本分担，有利于降低投资前期的风险。我国财政部前部长楼继伟如此表述 PPP 模式对当前中国经济的意义："在当前创新城镇化投融资体制、着力化解地方融资平台债务风险、积极推动企业走出去的背景下，推广使用 PPP 模式，不仅是一次微观层面的操作方式升级，更是一次宏观层面的体制机制变革。"

然而，通过对 D 市城镇化进程中民间债务纠纷的分析，我们可以看到：社会资本实际上早已通过民间债务市场的形式，全面、广泛而有效地参与了我国的地域经济社会发展和城镇化进程。当各部门的政策都热切呼吁社会资本参与各领域建设的时候，D 市的社会资本却因民间债务市场的崩溃而烟消云散了。因此，社会资本的形成和参与经济建设，不是出台几个政策文件就能号召起来的，关键是社会信任系统的建设。

（三）民间资本市场是分享经济发展的地域模式

从 D 市民间债务市场的起源和发展动力来看，民间债务市场还是当地居民分享经济增长的有效模式。参与民间借贷的投资者，每人的平均投资额为 3 万～5 万元。按照月息 1.2 分计算，每月的资产性收入为 360～600 元，而当地一个普通公务员的月薪才 2 000 元左右，也就是资产性收入占了工薪收入的 1/5～1/4。对普通居民来说，这可是一笔相当可观的收入。更重要的是，他们以这种形式的投资参与了当地的经济发展和城镇化建设。这种资产性收入并不是通常意义上的不劳而获，而是分享当地地产经济增长的一种有效模式。该市金融办领导也认识到：

> 在D市，民间资金是比较活跃的，我们辖区内的矿产资源丰富，因此小老板比较多。但近年来，这些民间老板的投资渠道不畅。现在整个社会层面最有问题的就是投资渠道十分有限。你说炒股票赚钱吗？炒股票赚不赚钱？从6 000点跌到3 000点、2 000多点，老百姓有钱也不敢投啊！上半年有一个小行情，D市的股票交易量实现了300%的增长，全年的证券交易总额为4 500亿元，你算一算这4 500亿元是个什么概念？D市才多少人？还有多少人是不交易的？我市的期货交易量也达到3 700亿元，整体加起来股票期货交易量为8 200亿元。
>
> 因此，现在的情况是，自改革开放以来，大部分人都富起来了，家里多少有些积蓄和存款。但是，一方面是房地产价格的逐年增长，另一方面是股票市场、期货市场很难获利。因此，民间债务市场成了相对而言比较可靠的投资获利渠道，这是投资者经过理性选择的结果。

实际上，如果地产经济能一直延续下去，这是一种很好的分享地产经济增长的模式。开发商有钱盖房子，农民工有打工的机会，投资者有红利，地方城镇化建设也不乏资金。因此，民间资本市场实际上是地方经济社会赖以发展的重要基石，也是分享经济社会发展的有效形式。如果监管部门能合理规范和引导，这个市场不仅是对正规金融系统的重要补充，而且是生成和积累社会资本、激发社会活力、实现分享经济的重要模式。

二、社会现代化转型亟须从传统信任走向系统信任

改革开放40多年来，我国经济体系的现代化转型取得了长足的进步，但社会发展的现代化程度还比较滞后。从信任系统的角度来看，我国还停留在传统的人际信任关系状态，现代系统信任尚未建立起来。本研究将这种无法从传统信任关系转向现代系统信任的现象称为社会信任的结构性断裂，正是社会信任的结构性断裂导致了诸多经济社会问题。

按照韦伯、帕森斯等社会学家关于"特殊信任"与"普遍信任"的区分，

社会信任的转型成为我国经济社会现代化转型的关键议题。基于中国本土文化的信任研究基本都认为，中国社会是"关系本位"的，占支配地位的信任类型也是关系型信任。关系型信任是一种特殊信任，信任关系的建构遵循费老所提出的"差序格局"的基本原则，即以自我和家庭为中心，通过血缘、亲缘、地缘和业缘等社会关系而外推扩散，越往外扩散，情感越薄，信任关系越松散；越往中心部分，情感就越深，信任关系也就越紧密。这种关系型信任是与传统中国以农业社会主导的静态和熟人社会结构相匹配的社会纽带。

随着经济的现代化转型，社会流动性的日益增强使得原先构建在熟人社区基础上的人际关系不断解体，传统人际关系网络对个人的约束力显著下降，社区从以往的熟人社会变为陌生人社会，社会经济活动超出了血缘、宗族和亲缘等构建的传统社会网络。在这种情境下，支配国人的传统关系型社会信任在经济社会活动中的作用日益遭遇挑战，而新的基于组织和制度的普遍型信任系统尚未完善。这种社会信任的结构性断裂，使得我国经济社会运行中的信任危机日趋严重。可以说，从关系型社会信任走向普遍型社会信任，是我国经济社会真正实现现代化转型的必由之路。以系统信任为基础的普遍信任的建立，是推动经济社会现代化转型的重要基础和重要支撑。但是，从总体上看，我国经济社会运行中的信任系统尚未完成现代化转型。

（一）传统信任的严重文化滞后问题

从本研究中的 D 市案例可以看到，D 市还大体停留在一种以私人关系、特殊信任为基础的传统信任之上。如前所述，韦伯、帕森斯等社会学家提出了关于信任的"特殊信任"与"普遍信任"的二分概念，本研究主要使用传统信任（或私人信任）与现代信任（或系统信任）的概念。对于这种信任，以往的研究也提出：这是一种关系本位的或由私人关系支配的信任，与经典社会学家所提出的特殊信任类似。从本研究对 D 市金融案例的剖析中，可以清晰看到这种传统信任现象。

D 市的案例也反映出，传统信任在当今的城市化与金融体系面前，已经严重滞后了，D 市所呈现的文化滞后现象，大体上类似威廉·奥格本所揭示的，在社会变迁中，非物质文化的变迁会滞后于物质文化的变迁，即 D 市的物质文化——城镇化的物质建设速度过快，而非物质文化——人们建立在私人信任基础上的民间信贷还停留在传统习俗的基础上。按照文化滞后的原理，人们的传统社会关系、习俗的变化是最难的。所以，从 D 市案例的分析可知，要想真正建立一种全新的信任关系，还要做出长远的、持续的努力。对此，人们必须有充分的认识。

（二）信任转型过程中的结构性断裂问题

在 D 市的案例中，引发民间信贷链条断裂的 T 公司 X1 董事长的坠亡事件以及此后的谣言虽然具有偶发性，但依靠私人关系建构起来的庞大民间信贷撑不住城镇化的金融压力却是结构性的、制度性的问题。正因为如此，D 市民间债务纠纷的出现只是迟早的问题，而社会信任的结构性断裂有着深刻的经济社会转型背景和制度环境。D 市的案例反映出，随着地域经济的现代化转型，社会的流动性日益增强，这使得原有的基于乡土社会的熟人关系网络不断解体，传统人际关系对人的约束力显著下降，乡土社会从熟人社会走向陌生人社会。

在 D 市的案例中，建立在传统信任关系基础上的金融借贷遭遇了打击，而现代的基于法律和制度的普遍信任系统的缺失，导致了区域性社会信任的结构性断裂。D 市的案例显示出，一旦发生社会信任的结构性断裂，以私人关系为基础的金融信任链条就会发生"雪崩式"坍塌。在社会信任发生结构性断裂后，连地方政府的公信力都受到了巨大冲击。因此，D 市的案例说明，从地方政府的角度来看，在金融问题上，一定要全力避免社会信任的结构性断裂，在面临这种风险时，一定要及时、有效地采取救助措施。

（三）信任重建与现代化转型的实现

在 D 市的案例中，民间金融风波导致了社会信任的结构性断裂，对 D 市的经济社会发展造成了重大冲击。我们在面对这样的局面时应该怎么办？唯一的出路就是重建信任。重建社会信任的基本路径就是向现代金融系统的转型，建立以法律、制度、专业金融机构和监管为基础的系统信任。

在 D 市的案例中，由于债权人对债务人不再信任，所以发生了一些事件。在此局面下，地方政府必须做出妥善应对和依法处理。我们看到，债权人因为民间债务纠纷而找到政府以求公正处理，这说明广大债权人对政府的公权力还是信任的，所以政府与司法机关应当妥善处理债务纠纷，认认真真地解决所有遗留的债务纠纷，这样才能重塑信任。在 D 市的案例中，地方政府做出了努力，成立了专门的办公室，分类处理不同类型的债务纠纷，这些做法都应给予充分肯定。在重塑新型地域金融方面，D 市的新一届政府也在尝试用新的创投公司形式稳住地方金融，建立新的系统信任机构，这也是有益的举措。

当然，对于金融信任重建和金融现代化转型的实现，还要有充分的思想准备，这将是十分艰巨的过程。本研究多次提到的"文化滞后"或"文化堕距"理论认为，在非物质的观念文化的变迁过程中，制度文化的建设应先行，而最艰难的却是人们习惯、文化的变迁，因此后者是滞后的。所以，即使创新了地方的金融制度，但人们是否能遵循这套制度规范，依旧是个难题。要让民众适应这套制度规范，还要长久的实践与调整，因此信任重建和现代化转型的实现将是一个缓慢的过程。

总之，信任是一种复杂的社会、心理和文化现象，社会信任是不同社会群体凝聚共识、形成共同价值的前提和基础。对于处在社会现代化转型期的中国而言，在社会建设中重建和提升社会信任，意义重大。重建和提升社会信任是一项系统工程，需要科学研究，了解建立和维系社会信任的前提、基础和机制。因此，围绕社会信任，既需要宏大的制度分析和框架构思，又需要跨文化的批判与反思；既需要机制体制和政策法规的改革，又需要基于心理角度、本土文化的思考与借鉴。[1]

三、当务之急：建立与现代经济相匹配的金融体系

在 D 市城镇化进程中民间借贷市场的发展、繁荣、崩盘及其产生的经济

---

① 翟学伟．"朋友有信"与现代社会信任．光明日报，2016 - 07 - 20.

社会后果表明，即便在我国中部地区的一个地级市里，随着城镇化的推进，地方经济和产业体系也逐步发生了现代化转型。但是，正规金融体制和制度的约束，使得在整个城镇化过程中，我国地方经济的发展面临着严重的金融抑制问题。建立在人际信任基础上的传统民间借贷的发展和壮大形成了民间资本市场并汇集了大量的民间资金，从而将大量家庭卷入以城镇化建设为核心的现代经济系统。民间资本市场为地方实现快速城镇化和经济、产业的现代化转型提供了强大的动能，有效地弥补了正规金融系统的不足，极大地推动了地域经济从传统工农业主导的经济体系向房地产开发和服务业主导的现代经济体系转型。

然而，民间资本市场始终没能与正规金融系统有机联系和合法对接，始终处于无序增长和缺乏监管的状态，始终在灰色地带运行。而当一个地域社会的经济系统已经实现现代化转型之后，以传统人际信任为基础的民间借贷已经无法满足现代经济体系运转的需求，特别是在宏观经济的大幅波动期，民间资本市场已经无力应付这种波动带来的风险。因此，在 D 市，我们看到了这样一场民间债务纠纷。

D 市的案例对于全国经济社会转型都有深刻的警示作用，也就是在民营经济和民间投资规模不断扩大并在国民经济体系中发挥越来越重要作用的情境下，要保证现代经济和产业体系的良性运转，必须建立起有效吸纳和合法保护民间资本市场的现代金融体系。如果金融体系与经济运行的需求不配套，必将产生巨大的风险，进而影响产业的转型升级。

（一）防范系统性金融风险必须妥善处理民间金融

近年来，防范系统性金融风险已成为党中央、国务院最关心的经济工作重心。在 2017 年中央经济工作会议上，明确提出了"打好防范化解重大风险攻坚战"，重点要求防控金融风险。党的十九大报告提出了建设现代化经济体系的宏伟目标，要求深化金融体制改革，增强金融服务实体经济的能力；要健全金融监管体系，守住不发生系统性金融风险的底线。2018 年 4 月 2 日，新成立的中央财经委第一次会议明确指出，要打好防范化解金融风险攻坚战，要坚持底线思维，要集中力量并优先处理可能威胁经济社会稳定和引发系统风险的问题。2018年4月9日，国务院办公厅印发《关于全面推进金融业综合统计工作的意见》。该意见表明：全面推进金融业综合统计工作要建立"统一标准、同步采集、集中校验、汇总共享"的工作机制，强调各部门、各地区要立足大局，深化认识，加强组织领导，强化统筹协调，落实工作责任，强化关键支撑，齐心协力做好金融业综合统计工作。① 这一系列密集的中央重大会议和文件都指向了防范金融风险的攻坚战，可见中央已经意识到了我国经济和产业运行中金融系统存在的问题。

正如黄奇帆先生不久前所指出的，当下中国经济系统中真正成为问题并迫切需要着力解决的是正规金融系统之外非金融企业的债务，这个债务约占GDP的160％。目前，我们的GDP总量已经达到80多万亿元，而我们的企业债务却有130多万亿元，160％的企业债和政府的、居民的债务率加起来，总的就是250％多，宏观杠杆率也就成了世界上较高的杠杆率。② 通过对D市的实地考察和实证分析，本研究认识到：中国金融经济的系统性风险在民间，若不高度重视规模庞大的民间债务这一国民经济系统中的重要组成部分，必将引发重大的社会影响。因为实际上，在长期粗放型城镇化模式下通过举债进行的经济增长方式已经无以维系。政府性地方债务好歹有政府信誉和土地等国有资产作为担保，而在此进程中，凭借人际信任累积起来的民间债务实际上已经在各地陆续发生问题。

要化解民间金融系统中的潜在风险，需要充分认识和理解民间金融系统发生和建立的宏观经济结构及金融系统的微观制度环境，打通尚处于灰色地带的民间金融系统与正规金融系统之间的合作通道。怎样通过正规金融系统的监管，为民间资本市场建立起现代系统信任，实现地方金融系统与经济系统的信任匹配，是化解地域社会民间金融系统风险的关键。因此，2015年最

---

① 国务院办公厅. 国务院办公厅关于全面推进金融业综合统计工作的意见. 中国证券网，2018-04-09.

② 黄奇帆. 130多万亿企业债务才是去杠杆的重中之重. 中国新闻网，2018-04-10.

高人民法院发布了《关于审理民间借贷案件适用法律若干问题的规定》。[①] 该文件在对当下民间借贷领域内的一系列核心问题给出权威界定后，尽管初步将民间借贷合法化，但这一做法并没有解决民间借贷中真正隐藏的核心问题，也没能认识到以民间借贷为基础的民间资本市场对于中国经济和产业转型升级的重要性以及对防范系统性金融风险、守住底线的重要性。正因为如此，本研究所发现的信任断裂与灰色地带社会信任的系统性转化，其理论和现实意义更加凸显。

（二）为民间资本市场建立起现代系统信任

通过对D市民间资本市场兴起、发展、壮大和崩溃的个案研究，本研究已经揭示，民间资本市场建立在以传统私人信任为核心的民间借贷网络基础之上，支撑民间资本市场正常运转的重要基础是熟人社会中的私人信任。通过熟人社会庞大的血缘、亲缘关系网络，民间资本市场积少成多，有效聚集了社会闲散资金，以滚雪球的方式迅速聚集起了庞大的民间资本，对于地域城镇化和经济社会现代化发展起到了强有力的推动作用。

然而，在遭遇个别老板跑路等偶然事件时，谣言往往也会借助熟人社会关系而传播开来，这是导致D市民间资本市场发生挤兑，民间资本资金链断裂的根本原因。也就是说，所谓"成也萧何，败也萧何"，建立在熟人社会基础上的私人信任既是D市庞大的民间资本市场赖以建立的重要网络机制，又是导致这一资本市场雪崩的重要原因。因此，在庞大的民间资本聚集起来，通过各种项目投资而进入现代经济体系后，建立在熟人关系基础上的私人信任实际上已经开始断裂和瓦解，这恰恰是导致社会信任产生结构性断裂的薄弱环节。

只有在这一个环节上加强监管，为民间资本市场定规立法，建立起现代系统信任，以现代金融系统的信用为担保，以法治为坚强后盾，才能承接建

---

① 该规定以年利率24％和36％对民间借贷划了两线三区：第一条线就是民事法律应予保护的固定利率为年利率24％；第二条线就是年利率36％以上的借贷合同为无效合同；两者之间为自然债务区，法律不支持也不反对。

立在熟人社会基础上的私人信任，才能在面临经济紧缩、个体偶然事件或谣言时，有强有力的系统信任提供支撑，不至于产生大的经济影响。因此，健全和规范民间资本市场的运作，借鉴欧美发达国家民间资本市场监管体系，为民间资本市场建立起现代系统信任，是发展壮大民间资本市场、避免地域经济波动的重要保障。

（三）促进民间金融与正规金融的合理对接

从金融监管法律来看，可以把金融分为正规金融和民间金融。正规金融是受央行监管和金融法律法规制约的金融系统，而游离于央行监管和国家金融法律法规制约之外的金融叫作民间金融。我国金融资本市场的"两极怪圈"由来已久：一极是民营企业发展资金欠缺，而且因为自身的信用和财产状况，很难达到正规金融系统（由银行主导）的贷款要求；另一极是民间大量资金被闲置和沉淀，为实现资金的价值，这部分民间资金逐渐被民间资本市场所吸纳。金融资本市场"两极怪圈"的存在，是近年来民间金融不断发展创新的重要环境。

正如D市的案例所揭示的，民间金融的发展壮大，对于D市的城镇化建设和经济社会发展具有重要推动作用，但也存在巨大的风险隐患，特别是因为各种偶然事件而产生资金挤兑并导致民间金融风波的时候，处理不当会发生经济影响。因此，一方面，民间金融系统是正规金融系统的重要补充；另一方面，民间金融系统也有其自身的不足，特别是在进入现代经济活动后，民间金融自身的力量还是十分有限的，其运作机制也不健全。因此，要充分发挥民间金融的优势、规避其缺陷，就必须促进民间金融与正规金融的合理对接。

关于民间金融与正规金融怎样对接的问题，在金融研究领域一直是一个富有学术争议的问题，而在实践中，这是一个有关制度和规范建设、体制和机制变革的问题，许多研究报告已经提出了多方面的建议。1989年的《世界银行发展报告》就指出：目前，全球的非正规金融能够有效地向中小企业、农户和农业提供持续的融资服务。我们必须建立健全有效的机制，采用能将非正规金融和正规金融连接的措施，使之能够促进这些服务并创造出一种竞争的环境，而促进正规金融和非正规金融的连接是发展金融体系的有前途战略。有学者提出了促进民间金融与正规金融结合的四条路径：一是"自上而下"，通过正规金融的制度适应，使非正规金融更易于与其打交道；二是"自下而上"，利用非正规金融将资金聚集在一起，形成正规金融；三是将两者连接起来；四是在两者都比较匮乏的地方，创立新型微观金融组织（Seibel，1997）。实际上，这些路径可以综合利用，建立起多层次的金融资本市场。

就 D 市而言，民间金融在这次事件中尽管遭遇了挫折，但在这些年的实践中也进行了许多探索和创新，而从中总结经验教训，促进民间金融系统的完善，是 D 市实现经济复苏和加快城镇化发展的重要支撑。正如本研究所揭示的，在促进民间金融与正规金融的对接中，社会信任系统的重塑是核心和关键。

第二部分

国家信任与经济转型

National Trust and Economic Transformations

当前，中国经济面临的主要挑战是经济增长的不可持续性，其原因是需求不足。要解决扩大需求和持续增长问题，可从四个方面推进改革：一是完善财政制度，以弥补放缓的经济增长和变弱的出口市场；二是实施竞争中性原则，打破垄断，使私营企业发挥更大作用；三是积极稳妥地推进城镇化，提高城镇化质量；四是全面提升外向型经济发展水平，提高开放的层次、水平和效益。

在国际金融危机后变化的金融环境中，中国的金融业如何进一步发展，如何在发展中尽可能避免危机的发生，从而更好地服务于实体经济，成为国际金融危机后必须回答的重要课题。比如金融结构不尽合理、金融业的核心竞争力尚未形成等方面亟须深化改革和加强。当前经济发展与社会发展失衡、社会内部及经济内部的结构性失衡等已成为中国改革与发展所面临的独特背景。中国参与全球经济再平衡必须坚持内外并举，内部路径重在调整结构，外部路径重在协调关系，唯有内外联动才能使中国在相对宽松的外部环境下真正解决困扰中国经济可持续发展的结构性问题，从而实现真正的再平衡。从中国未来十年、几十年甚至更长时间的发展来看，在经济转型发展与扩大内需的重要战略中，工业化、城镇化、现代化与国际化的发展，必须与"一带一路"倡议、陆权战略与欧亚大陆经济整合战略和向西开放相辅相成。

中国特色的开发性金融的核心在于它是政府与市场之间的"桥梁"。开发性金融通过政府介入金融市场来解决信息不对称的市场失灵现象，改善财政补贴等资金效率低下的政府失灵问题，同时融合了商业性金融与传统政策性金融的优点，是为了维护国家金融安全、增强经济竞争力而出现的一种金融形式。开发性金融的核心是通过政策性银行与政府合作的形式，依托政府增信，构建政府信用体系，将项目建设与市场建设相结合，通过将调动政府能动性作为开发性银行市场化运作的重点，利用国家信用，通过信贷总量和结构的合理配置，调节市场失灵，促进经济平衡发展。

第八章

开发性金融：以政府增信破解城镇化融资风险

当前，我国经济发展面临经济发展不均衡、能源和环境瓶颈以及日益扩大的贫富差距三项重大发展挑战。党的十八届三中全会确立的新型城镇化战略，已经成为改革开放顺利推进的核心与关键。推进中国城镇化的关键是要找准城镇化的重要问题和全局性问题并提出创新性的解决方案。因此，构建市场化运作的投融资模式，有效推动金融服务城镇化建设，创新和推动新型城镇化与工业化、信息化、农业现代化相结合，统筹考虑，协调推进，并且实现绿色、低碳发展，实现生态、社会、经济综合效应，将成为我国新型城镇化建设、改善民生和推动工业现代化的重要任务。

一、新型城镇化建设离不开投融资模式的创新

开发性金融作为我国金融体系中独特的金融形态，区别于我国金融体系中现存的政策性金融和商业性金融。作为政府和市场沟通的桥梁，开发性金融以独特的方法培育市场和完善市场，为国家新型城镇化战略规划提供稳定和高效的融资支持，在我国经济建设中发挥长期融资先行者和主力军的作用，是贯彻国家的宏观战略意图、获取国家战略意义、促进国家经济社会发展的强有力战略工具。

（1）突出新型城镇化中"新"的内涵。新型城镇化的核心是人的城镇化。城镇化的主体是人，根本目的是为了人。如果用一句话来形容，城镇化就是人们对城市美好生活的向往。人们来到城市，就是希望有更多的就业机会、更高的收入、更好的发展。完善城镇功能，提升城镇化质量，必须围绕人的

需求来做文章：一是新型城镇化不再是简单的城市基础设施建设，更不是"造城"运动，其核心是人的城镇化。为此，我们应提升城市承载能力，完善城市服务功能，改善居住环境，增强社会保障机制，推动教育、医疗、住房、社保等民生领域建设，坚持环境友好，走资源节约、低碳环保的发展道路。以工业化支撑城镇化，坚持产城结合，同时以信息化提升城市管理效率，强调城市建设质量和发展内涵。我们应坚持城乡统筹发展，以城镇化建设带动实现农业现代化。二是推动新型城镇化建设要与国家制定的区域性发展战略和规划充分衔接。因地制宜，发挥金融机构规划先行的先进理念和金融创新优势，通过合理设计和科学论证构造城镇化建设项目群，使项目组合实现资源合理配置和收益平衡。三是真正实现金融机构在服务我国城镇化过程中"项目自身的战略必要性、整体业务的财务可平衡性和机构发展的可持续性"的战略目标。

（2）新型城镇化建设离不开政府的规划引领、政策支持和积极参与。政府举债支持新型城镇化建设的前提是科学准确地测算地方政府的可支配财力和规范举债行为。政府的可支配财力要与债务结构、期限相匹配。在此基础上，继续完善政府融资主体的法人治理结构，注入优质资产，增强自我造血功能，以市场化的手段和契约化机制实现政府委托项目的建设和运营。推动地方政府在特许经营权基础上的政府采购服务，探索政府指导、市场化运作的投融资模式。

（3）发挥金融机构的金融创新优势和先锋作用，引导地方政府探索完善投融资机制和拓宽融资渠道。从我国工业化、城镇化和农业现代化的大背景来看，地方政府融资平台的存在与发展有着客观性和必然性。地方政府融资平台的出现，在一定程度上顺应了我国地方经济发展的需要以及城镇化过程中基础设施建设的需要，是具有中国特色的经济现象。在推动与地方政府合作建设新型城镇化的银、政、企多方合作的过程中，国家开发银行（以下简称"国开行"）引导建立"三个专项（专项债券、专项基金、专项贷款）"资金来源，创新以"四个统一（统一规划、统一评级、统一评审、统一授信）"为基础的项目开发评审模式。此外，可以尝试环境治理与一级土地开发及基础设施建设相结合的模式、"统借统还"和"预授信＋核准"模式、企业间BT和委托代建模式、收益差项目捆绑商业配套设施增强收益模式、政府购买服务模式。

二、生态城镇化建设投融资模式创新的实践

政策性银行在不同的历史阶段可根据经济社会目标的不同需要和侧重点，通过政策性金融活动，充当政府对经济与社会调节管理的工具，以促进国家经济社会的发展。人口城镇化需要大力加强社会公共事业建设，但长期以来，该领域由于融资成本高、风险大、操作难等问题，面临严重的融资瓶颈制约。社会公共事业建设具有投资规模大、建设周期长、风险集中以及社会性和公益性较强等特征，需要有长期、大额、稳定的融资支持。在城镇化过程中，除了财政拨款外，开发性金融支持是解决资金不足的有效途径。国开行通过探索和创新金融服务，对"巢湖治理"和"淮南市采煤塌陷区治理利用规划"进行了项目试点，充分发挥开发性金融的导向作用，探索和创新有利于实现生态、社会、经济综合效应的投融资模式，助力解决公共财政难题，缓解经济社会发展瓶颈制约，服务国家重大发展战略。[①]

（一）"巢湖治理"模式——创新新型城镇化的市场融资主体

新型城镇化建设离不开政府的规划引领、政策支持和积极参与。在国开行以金融创新探索和推动"巢湖流域综合治理项目"的过程中，所运用的"政府主导、市场化运作，提升城市综合承载能力"的融资发展模式，就是在国开行胡怀邦董事长提出的"规划先行、科学发展，创新模式、建设市场，融资引领、创新驱动，防范风险、稳健运作"的指导思想下开展的具体工作。与此同时，要求开发性金融必须遵循项目自身的战略必要性、整体业务的财务可平衡性与机构发展的可持续性三个原则。

（1）项目自身的战略必要性。开发性金融的整体制度设计便决定了其服

---

① 刘卫平．以金融创新推动生态城镇化建设的路径．环境保护，2014（7）．

务国家战略的使命。巢湖治理是国家治理"三河三湖"战略的重要组成部分，也是国开行与安徽省"五大领域"合作中的重点项目。国开行与合肥市政府按照流域治理、国土整治的思路，将水利建设、生态保护、土地整理和城市开发有机结合，全面推进巢湖周边入湖河流治理、移民安置、湿地建设、乡镇污水厂建设、村庄整治等项目实施，使巢湖治理成为合肥新型城镇化建设的重要内容。

（2）整体业务的财务可平衡性。我们必须加强经济核算，做好项目的综合效益分析。在具体规划和实施办法上：第一，将巢湖治理与合肥滨湖新区规划建设融为一体，使合肥新区环境优美、生态宜居、设施完备、医疗教育配套、城市管理水平提升、新型城镇化建设优质高效；第二，巢湖治理搬迁河堤居民与安居房、保障房建设紧密结合；第三，在河道清污治污的同时，拓宽了河道，完善了港口设施，改善了水运，带动了合肥周边水运物流；第四，沿湖环境治理，在建设湿地公园和森林公园、改善环境的同时，给合肥市民提供了一个休闲、观光、旅游的优美场所，也为湖边、河道周边居民提供了就业选择；第五，巢湖蓝藻归集处理变废为宝，生产优质有机肥。通过土地开发、产业整合、政府补贴等方式，达到综合财务效益平衡。

（3）机构发展的可持续性。开发性金融不是直接按照国家战略进行资金分配的预算财政部门，也不是单纯负责帮扶救助的社会福利机构。在政府采购和融资规划方面，从 2012 年到 2013 年期间，国开行为巢湖治理一期和二期项目共计承诺贷款 200 亿元，设计实施了政府主导、市场化运作的方案：一是做实借款主体，推动合肥市政府向借款人巢湖城市建设投资有限公司注入近 11 000 亩经营性土地（价值近 400 亿元）；二是依托公司自身实力落实还款和担保，以借款人拥有的数千亩经营性土地作为项目还款来源和抵押担保；三是加强组织增信，推动合肥市人大批准设立合肥市环巢湖地区生态保护修复工程专项资金，每年筹集资金不少于 22 亿元，同时由合肥市财政局与借款人签订《还款差额补足协议》，为项目配套资金和还款来源提供双层保障。

（二）"淮南市采煤塌陷区治理利用规划"

（1）全方位策划项目。淮南市是华东重要的煤炭资源地，在煤炭开采后形成的塌陷不断吞噬有限的耕地，而塌陷区的居民搬迁司空见惯，缺少长远规划和安排。安徽省政府、淮南市政府打破传统做法，把淮南塌陷区治理的统筹规划与淮南山南新区新型城镇化规划建设紧密结合起来。国开行总行会同分行多次与淮南市政府座谈，全方位策划该项目：第一，塌陷区治理宜水则水，宜耕则还耕，水面整治与周边绿化环境治理结合起来，带动养殖业和旅游业发展；第二，环境治理与宅基地复垦、用地指标流转结合起来；第三，居民搬迁与保障房建设、山南新区新型城镇化建设结合起来；第四，新区规划建设注重生活设施完善和可持续发展，医院、学校、文化场馆、社区服务设施配套完善，建设淮南矿业配套产业园区为搬迁居民提供就业选择。

（2）构造项目实施主体和投融资主体。淮南市政府和淮南矿业各出 10 亿元注册资金，成立完全市场化的新型城镇化建设公司，负责经营开发塌陷区治理、土地开发、基础设施建设、承担其他项目市场化运作的建设委托。金融机构承担融资顾问和主力银行角色，对淮南新城投（暂定名）评级、一揽子项目统一评审、统一授信、分项签订借款合同。淮南市政府尝试采用将塌陷区治理与一级土地开发及基础设施建设结合的模式、"统借统还"和"预授信＋核准"模式、企业间 BT 和委托代建模式、收益差项目捆绑商业配套设施增强收益模式［如医院、学校、文化项目，或受限于现金流不足，或受限于项目社会属性不能资产抵（质）押，需要现金流更为充裕的商业配套设施项目作为平衡］。此外，尝试山南新区的医院、学校建设以政府购买服务方式实施。

（3）因地制宜，开发优势与利用潜力。淮南市的采煤塌陷区治理宜水则水，宜耕则还耕，水面整治与周边绿化环境治理结合起来，带动养殖业和旅游业发展；环境治理与宅基地复垦、用地指标流转结合起来；居民搬迁与保障房建设、山南新区新型城镇化建设结合起来；新区的规划建设注重生活设施完善和可持续发展，医院、学校、文化场馆、社区服务设施配套完善，建设淮南矿业配套产业园区为搬迁居民提供就业选择。

三、投融资模式创新实现生态、社会、经济综合效应

在金融服务安徽省的新型城镇化过程中，将新型城镇化建设与国家"三河三湖"治理中的巢湖治理紧密结合，将环境治理、生态建设、民生改善融入合肥市新型城镇化的规划和建设中；把资源型城市的转型与新型城镇化建设结合起来；把城乡接合部改造、安居保障房建设与新型城镇化结合起来，打造城乡一体化和美丽乡村建设。正是国开行以金融创新探索和推动生态城镇化建设的成功路径，为环巢湖生态保护和旅游发展以及实施淮南市采煤塌陷区治理规划提供了较为全面的综合性金融服务。该投融资模式的创新，为我国实现生态、社会、经济综合效应的生态城镇化建设带来了新的启示。

（1）巢湖治理是国家治理"三河三湖"战略的重要组成部分，也是安徽省合肥市建设良好生态环境，奠定经济社会长远发展基础的重要工程。与此同时，环巢湖地区（合肥）经济社会快速发展、财政收入的稳定增长以及投融资环境的改善为巢湖生态环境保护、修复和旅游开发提供了良好的外部环境及财力支撑。

（2）支撑环巢湖地区生态保护、修复和旅游开发系统性投融资的目标和任务是（2012—2015 年），投向巢湖生态保护、修复与旅游开发的重点项目投资达到 850 亿元以上，信贷投资达到 305 亿元以上，财政预算内资金投资达到 171 亿元以上，利用外资达到 8 亿美元以上，企业自筹、资本市场等其他渠道资金来源投资达到 323 亿元以上。只有通过融资模式不断创新、融资工具和手段不断丰富，才能支撑环巢湖生态保护和旅游开发的投融资保障能力，实现规划目标和任务。

（3）为保障规划的落实，需要金融机构推动省（市）政府不断规范和建设政府融资平台，完善相关配套产业政策、财税和金融政策、土地政策，在健全风险管理与监控、防范系统性投融资风险等领域进一步深化发展和改革，并在政府财政支出规划，项目融资规划，政、银、企沟通协调机制等方面不

断得到加强和保障。

(4)国开行作为开发性金融机构,在环巢湖生态保护、修复和旅游开发中发挥了重要且独特的作用。通过深化与地方政府开发性金融合作,以中长期贷款为主要工具和依托,带动了投、债、租、证等业务发展,为环巢湖生态保护和旅游发展提供了全面的综合金融服务。

(5)通过实施淮南市采煤塌陷区治理规划,将改善采煤塌陷区的耕地减产和绝产状况以及塌陷区 30 万失地人口的居住及就业问题,缓和塌陷区的社会矛盾,提高区域人民的收入,改善区域的环境,推进城镇化进程,拓展城市发展空间,将华东地区的工业粮仓打造成未来的淮南水乡。这样有利于调整产业结构、升级转型,并促进区域经济发展。

第九章

开发性金融：政府与市场之间的融资平台

如何重新实现经济增长已成为世界各国共同面临的难题，能够带来资本投资的金融手段就成为各国发展经济的重要手段。然而，在现实中往往会出现由于金融投资不均衡带来的世界不平衡发展，即"穷国金融悖论"。商业性金融作为一种纯市场化的手段，受限于控制风险的要求，往往仅为有抵押品的项目提供金融资助，而急需资金帮扶的发展中国家的不发达地区以及最不发达国家往往难以获得金融支持。古典经济学认为：在完全竞争的环境下，市场是资源配置的有效手段，但事实证明，市场的信息不对称会造成市场失灵现象。为了改善这一问题，往往政府会进行干预，但寻租等问题又严重阻碍了政府资源配置的效率。开发性金融通过政府介入金融市场来解决信息不对称的市场失灵现象，改善财政补贴等资金效率低下的问题，同时融合了商业性金融与传统政策性金融的优点，是为了维护国家金融安全、增强经济竞争力而出现的一种金融形式。

国际经验表明，对发展中国家来说，开发性金融在弥补体制落后和市场失灵方面具有特殊作用。在发展中国家，政府面临十分突出的结构引导任务和鲜明的结构优化目标，特别需要通过开发性金融对其国民经济的基础性产业和战略性产业给予为数可观的、持续性的、强大的信贷支持。开发性金融作为政策性金融的一部分，产生于19世纪的欧洲。20世纪六七十年代开发性金融机构陆续在全球范围内成立，与商业性金融对风险性、抵押物等方面的严格要求相比，这些开发性金融机构主要由政府出资，向贫困地区或者商业性银行不愿涉足的行业提供贷款。20世纪90年代开发性金融已发展成一种金融投资的重要模式。[①] 日本开发银行、德国复兴信贷银行和韩国开发银行是第二次世界大战后具有代表性的三家开发性金融机构，它们的投资主要集中在电力、煤炭、钢铁等基础设施建设，致力于战后恢复经济。但是，此时的开发性金融机构难以通过市场手段维系政府资金的有效运营，其运营机制一度受到公众社会的质疑。[②]

中国作为世界上最大的发展中国家，一直致力于通过开发性金融服务为发展中国家及最不发达国家提供金融解决方案，国开行以开发性金融服务于国家产业结构调整和经济发展方式转变取得了重大的效果。1994 年分税制改革后，国开行正式成立；自 1998 年开始，国开行从中国国情出发，探索出一条基于国家及政府组织增信的融资手段，充分发挥政府与市场在投融资过程中各自的竞争优势，通过银政合作的形式，一方面通过市场手段解决融资问题，缓解传统政策性融资资金主要来源于政府财政补贴的压力，另一方面通过国家及政府组织增信的方式，降低投资风险，确保投资效率及投资收益。国开行前董事长陈元指出："开发性金融就是运用政府组织优势的资源和高能量，以市场化融资推动市场和制度的建设，在政府和市场之间，促进良性互动发展，使完善的市场机制成为拉动经济发展的内生动力。"[③]

那么，开发性金融作为政策性金融的一种延伸，是如何借助政府与市场优势实现融资的？开发性金融与传统的政策性金融及商业性金融又有哪些区别？国开行作为中国开发性金融的实践者，在具体的融资过程中，是如何在实现政策目标的同时解决自身风险问题的？随着开发性金融机构不断"走出去"，这种降低风险的方式是否同样适用于海外项目？本研究通过文献法与访谈法相结合的方式，获取了大量一手资料，并在总结归纳的基础上，比较开发性金融与商业性金融的区别，而后在此基础上，以国开行的"芜湖模式"和马来西亚的"旗滨模式"为例，剖析开发性金融的中国模式，同时对开发

---

① 袁乐平，陈森，袁振华．开发性金融：新的内涵、理论定位及改革方向．江西社会科学，2012（1）．

② 刘卫平，刘大任．开发性金融：政府与市场之间的融资平台．比较，2021（1）．

③ 陈元．政府与市场之间——开发性金融的中国探索．北京：中信出版社，2012．

性金融"走出去"的风险进行讨论。

一、中国特色的开发性金融特征

开发性金融是政府与市场的桥梁，能够对技术性、市场性风险较高的领域进行引导性投资；对前景不太明朗、不确定性较大的新兴产业或国家战略领域进行倡导性投资；对投资回收期较长、收益率较低的项目进行补充性融资；对成长中的幼稚产业提供优惠利率贷款；能够以间接融资活动或担保来引导商业性金融的资金流向与规模；针对商业性金融以提供中短期贷款为主的情况，向有关项目提供中长期乃至超长期贷款；等等。① 由此可见，开发性金融作为政策性金融的一种延伸，既与政策性金融一样，主要依托国家及政府组织增信，在经营目标、信用支持、投资领域、投资期限、资金来源上区别于商业性金融，又与传统的政策性金融并不完全相同，见表9-1。

表 9-1　开发性金融的特征

	政策性金融	开发性金融	商业性金融
经营目标	无盈利目标	保本微利	利润最大化
信用支持	政府信用	银政合作下的政府组织增信	抵押担保
投资领域	政府划定	政府指导下的市场选择	市场自主选择
投资期限	长期及中长期	长期及中长期	短期
资金来源	政府财政	资金来源多元化	银行储蓄资金

就经营目标而言，政策性金融在运营过程中并不追求自身业绩，对投资回报率的要求很低，几乎不考虑盈利问题，而商业性金融以追求利润最大化为目标，获取盈利是其主要目标。相比之下，开发性金融只要实现保本微利即可，既不像传统政策性金融那样完全不考虑盈利，也不像商业性金融那样以盈利为目标。与利润相比，开发性金融更注重资金的使用绩效。在信用支持方面，不同于商业性金融以抵押物为基础的信用担保体系，开发性金融与传统的政策性金融一样，主要依托的是政府提供的信用担保，但与传统的政

---

① 陈元.改革的十年，发展的十年——开发性金融实践与理论的思考.求是，2004（13）.

策性金融不同，开发性金融通过银政合作的形式，让政府组织增信。在政府组织增信的过程中，政府化被动为主动，银行与政府的关系也从相互分离转变为二者合力。政府组织增信的核心是通过银政合作的方式共同建立一个风险控制机制和信用体系，使被增信的一方能够有效防范风险和减少损失。就投资领域而言，商业性金融为了追求利润最大化，往往选择市场发展相对成熟的领域进行投资，政策性金融是在政府划定的投资目录中进行投资，而开发性金融主要是在政府政策的指导下，面向市场自主开发，其投资领域主要集中在市场发育程度低、前期投入大、收益前低后高、风险难控的基础设施建设等领域。就投资期限而言，商业性金融受到资金流动性的限制，其贷款发放主要以短期贷款为主，避免引发流动性危机，而开发性金融延续了传统政策性金融的投资期限特征，具有筹集和贷放长期资金的特征。在资金来源方面，商业性金融主要来源于各商业银行的储蓄资金，政策性金融主要来源于政府补贴资金，开发性金融则通过国家及政府组织增信的方式，通过银政合作的形式，以政府信用为保证，不断运用和扩大政府信用在市场建设及制度建设中的功能与作用，保证资金来源的多元化。开发性金融是政府信用尚未被市场分化的融资性形态。①

（一）开发性金融以政策导向取代风险导向选择投资对象

开发性金融基于保本微利的经营目标和政府信用的依托，因而在投资领域的选择上，是以政府导向取代了商业性金融的风险导向。开发性金融强调市场业绩，并不是为了个体利益和机构部门利益，而是要把财力集中用于新的瓶颈领域，实现经济社会发展目标。开发性金融的盈利有利于维护政府信用的市场形象，进一步巩固和增强国家信用，更好地服务于政府的政策意图。

如前所述，商业性金融的经营目标就是在收益和风险平衡的基础上追求利润最大化，因而尽可能降低投资风险就成为其选择投资对象的重要依据。

---

① 陈元．政府与市场之间——开发性金融的中国探索．北京：中信出版社，2012；"中国特色开发性金融实践研究"课题组．中国特色的开发性金融理论与实践．开发性金融研究，2017（4）．

基于抵押担保的信用支撑体系，商业性金融在投资对象的选择上往往是以盈利前景较好、风险较小、信息较为透明的大企业或者成熟的市场领域为主。对于市场经济欠发达的农村和落后地区，信息不对称程度较严重、财务状况较差、盈利前景不明、风险较大的中小企业和高新技术产业，以及前期投资较大、投资回报周期较长的大型基础设施领域，商业性金融一般不愿涉足。

开发性金融作为政策性金融的一种延伸，政策性是其本质属性，与商业性金融基于盈利动机而配置微观金融资源不同，开发性金融的资源配置功能主要是基于资源配置的宏观目标，从政策性投融资和社会资本形成的角度，向需要国家优先扶植照顾、具有社会资本公共性质的项目领域（如大型基础产业等）提供资金，解决商业性金融在投资领域的市场失灵问题。但开发性金融又不像传统的政策性金融那样不计投资收益，其以保本微利为经营目标，更加关注资金的使用绩效，通过资金供给的形式引导民间经济活动，促进社会资本的形成，发挥其资源配置的功能，解决"看得见的手"在投资过程中效率低下的问题。

开发性金融作为政府和市场沟通的桥梁，是贯彻国家的宏观战略意图、促进经济社会发展的强有力战略工具。开发性金融不直接进入已经高度成熟的商业化领域，而是从不成熟的市场做起。在没有市场的地方建设市场，在有市场的地方充分利用和完善市场，以融资为杠杆，引导社会资本投向国家重点支持领域，有效填补薄弱环节和落后领域的金融市场空白。

（二）开发性金融解决大额、长期信贷风险问题

开发性金融的投资领域往往集中在需要大额、长期资金的基础设施建设领域，如何应对集中、大额、长期风险就成为开发性金融需要首先解决的问题。开发性金融通过构建银政合作的新型合作关系，借助政府组织增信的方式，有效地解决了大额、长期信贷风险问题。

由于商业性金融在其经营过程中必须做到安全性、流动性和盈利性的三性统一，出于资产负债期限匹配的考虑，一般不愿也无法对基础设施、基础产业等具有规模经济效应和正外部性的准公共产品领域提供大额、长期、持

续的信贷支持。然而，这类领域的建设和发展在经济发展的初级阶段对经济的平衡发展与快速增长具有决定性的作用。若单纯依赖于商业性金融，那么在经济的发展和起飞过程中就会有一大批具有社会资本形成作用的投资项目及建设领域受到严重的融资约束。这也是发展中国家在金融深化过程中所面临的问题之一。

此外，从商业性金融对经济平衡增长的作用路径来看，商业性金融的主要业务包括工商放款、消费者放款、农业放款、房地产抵押放款、同业拆借以及其他放款等，这些投资领域属于短期利润相对较高的消费领域，均处于产业链的末端，对相关产业的影响和力度都十分有限。由于商业性金融不能有效利用产业之间的联动作用，使得资本的积累效应得不到充分发挥，因而乘数效应有限、影响强度较弱。此外，商业性金融的外溢效应有限。虽然商业性金融有责任、有义务协助政府去实现某些社会目标，但这种责任和义务不能取代商业性金融的核心目标——利润最大化，其社会功能十分有限。

因此，开发性金融的中长期投资有效解决了商业性金融的不足。但是，开发性金融又是如何解决经济周期的风险问题的？开发性金融通过银政合作方式建立的政府组织增信和市场融资机制为解决这一问题提供了制度保障。首先，依托国家及政府组织增信的形式，借助政府承诺、政府信用和政府协调弥补投融资过程中的体制风险。其次，将政府协调、开发性金融、资本市场和国家宏观调控等多种手段综合运用，应对中长期大额贷款面临的经济周期风险。最后，将国家信用证券化，开发性金融债券以国家信用为保证，其安全性、风险性仅次于国债，被称为"银边债券"，优于商业银行储蓄覆盖风险的能力。[①]

作为政策性金融的延伸，开发性金融以服务国家战略为宗旨，以中长期融资为手段，依托国家信用，通过发行金融债券筹集大额资金，以市场化方式支持国家经济社会发展的重点领域和薄弱环节，发挥中国经济建设中长期融资的先行者和主力军的作用。

---

① 陈元．发挥开发性金融作用，促进中国经济社会可持续发展．管理世界，2004（7）．

（三）开发性金融的信用支撑体系有助于缓解财政支出压力

政府组织增信是开发性金融信用支撑的核心，这种银行与政府特殊的合作关系有效地弥补了抵押担保体系的不足，充分发挥了政府的组织优势和政治优势。政府的信用背书帮助开发性金融实现了融资来源的多元化，有效地缓解了传统政策性金融单纯依托财政补贴造成的财政支出压力问题。

发展中国家在经济建设初期，需要进行大量的基础设施建设，而基础性产业是弱质产业，受到风险性影响，很难获得商业性融资，需要得到政府直接财政补贴与政策性金融的支持。对于大多数国家而言，在经济发展的复兴和初级阶段，由于经济发展的基础条件薄弱、金融体系不发达，在经济发展中所需要的基础产业和重要产业的投资难以通过金融市场筹集，主要依赖政府的财政投入，即政府通过政策性金融对国民经济的基础性产业和战略性产业给予巨额的、持续的、强大的直接信贷扶持。但大规模、持续的财政投入有可能增加政府的负担，使政府陷入财政危机中。在此背景下，建立开发性金融机构，通过发行政策性债券来筹集经济发展所需的巨额资金，有利于减轻财政支出负担。

开发性金融通过政府组织增信的信用支撑体系，有利于带动民间投资，极大地缓解了地方财政的支出压力。财政投资的投资主体是中央政府，由于其身份和职责的限制，容易产生诸多不便，而且在与其他经济主体合作时也容易产生不协调的现象。与此同时，政府的管理方式也不适宜在市场中运用。开发性金融机构是规范的金融主体，与其他市场主体之间是一种平等的关系，因而项目选择较为灵活、管理较为规范，可采用市场化方式运作，包括与民间投资者之间进行合作、参股。开发性金融对民间资金的吸引主要是通过市场行为，让民间资金感到有利可图，只要运作成功，就能对民间资金起到很好的吸引和示范作用，就能真正起到拉动经济平衡增长的作用。开发性金融机构吸引民间投资主要是通过直接融资和间接融资两种方式。间接融资就是通过信息生产活动间接地吸引民间投资，即开发性金融机构首先做倡导性投资，而民间商业性金融机构随之投资，随后开发性金融机构再转换投资方向，并开始另一轮循环。与此同时，开发性金融机构利用其在信息生产上的优势来筛选优良企业，以提高企业在融资市场上的声誉，这就形成了一种政策性金融对商业性金融投资取向的倡导和诱导机制。由于政策性金融机构的融资伴随着信息的生产和传递活动，从而降低了企业从外部融资的代理成本，提高了企业的市场价值，能够诱导民间银行向其提供资金。

总之，开发性金融是介于政策性金融和商业性金融之间的一种融资模式，其核心是通过政策性银行与政府合作的形式，依托政府组织增信，构建政府信用体系，形成"政府选择项目入口、开发性金融孵化、实现市场出口"的融资机制。首先，开发性金融机构积极贯彻落实政府发展战略，由地方政府按照国家产业政策和地区战略规划的需要确定投资项目，即政府选择项目入口。其次，借助政府组织增信方式，解决自身运营过程中的风险问题，并在政府协调下以融资推动项目建设和融资体制建设，即开发性金融孵化。最后，实现市场出口就是针对不同的借款形式、用途和使用情况，设计不同的偿还机制，包括正常信贷还款、母公司回购、资本市场发行股票等多种市场化手段，实现保本微利的经营目标。[1]

接下来，本研究将以安徽的"芜湖模式"和马来西亚的"旗滨模式"为例，阐述开发性金融的具体运行机制，明确开发性金融机构在融资过程中是如何破解风险难题的。

二、"芜湖模式"：运用政府组织增信破解城镇化融资风险难题

随着中国经济的快速发展，中国正面临着城镇化带来的一系列问题。与西方相比，中国城市化涉及的人口规模大，其复杂程度前所未有。在中国面对的众多问题中，都绕不开"钱从哪里来"这个核心问题。在传统的城镇化中，地方土地财政等非正规制度安排以及"要地不要人"的发展模式引发了地方债务风险等诸多问题。在新型城镇化的过程中，需要建设强健、高效的中长期融资体制和融资市场。然而，城建项目普遍具有超前性、社会性、公

---

[1]　陈元. 开发性金融与中国城市化发展. 经济研究，2010（7）.

益性等公共产品属性，以及资金投入量大、建设周期长、沉没成本高、需求弹性小等特点，这与商业性金融追求短期盈利的目标存在明显错位，而这种错位造成了中国城建融资领域的空白。

国际上有两种较为成熟的城市基础设施建设融资模式：一是美国的市政债券模式，由地方政府发行城市市政债券，信用担保公司进行担保，吸引广大个人投资者参与城市基础设施建设；二是以中央或地方税收投资为主的日本模式，中央财政为每个地区指定发展蓝图，通过直接介入或财政补贴的形式进行建设。然而，市政债券模式的顺利推行需要构建有效的制度保障，保障融资和偿还中的代际平衡问题，而中央财政模式需要强大的财政收入作为保障。① 但是，对于中国的大多数地方政府而言，制度建设尚有不足，大规模发行市政债券极易造成地方政府债务失衡问题。另外，大多数地方政府也没有强大的财政收入作为支撑，而长期、大额的政府补贴会进一步加重地方财政赤字问题。国开行与安徽芜湖地方政府合作开创的开发性金融"芜湖模式"，通过银政合作、政府组织增信的方式，有效地解决了城镇化建设中的资金来源问题。

芜湖是有着两千多年悠久历史和深厚商贸传统的皖南名城，20 世纪 90 年代末芜湖正处于新一轮经济社会发展的起飞期，其城市基础设施建设亟待推进，但由于城建类项目的经济效益不明显、政府财力也不足，所以资金紧张成了制约芜湖基础设施建设的瓶颈，"芜湖模式"是开发性金融助推中国城市化发展的一个缩影。国开行与芜湖地方政府合作的"芜湖模式"的最大特点就是构建起一种新型的银政合作关系，它运用组织增信的方式，通过将地方城投公司打造成融资平台的形式，借助"打捆贷款"，将国开行的融资优势和地方政府的组织协调优势结合起来，破解了长期以来困扰地方政府的城建融资难题。

（一）地方政府组织增信，化解大额、长期贷款的风险问题

"芜湖模式"构建的新型银政关系破解了地方政府在城镇化过程中资金来

---

① 陈元.开发性金融与中国城市化发展.经济研究，2010（7）.

源困难的问题。如前所述，商业性金融对风险较为敏感，往往需要有价值的抵押物才能提供资金。但对于城市建设而言，通常需要大量的基础设施建设，这些项目不仅周期长，而且效益低，很难符合商业性金融对短期收益的要求。"芜湖模式"中的新型银政合作关系开创了政策性银行与地方政府的合作关系，通过地方政府为项目背书的形式解决了项目信用问题，充分发挥了政策性银行的融资优势和地方政府的组织协调优势。

20世纪80年代后在国家投融资体制改革的推动下，各地方政府纷纷成立城市建设投资公司，为"芜湖模式"中的政府组织增信提供了平台。1998年8月10日，国开行与安徽省政府在北京签署投融资服务合作协议，即通过与地方政府签订金融合作协议的形式，共同建设信用支撑体系，承诺还款来源和方式。国开行与芜湖市政府成立基础设施建设融资委员会，共同讨论总体发展规划、实施方案及评估总偿债能力。芜湖市政府成立芜湖市城市建设投资公司（以下简称"芜湖建设"），作为芜湖城市建设过程中的贷款主体，地方政府通过融资平台向国开行贷款，将地方政府信用与融资行为融为一体，该信用结构参照世界银行模式，由地方财政提供担保或兜底承诺。当年，国开行与芜湖建投签订了10.8亿元十年期贷款协议。这笔资金主要用于芜湖市6个基础设施建设项目，有公路建设、城市供水系统改善以及废物处理填埋场建设等，贷款担保和还款来源采用芜湖市财政预算内、外建立偿债准备金，芜湖市财政全面兜底偿还的模式。

"芜湖模式"的核心就是强化地方政府在融资过程中的作用，通过政府组织增信的形式，建立风险控制机制和信用体系，从而缓解了开发性金融为城市建设提供大额、长期贷款的经济风险。

（二）"打捆贷款"拓宽融资渠道，缓解财政支出压力

如前所述，城市基础设施建设由于其沉没成本高、见效慢，很难从市场中获取融资，往往都是依托地方财政补贴，这就给地方财政支出造成很大压力。

国开行在芜湖推行的开发性金融模式的独特之处就在于资金来源不再是

依靠传统的财政资金支持，而是通过"打捆贷款"的形式获取多元化的融资。"芜湖模式"通过"打捆贷款"的形式，将这类商业性金融不愿意投资的城建项目"打捆"，由市政府指定的融资平台作为统借统还的借款法人，由财政建立偿还准备金作为还款来源。这些城建项目一经"打捆"，即将多个项目组合在一起，其中的优质项目可以"救济"劣质项目，以丰补歉、以盈补亏，最终整体上变成了优质项目。另外，由地方政府财政提供担保及兜底承诺，为融资项目提供政府背书。

地方政府在组织增信的同时，积极出台了一系列倾斜政策，用于吸引外来资金投资。"打捆"项目因为有了政府信用的背书，有效地消除了民间投资的风险顾虑。另外，由市财政组建的偿还准备金也为作为统一借款法人的城投融资平台提供了偿还能力证明。

（三）"土地＋金融"的担保模式强化了贷款信用支撑体系

2002年"芜湖模式"推出了"土地＋金融"模式，即政府授权借款人以土地出让收益作为主要还款保证，并经芜湖市人大批准，在借款人不能及时偿还贷款本息的情况下由市财政补贴偿还。国开行与芜湖市政府共同讨论决定，成立芜湖市土地储备中心，统一管理和经营芜湖市的土地储备、开发和市场化拍卖。[①]

这一创新在原有政策性银行加地方政府的基础上，充分发挥了土地的巨大价值，完善了贷款信用结构，缓解了城镇化进程中的融资难问题。这种模式将基础设施贷款的还款来源与土地增值收益有机结合，将基础设施融资机制与"经营城市"理念有机结合，通过规范土地转让制度、建立融资平台等一系列制度设计，以土地收益权作为质押，也就是以土地增值收益覆盖城市基础设施的建设成本，培育了市场化运作主体，不仅使政府的基础设施资金产生良性循环，而且降低了财政风险，带动了相关产业发展。

由此可见，在开发性金融的"芜湖模式"中，国开行通过地方政府组织增信和"土地＋金融"的质押模式，降低了自身提供中长期贷款的经济风险。

---

① 国家开发银行研究院．开发性金融的"芜湖模式"．上海城市发展，2011（1）．

另外，借助"打捆贷款"的项目形式，将优质项目与劣质项目组合，配以政府信用背书，在市场上获取多元化的资金来源，实现资金流的良性循环。"芜湖模式"构建了良性循环的城市基础设施投融资机制，培育了市场化的投融资平台，打通了城市基建融资通道，引领了商业银行等社会资金的积极介入，为持续、快速、高效推进芜湖市城市基础设施建设奠定了雄厚基础。

三、"旗滨模式"：开发性金融解决国际产能合作的融资问题

随着"一带一路"倡议的不断推进，中国政府鼓励优势企业以多种方式"走出去"，优化制造产地分布。国开行借助开发性金融手段帮助旗滨集团在马来西亚投资建厂的"旗滨模式"，是开发性金融支持国内民营企业优势产能"走出去"，服务国家"一带一路"倡议的典型案例，为国际产能合作的融资问题提供了借鉴。

旗滨集团是一家主要生产优质浮法玻璃、节能玻璃、太阳能玻璃、超薄玻璃等高端玻璃产品的大型企业集团，生产基地分布在湖南省、福建省、广东省和浙江省。2014 年为了响应国家"一带一路"倡议及优势产能"走出去"，漳州旗滨玻璃有限公司成立全资子公司旗滨集团（马来西亚）有限公司（以下简称"旗滨马来公司"），投资 11.8 亿元人民币在马来西亚森美兰州芙蓉市新建集团首个海外玻璃生产基地。但是，由于马来西亚当地的政商环境与中国存在较大差异，中国企业在投资建厂过程中往往会遇到信用结构不合理、境外税负高、境外行政效率低下、外汇"控流出"等问题。在"旗滨模式"中，国开行借助开发性金融手段，帮助民营企业解决了领悟海外投资建厂过程中遇到的相关难题。

（一）开发性金融运用政府与市场双重手段解决融资信用风险问题

一般来说，中国企业的境外投资项目是通过设立当地项目公司来运营。由于当地金融机构对国外企业不熟悉，项目公司很难得到项目所在地金融机构的信贷支持。而国内银行出于风险评估的考虑，一般不接受企业境外投资形成的土地、房产、股权、设备等资产作为贷款抵押物。由于境外投资项目

的风险相对较高，加上民营企业自身实力不强，因而境外投资项目很难获得银行信贷支持。旗滨集团为自然人控股的民营企业，且该项目为纯市场化项目，如何搭建合理的信用结构存在着较大的挑战。如果仅用项目资产抵押，远远达不到信用结构要求。此外，该项目的融资金额大、回收期长，普通商业银行无法提供满足这种融资需求的产品。

要解决这一问题，关键在于市场建设与信用结构的搭建。在市场建设方面，国开行聘请行业专家出具了专家意见，同时走访了当地马来西亚投资发展局（MIDA）、平板玻璃行业协会及上下游进出口商等，多维度了解当地市场，并协同国开行该产业的评审部门对马来西亚平板玻璃市场开展尽职调查。此外，还对国内旗滨集团公司的运营和财务状况进行了调研，走访了漳州东山的旗滨集团总部，对集团上下游市场进行调查。在信用结构方面，国开行专家和旗滨集团充分排查了目前可抵押担保的资源，包括集团母公司提供担保、矿权抵押、土地厂房和机器设备抵押、实际控制人个人连带责任担保和项目资产抵押等，最终双方通过谈判，设计了合理的抵（质）押方案，满足了信用结构要求，同时也降低了国开行的信用结构风险。

（二）开发性金融利用国家政策支撑，解决境外税负问题

马来西亚对境外金融机构实行预提税制度，其预提税税率为 10%～15%。非居民公司来自马来西亚的利息和特许权使用费需要缴纳预提税。虽然中、马两国于 1985 年签署了《中华人民共和国政府和马来西亚政府关于对所得税避免双重征税和防止偷漏税的协定》（以下简称《协定》），约定缔约国一方政府（包括政府全资所有的机构）从缔约国另一方取得的利息，在该缔约国另一方应免予征税，但按照马来西亚目前的税收规定，开发性银行未纳入免税名单，贷款利息需要缴纳 10%的利息预提税，从而增大了借款人的融资成本和负担。

为了解决这一问题，国开行主动作为，在总行财会局、国合局的大力支持下，协调国家税务总局与马来西亚政府进行协商，将国开行纳入中国与马来西亚避免双重征税名单，免除了马来西亚征收的国开行利息预提税。2016

年 11 月，在李克强总理和马来西亚首相的共同见证下，国家税务总局与马来西亚财政部分别代表两国政府签署《关于中马税收协定的换函》，并纳入中、马双方联合声明，确立了中、马双方包括国开行在内的"7+7"国有机构的免税地位。该文件直接免除了旗滨集团的国开行项目贷款在马来西亚的 10% 预提税。

（三）"银团贷款"形式为民营企业"走出去"提供了中长期贷款

在国开行与旗滨集团合作的过程中，由于马来西亚政府机构的行政效率较低，迟迟未能向借款人颁发购买土地的土地证，无法满足中长期合同的签订条件，这就使得旗滨集团面临无法签订中长期合同，然而项目建设又迫切需要大额资金的支持。

国开行通过银团贷款、出口信贷、项目融资等多种方式，争取到了中非发展基金、非洲中小企业发展专项贷款、大型成套设备出口融资保险专项安排等各类专项资金，加大了对国际产能合作的融资支持力度。与此同时，国开行积极创新信贷产品来满足企业的国际产能合作融资需求，推进抵（质）押融资产品创新，探索运用股权、境外资产等作为抵（质）押物进行融资，通过履约保函、融资保函等对外担保方式为项目融资提供信用保障。

由于中国外汇资金的管控压力加大，自 2016 年起，中国严格控制外汇资金流出。然而，对于旗滨集团这类需要在海外投资建厂的民营公司而言，此时项目正处于建设关键阶段，而企业的自有资金以及国开行贷款面临出境困难，导致项目建设资金支付捉襟见肘，直接影响了项目的正常建设。因为充分考虑了借款人的用款需求，所以在"旗滨模式"中，国开行提供的贷款币种为双币种，即境外人民币或等值美元，便于企业使用资金。

"旗滨模式"是国开行借助开发性金融手段，响应国家"一带一路"倡议的重要创新，通过银团贷款、出口信贷、项目融资等多种方式解决中国民营企业"走出去"过程中的融资难问题。由此可见，利用国家或政府组织增信的方式，是中国特色开发性金融规避风险的重要手段。那么，这种方式是否适用于开发性金融的所有海外项目？它存在怎样的风险？接下来，本研究将在总结中国特色开发性金融特征的基础上，探讨开发性金融在"走出去"过程中可能遇到的潜在风险。

四、中国式开发性金融的海外政治风险

前文的两个案例都证实了开发性金融的一个基本运营逻辑，即开发性金融机构通过国家或地方政府组织增信的方式来保证其"保本微利"的经营目标。但需要注意的是，这种运营逻辑之所以能够成立，一个核心前提是负责组织增信的国家或政府首先应是一个发展型政府，这就意味着政治体系能够在其中获得充分的空间来发挥主动权。回到前文提及的"芜湖模式"，国开行通过与芜湖市地方政府合作，以地方政府组织增信的方式为城市建设中所需的中长期贷款兜底，一旦发生违约行为，便通过地方财政建立的偿还准备金进行偿还。大多数地方政府的财政支出都存在预算软约束问题，即使相关地方的财政支出难以对项目兜底，也会通过中央政府补贴或转移支付的方式筹集资金，保证项目顺利运行。因此，地方政府非常愿意通过地方财政支出来为开发性金融的城市基础设施建设等项目兜底。

由此可见，一个愿意"兜底"的政府，是保证开发性金融实现良性循环的前提条件。但是，中国式开发性金融在承接海外项目时，直接复制在国内的运营机制有可能因为国家治理逻辑的差异而遭遇债务违约的风险。中国在斯里兰卡汉班托塔港口（以下简称"汉港"）的开发性金融实践就遭遇了此类问题。

那么，为什么中国进出口银行（以下简称"进出口银行"）认为这个项目是一个开发性金融可以支持的项目？实际上，在汉港项目开始之初，斯里兰卡政府先找到了日本和印度两国进行融资，但两国基于短期投资的风险性问题，均拒绝投资。因此，斯里兰卡政府转向寻求中国投资，进出口银行在对项目进行综合评估后，认为其符合开发性金融的投资要求。

首先，汉港项目是一个由斯里兰卡政府推行的中长期国家战略项目，符合开发性金融中长期战略性投资的要求。自 1983 年起，斯里兰卡已经历了多年的内战，国内经济发展严重受挫。为了振兴经济，马欣达·拉贾帕克萨政

府在 2005 年上任后，便提出了斯里兰卡中长期发展规划（即《斯里兰卡：亚洲新兴奇迹——马欣达愿景》），致力于将斯里兰卡发展成亚洲知识、航空、投资、商业和能源中心。其中，汉港项目是"马欣达愿景"中"两翼一带"战略的重点项目，"两翼"是指科伦坡和汉班托塔，"一带"是指科伦坡与汉班托塔之间的经济带。该战略致力于将汉班托塔地区打造成斯里兰卡的工业基地，并与科伦坡联动，汉港项目应运而生。

其次，进出口银行经过综合评估认为这个项目有巨大的发展潜力。汉港的地理位置距离印度洋最繁忙的国际航线仅有 10 海里，大量船只定期穿梭于此航线，汉港能够作为重要的船舶中转枢纽和加油基地。事实上，2003 年和 2006 年加拿大 SNC - 兰万灵集团和丹麦工程咨询公司 Ramboll 分别对汉港项目进行了评估，都认为港口的发展前景较为乐观。

最后，斯里兰卡政府愿意以国家主权信用担保借债，也就是主权贷款。主权贷款就是指一国以自己的主权信用为担保向外借款。这一点与开发性金融在中国国内的运营逻辑是一致的，进出口银行正是借助国家主权信用为此次开发性金融行为组织增信。

因此，进出口银行决定以开发性金融的形式为汉港项目提供融资，但出于谨慎投资的考虑，2008 年进出口银行的一期投资仅以商业贷款的形式为汉港项目提供了 85％的费用，合计 3.06 亿美元。这是由于斯里兰卡正处于内战激烈期，国内局势发展并不明确，而且"马欣达愿景"刚刚提出，发展前景尚不确定，能否顺利推行有待验证。[①] 但是，汉港作为物流交通枢纽的发展潜力确实存在，而且汉班托塔又是马欣达·拉贾帕克萨总统的家乡，作为新上任的总统，他非常希望通过在汉班托塔的基础设施建设投资来提振经济，这在一定程度上为汉港的发展提供了保障。2009 年斯里兰卡内战结束，马欣达·拉贾帕克萨政府推出"马欣达愿景 2.0 版"，升级版的发展计划更加切实具体，此时汉港的发展前景更加明确。因此，进出口银行在项目二期建设投资时，将投资额提升至 9 亿美元。

---

① Koh King Kee. 斯里兰卡汉班托塔港问题的真相. 北京周报，2018 - 09 - 29.

　　然而，由于政体的不同，在中国能够实现良性循环的开发性金融逻辑，在海外有可能遇到因为政权更迭而造成的潜在政治风险。2015年斯里兰卡总统大选后，前任总统马欣达·拉贾帕克萨未能连任，新上任的总统西里塞纳指责前任总统通过大举借债的方式刺激经济，造成了巨大的财政压力。新任政府认为汉港项目需要重新审视，因而该项目停工。再加上斯里兰卡港务局经营管理不善、缺乏工商业务，无法吸引过往船只停靠港口，因而汉港常年处于亏损状态。但是，西里塞纳政府并不否认汉港等基础设施建设会对斯里兰卡经济发展有促进作用，故2016年斯里兰卡政府决定以市场化改革方式重新推动汉港发展，将汉港的经营权以招标形式打包出租，以期扭转亏损状况，并且在招标过程中再次优先询问了日本和印度两国公司的意向，但又遭到了拒绝，进而转向寻找中国的企业。最终通过招标方式，中国招商局集团下的招商局港口控股有限公司（以下简称"招商局港口"）中标，与斯里兰卡政府共同组成合资公司运营汉港。协议约定，招商局港口收购汉班托塔国际港务集团（HIPG）85％的股权和汉班托塔国际服务公司（HIPS）49.3％的股权，总体股权约占70％，招商局港口拥有以上两家公司的运营管理权以及港区土地（约11.5平方公里）的租赁、开发权，特许经营期限为99年。招商局港口共向斯里兰卡投资11.2亿美元，其中9.74亿美元用于收购HIPG 85％的股权，余下的1.46亿美元将存入招商局港口名下的斯里兰卡银行账户，用于拓展汉班托塔港口及海运相关业务。自特许经营协议生效日期起十年内，斯里兰卡港务局有权根据各方都认可的条件回购HIPG 20％的股权；协议满70年后，斯里兰卡港务局可按照双方任命的估价师确定的合理价格收购招商局港口持有的HIPG所有股权；协议满80年之际，斯里兰卡港务局可以以1美元的价格收购招商局港口在HIPG持有的股份，而招商局港口可在HIPS保留40％的股份；协议满99年终止时，招商局港口将把所持HIPG和HIPS的所有股权，以1美元的象征性价格转交给斯里兰卡政府和斯里兰卡港务局。

　　然而，由于中国公司的中标，中国式开发性金融被部分媒体质疑是"债务陷阱"。那么，实际的过程究竟是怎样的？

　　首先，汉港项目是基于斯里兰卡前任总统的政治意愿发起的，而非中国提议建设的。斯里兰卡政府之所以会向中国借债，是因为它未能从日本和印度两国获得融资，而且在金融危机后，相比深陷经济危机的其他国家，中国稳定的经济增长使之成为最有可能进行海外投资的国家。① 中国进出口银行之所以愿意为斯里兰卡的汉港项目提供贷款，并不是基于所谓的战略统治目标，或者部分舆论所说的将其作为中国的军事基地，而是出于对汉港发展可行性的认可。此外，出租后的港口经营权是由招商局港口和斯里兰卡政府组成的合资公司共同经营，斯里兰卡政府占 30％ 的股份，也不是用于军事用途。②

其次，斯里兰卡政府是为了推行市场化改革而自愿决定转让港口经营权的，招商局港口承接经营权也并非债转股。自汉港项目建成以来，由于当地经济管理不善，因而常年亏损。新上任的西里塞纳政府希望通过出租港口经营权来改善汉港常年亏损的现状，并要求与中标公司组建合资公司，共同运营汉港。招商局港口在中标后，共支付 11.2 亿美元用于购买合资公司 70％ 的股权。其中，一部分资金用于填补港口的经营亏损，另一部分资金用于偿还其他债务，并非将汉港的贷款转换为股权，进出口银行提供的开发性金融贷款已转移给斯里兰卡财政部，仍需要全额偿还。

最后，造成斯里兰卡政府陷入主权债务危机的并非来自中国的债务压力，事实上来自从西方主导的资本市场的过度借贷。斯里兰卡自爆发内战以来，经济发展严重受阻，军备武器采购等非生产性投入急剧上升，导致财政赤字问题严重，常年依赖借债模式维持发展。过去，斯里兰卡主要的债权方是日本、欧美以及 IMF 等国际多边金融机构，直到斯里兰卡内战结束前后，中国才真正成为斯里兰卡的主要债权国，但相比于其他债权方，中国的债权占比非常小。截至 2016 年，中国的贷款仅占斯里兰卡政府债务的 9％，而且三分之二以上都是享受优惠利率的中长期贷款，不足以造成所谓的债务危机。真

① Meera Srinivasan，It's China That Happens to Have the Cash Now，Says Sri Lanka Minister，The Hindu Website，Oct. 19，2020.

② Koh King Kee. 斯里兰卡汉班托塔港问题的真相. 北京周报，2018 - 09 - 29；毛鉴明. 中国企业投资汉班托塔港口的实践及经验探析. 印度洋经济体研究，2020（3）.

正造成斯里兰卡债务危机的是其在主权债务评级被下调后，无法再获得其他国家的优惠贷款，不得已从英国和美国等银行借贷高利率的短期商业贷款。

大量的事实已经证明，斯里兰卡汉港项目并非中国的债务陷阱。斯里兰卡现任总统戈塔巴雅·拉贾帕克萨在韩国、德国、罗马教廷和瑞士新任命大使递交国书时，特意指出由中国提供资金建造的汉港项目是一个具有重大发展潜力的项目，并非债务陷阱。澳大利亚 Lowy Institute 研究中心的 Shahar Hameiri 教授在其研究中也证实，并不存在"中国的债务陷阱"，斯里兰卡主权债务危机并非由中国投资造成。

但是，汉港开发性融资项目所遇到的问题以及引发的国际舆论也为中国的开发性金融"走出去"提供了前车之鉴。在开发性金融"走出去"的过程中，如何在完全不同的政治体系下避免政治风险，仍是一个有待解决的问题，是当前中国开发性金融发展急需攻克的课题。

第十章

加快推进我国中长期融资体系建设

2010 年，上海作为先行试点自主发行地方债券的城市，成功发行了 71 亿元的地方建设债券。接下来，浙江、广东也自主发行了地方债。在我国经济社会处于城市化、工业化、国际化建设的重要发展阶段，各投资项目资本金匮乏，巨额的储蓄资金和社会资金不能转化为集中、大额、长期建设资金的现状，已成为我国投融资格局中的基本矛盾。在国家推动利率市场化金融改革的重要时期，如何以创新思维和创造性工作方式加快推进我国中长期融资体系的建设，大力发展政策性、开发性金融，对我国经济能否平稳较快发展，将起到十分关键的作用。①

一、国家发展战略对中长期融资的内在需求

多年来，开发性金融机构在国际业务大发展过程中，紧密围绕国家"走出去"战略，主动发挥金融杠杆作用，在缓解我国能源、资源约束，服务国家发展和安全战略中做出了积极贡献。与此同时，我国需要通过多种途径参与国际合作，从而熟悉国际规则并寻求与掌控其发展空间。开发性金融机构在积极参与国际合作的同时，不仅能为国家"走出去"战略带来机遇，而且能把开发性金融理念和平台带到亚、非、拉国家。这种模式不仅挑战了传统的国际援助理念，而且大大影响了南南交往的模式，并将日益成为亚、非、拉国家间交往的新理论基础。

---

① 刘卫平 . 对加快推进我国中长期融资体系建设的建议 . 学习时报，2011 - 11 - 21.

城市化创造需求，工业化创造供给，国际化拓展空间，所有这些都离不开政策性金融和开发性金融集中、大额、长期建设资金的投入，因此加快推进中长期融资体系建设已成必然之势。

（一）开发性金融需要加快推进中长期融资体系建设

纵观全球经济发展历程，作为弥补市场失灵的重要政策工具，不论是在发展中国家还是在发达国家，不论是在经济稳定发展阶段还是在应对金融危机阶段，政策性银行和开发性银行作为中长期投融资的主力军，都是金融体系中不可或缺的组成部分，发挥着撬动市场的重要作用。与此相承，政策性金融和开发性金融的任务就是通过发行中长期债券直接融资，解决开发性业务领域常见的贷款期限错配风险，为基础设施建设等领域提供长期稳定、持续快速的融资支持。

这些规定和发展要素决定了在我国中长期融资体系建设方面，国家金融政策制定部门和开发性金融机构需要从国家发展战略规划的要求出发，在对中长期项目进行财政性、债券类开发性金融投入的同时，必须带动储蓄资金和社会资金对中长期建设的投入，以有效统筹全局和国内外市场。

（二）中长期融资是均衡社会融资总量的关键途径

从 2011 年开始，中央要求货币政策要综合运用多种工具，保持合理的社会融资规模和节奏，用社会融资总量替代信贷指标作为中间变量，以符合我国融资结构的变化趋势。

不论是在以人民币贷款总量作为货币政策中间变量的时期，还是在以社会融资总量作为货币政策中间变量的时期，政策性、开发性金融机构以发行金融债券为主体、以企业存款及其他来源为补充的筹资机制，均动员和吸收了大量长期、相对低成本的社会资金，用于国家重点项目建设，从而有力地支持了国家宏观经济政策的实施和国民经济的增长，也保证了开发性金融的可持续发展。中长期投融资体系已成为平抑国家经济周期波动和均衡社会融资总量的关键途径，更是均衡国家经济社会建设与发展整体稳健向上的重要杠杆。

二、中长期融资体系建设面临的挑战与机遇

在我国金融业实行分业经营和分业管理的制度背景下，资金盈余者（储蓄者）、社会资金和资金短缺者（投资者）不通过银行等间接融资中介机构而直接进行资金交易已成为显著的金融现象。这种金融脱媒的变化对我国的金融运行和宏观调控的影响是多方面的，它在微观方面压缩了银行传统的收入来源，在宏观方面使得调控部门欲通过管住信贷闸门来抑制高投资的政策意图失去了实施的基础。需要注意的是，在经济体系全面转向市场化轨道的背景下，发展直接融资已构成我国金融改革和发展的重要内容。根据其他经济体的经验教训，我国的利率市场化将采取一贯的渐进式改革方式，因而完全的利率市场化仍需较长时间。

这种金融格局的变化对于我国以债券直接融资为主的政策性、开发性金融机构来说，如何充分把握从间接融资向直接融资转变以及在利率市场化金融改革过程中的机遇与挑战，将是一个非常重大的历史课题。

在 20 世纪 80 年代中期之前，美国货币当局对金融业采取的严格的分业经营与分业管理的实践显示，这种做法不仅徒劳无功，而且危害了金融现代化的进程，致使美国经济长期处于比德国和日本相对落后的境地。在 80 年代中期之后，美国货币当局改变了在金融业实行严格分业的传统，致力于"打通"银行和市场间的联系通道，并最终摆脱了分业经营的困扰。基于这个新的金融体系，美国重新获得了金融业的世界领先地位。美国的经验告诉我们，一个国家金融体系的现代化通常都会经过从分业经营到混业经营的过程，只有最终打通直接融资和间接融资的界限，实行金融混业经营，金融体系才能实现现代化。

当前，中国正在发展直接融资战略，事实上已经允许金融混业过程的展开。这使得中国可能避免其他国家在严格分业的背景下大力发展直接融资所带来的问题。由此可见，中国金融业的现代化发展目前正面临难得的战略机遇。

在目前我国各地方政府隐性负债已成为普遍现象的情况下，降低商业银

行的信贷比例，发展更透明的政策性金融、开发性金融以及地方政府平台的债券融资，不仅有利于地方债务的透明化，减少中央和地方政府的信息不对称，而且能有效降低地方政府的隐性债务规模，促进融资渠道的多元化，减轻目前的融资结构给商业银行体系带来的巨大压力。与此同时，将地方政府评级引入城市投资类债券的发行中，从而更准确地反映发行企业所在地域的经济发展水平以及财政收支状况，以形成多层次的信用评级框架，为城市投资类债券的准确定价提供参照体系。

三、政策建议

中国的发展没有现成的经验和模式可循，中长期融资体系的建设发展，取决于金融制度的健全程度。我们必须以创新思维和创造性的工作方式加快推进我国中长期融资体系的建设，制定出符合我国国情和发展需求的政策及方法。

第一，制定有利于债券类银行发展的政策。

在目前高储蓄率、流动性充裕、以银行融资为主的金融格局中，要解决巨额储蓄资金和社会资金转化为中长期建设资金的问题，金融政策和监管部门就需要制定加强债券类银行发挥重要转化作用的发展政策，管理和控制中长期风险，防范期限错配导致的系统性风险。

在国际上，以债券为主要融资方式的政策性、开发性银行是一种长期的客观存在。我国的国家开发银行、中国进出口银行、农业发展银行的发展说明，债券类银行的运行是成功的、有效的，债券类银行不仅起到了为国家筹集集中、大额、长期建设资金的作用，而且促进了债券金融市场的发展。

以发债筹资为主的债券类银行，其业务特点与储蓄类银行有很大区别，难以适用储蓄零售银行的监管和绩效评价标准。为了更好地促进债券类银行的发展，金融政策制定和监管部门应该借鉴国际上对债券类银行进行专门分类、统计、管理及立法的做法，建立与之相适应的、系统的制度安排，包括监管、绩效考核评价标准等，创造有利于债券类银行生存发展、业务运行和风险控制所必需的基础条件。

第二，促进储蓄和社会资金向中长期资金转化。

在我国银行分业经营与分业管理格局目前不能完全改变的情况下，在从银行的间接融资向社会的直接融资发展的过程中，可以建立债券投融资的"缓冲地带"，促进储蓄和社会资金向集中、大额、长期资金的转化，以加大对重点领域和薄弱环节的融资支持。

在利率市场化改革的实施过程中，金融政策制定和监管部门对于存款利率的浮动区间设计，建议给予大额、长期存款更大的浮动范围，在储蓄资金和社会资金转化为符合我国城市化、工业化、国际化建设资金的发展阶段，亟须相应的金融改革方案，以缓解投资项目资本金匮乏的基本矛盾。

第三，加强国际合作，拓展海外金融市场。

在经济全球化的格局下，金融市场基本上主宰了一切经济活动的风险。政府是中国债券市场的主要发行方，而我国国有银行则是主要的投资者，政府应该建立一个更强大的债券市场。随着向海外投资者发行人民币债券的出现，建议国家财政、金融管理部门和开发性金融机构考虑到海外发行中国中长期融资债券，将全球的资金吸引到中国来。

我国财政部于 2011 年 8 月在中国香港发行了 200 亿元人民币债券。虽然此次获得了一些资金，但获得的是与美元直接挂钩的港元，无法引导美元转换成人民币。如果选择在国内增发国债，那么滞留在外的美元贸易盈余仍将受阻于流动性与外汇管制两个因素，其结果反而是在国内回收人民币。我国必须在美元资金充沛的资本市场，发行以人民币计价的特别国债，才能发挥抵挡美元资产膨胀的作用。

由于人民币后市高度看好，因而特别国债的投资价值可以克服种种发行及经销上的成本顾虑。在欧美市场，特别国债可回收部分美元贸易盈余，在我国积极推动以人民币结算贸易的国家或区域，更可供国外进口商储存所需的长期人民币资金，在实质上助推人民币跨境结算。以人民币计价的海外特别国债，可吸引人民币往外移动，而有了货币的承载工具，人民币国际化才不会沦为空谈。在海外发行国债所得的人民币，可供贸易结算融资需要，也可满足投资者对人民币账户的需求。我国应向主要出口贸易往来国家积极发行中长期债券，协助各国在美债、欧债外，储藏具有潜在价值的人民币，使双方互惠互利。

四、构建政策性金融体系与立法建设刻不容缓

当前，我国经济社会处于新型城镇化、工业化、信息化和农业现代化建设的重要发展阶段。一方面，我国的基础设施建设任务艰巨，产业基础薄弱，消费还未形成主要拉动力；另一方面，我国的投资项目资本金匮乏，而巨额的储蓄资金和社会资金不能转化为集中、大额、长期的建设资金，这已成为我国投融资体系中的基本矛盾。作为政府和市场沟通的桥梁，政策性金融发挥了我国经济建设中长期融资的先行者和主力军的作用，为新型城镇化、工业化战略规划提供了稳定和高效的融资支持，是贯彻国家的宏观战略意图、促进国家经济社会发展的强有力战略工具。因此，构建一个合理、有效的政策性金融体系和推动立法体系建设，发挥政策性银行的优势和作用，支持实现国家发展战略目标，将起到十分关键的作用。

（一）新形势下政策性金融的客观必然性和重要性

政策性金融有别于一般商业性金融，是政府针对市场失灵而参与资金和资源配置，有力地贯彻国家现代化赶超战略，具有"政策性目的、市场化运作、专业化管理"等特征。其主要功能包括：填补瓶颈领域融资空白或不足，发挥前瞻性、战略性投入的先行者作用；在市场不完全和制度缺失的领域，培育、建设和完善融资市场及制度，发挥制度建设者作用；吸引、带动社会资金进入资金短缺领域，发挥民间资本引导者作用；服务于政府的某些特定发展目标，促进社会公平，并协助化解金融风险，发挥公共利益和社会稳定的支持者作用。

政策性金融体系可以有效降低实现国家政策目标的社会成本，促进社会公平和贯彻特定的战略意图。从经济发展史、经济成长的内在逻辑来看，发展政策性金融体系都有长期的必然性。从国际经验来看，政策性金融机构不仅广泛存在于发展中国家，而且存在于金融体制完善的发达国家，成为市场

机制有益的和必要的补充，在英国、德国、法国、日本、巴西乃至美国，都存在较大规模的政策性金融机构。对于实施现代化赶超战略的发展中国家来说，发展政策性金融的必要性和战略意义更为显著。从中国的情况来看，政策性金融在短期内不仅不应弱化，而且应该进一步加以发展、完善并寻求创新。

从总体来看，我国政策性金融的框架体系还不健全、不完善，存在一些问题，比如缺乏法律规范、政策性银行和商业银行的业务存在交叉、风险补偿和补贴机制不健全、政策性银行评价标准缺失、政策目标弱化、功能模糊、监督架构不健全、筹集资金方式单一等。政策性业务与商业性业务之间的矛盾化解和政策性金融体系的改革过程远未结束，政策性金融体系可持续运行的制度保障尚未有效建立。此外，政策性担保融资、城投债融资、基础设施建设特许权授予融资等领域仍然存在一些问题。

要构建一个合理、有效的政策性金融体系，在基本思路上：首先，力求明确政策性金融的政策目标及其与商业性金融的边界；其次，应积极以市场性目标解决政策性金融机构的经营机制问题；再次，大力构建风险共担机制和完善利益补偿机制，支持市场化目标的实现；最后，还应合理构建绩效评价体系，保障政策性目标的实现。由此，构建政策性金融体系的主要内容应包括：一是确定我国政策性金融的业务范围；二是确定我国政策性金融包含的各项业务的实现方式；三是确定为了实现政策性金融的各项业务，我国需要构建哪些政策性金融机构；四是合理设置政策性金融的监督管理机构。

有效的监督是政策性金融健康发展的必要条件，不同国家和地区需要针对政策性金融机构的发展情况做出相应的监管制度安排。就我国而言，首先，要逐步建立政策性金融的法律框架；其次，要建立和完善政策性金融的监管委员会制度。在法人治理模式上，建议吸纳德国模式、美国模式和日本模式的优点，并结合中国的实践，建立以利益相关者为基础的法人治理结构，其业务开展实施专业化分工以及政策性金融机构与商业性金融机构合作的市场化模式。

（二）要从战略与长远的角度看待我国政策性金融改革

世界各国的政策性金融机构呈现出多元化发展的态势，既有以商业化为取向并脱离政策性金融范畴的模式，又有继续恪守经营准则、严禁与商业性金融机构竞争的模式。国际上对政策性金融机构的商业化改革正处于不断试验之中，其理论基础并不成熟，最终的结果更是难以预料。在这种充满不确定性的潮流中，我们应从中总结经验，然后将其用于指导我国政策性金融的改革实践。

从政策性金融的发展历程来看，我国对它的认识从一开始就不清晰，其发展定位也存在明显的错位。如果只将政策性银行当作专业银行商业化改革的"副产品"，其功能只是承担各专业银行留下的某些特定政策性融资业务包袱，而没有从国家经济发展战略角度规划政策性金融的长远发展，就不能清晰界定国家开发银行、中国进出口银行、中国农业发展银行三家政策性银行所从事的政策性业务范围。这会给我国政策性金融的发展带来很大影响，不仅影响到政策性金融体系的完整性，而且影响到决策层对政策性金融存在必要性的判断。

基于此，在设计我国政策性金融体系的改革思路时，需要具备战略思维，要用长远的眼光看待这一问题。从政策性金融体系的战略发展角度来说，根据我国经济发展所处的阶段和政策性金融的实际需求情况，政策性金融体系所包括的领域应该是非常广泛的，而现有的业务范围是远远不能包含的。因此，我们要从经济发展战略的高度认识政策性金融的重大意义，从长远角度考虑我国政策性金融体系的设计，更加重视发挥政策性金融的作用，合理规划政策性金融的业务领域，不断完善政策性金融体系，增强政策性金融机构的作用。我们不能只顾眼前，片面强调政策性金融机构造成的不公平竞争、利润化导向不足等负面效应，更不能将此作为确定政策性金融改革路径的主要因素与考量依据。

我国政策性金融体系需要积极建设、合理发展、长期存在。从 2007 年以来，在我国进行的政策性银行改革中，一个值得注意的倾向是，有人希望通过改革将政策性银行逐步转型为以商业性银行业务为主、政策性业务为辅的运营模式，而在他们的字里行间则透露出一种似乎政策性金融已经过时、希望商业性融资渠道基本能够覆盖所有融资需求的信息。若这种想法被应用到实际操作中，将会给我国金融体系建设带来不利影响。

对于处在全面深化改革和经济转型与产业结构调整的中国，必须立足于我国长期处于社会主义初级阶段这个基础。政策性金融的存在，首先要满足其在进出口、农业、中小企业等领域产生的传统需求目标。这是因为我国经济的对外依存度不断提高，同时中小企业融资难问题一直难以解决、"三农"领域的发展长期滞后、城乡差距日益扩大，这些领域存在的问题比较严重，它们在发展过程中出现的巨大资金需求很难获得商业资金的支持，带有较明显的市场失灵特征，迫切需要政策性资金的介入。此外，在锁定新型城镇化和"走出去"战略目标的情况下，我国仍需借助政策性金融大力促进经济结构的升级和发展方式的转变。接下来，我国要重点发展的高科技产业、新能源产业、绿色产业以及循环经济中的合理产业链建设等，都需要巨额投资。这些产业的投资风险大，商业银行不愿涉足，因此需要国家通过政策性金融机构予以扶持。

（三）借鉴国际成功经验，推动政策性金融立法

与大多数发达国家不同，我国的政策性银行是在缺乏完整法律法规制度的条件下不断发展的，至今也未形成关于政策性银行的明确法律定位。

我国政策性（债券类）银行法的长期缺位衍生出了各种问题，如市场定位不明确、业务手段单一、行政干预较多、融资能力较弱、与政府关系不顺畅等。因此，政策性银行立法具有切实的必要性和紧迫性，应当尽快提上立法日程。

我们建议借鉴国外的成功经验，制定《政策性银行法》，下面是应给予明确的几个问题：第一，债信问题。无论是显性的还是隐性的，继续保持国家主权债券评级是非常必要的。国外的债券类金融机构（如德国复兴信贷银行、韩国产业银行、日本政策投资银行等）都是维持零风险权重。与此同时，国

家应给予政策性银行长期信用支持：通过制度性安排，明确政策性银行的长期主权信用等级，确保政策性银行更好地履行服务国家战略的职责，维护金融市场的平稳运营。第二，税收减免政策问题。国家应该给予政策性银行税收减免政策，让它的经营利润全部作为资本补充金滚动发展。第三，监管问题。国外对债券类银行的监管是区别于商业银行的，比如对资本充足率的要求比商业银行要低等。例如，实行政策性银行监管标准，享有平等化监管政策。鉴于政策性银行的特殊性和战略性，实行政策性银行监管标准是应有之义，而不是政策性银行要求差别监管。第四，经营业绩考核问题。国家对政策性银行的经营业绩考核导向，要区别于国有控股商业银行，应实行分类考核。鉴于政策性银行服务国家战略的任务，以及筹资和业务的特殊性，应在绩效考核上给予政策性银行相应的待遇。《政策性银行法》作为规范债券类银行的统一立法，必须对上述问题做出明确清晰的规定，这样才能为债券类银行的健康、稳定发展提供法律保障。

五、加快构建中国特色"绿色金融"体系

"绿色金融"作为一种应用广泛的有效金融手段，早已在经济发达国家广泛推行。构建集财政、金融和税收等于一体的全方位"绿色金融"信贷体系，是建立吸引社会资本投入生态环境保护的市场化机制、打造中国经济升级版的有效手段和实现可持续发展战略的历史使命。①

（一）构建"绿色金融"体系的紧迫性

当前，我国生态形势严峻，构建"绿色金融"体系刻不容缓。作为世界第二大经济体，我国的经济发展受到环境因素的严重制约。2014年，我国74个主要城市中只有8个城市空气质量达标，75%的饮用水源水质超标，19%以上的耕种土地面积污染超标。中央经济工作会议指出，我国"环境承载能力已达到或接近上限"。面对如此严峻的环境形势，我们亟须推动集财政、金

---

① 陈继勇，刘卫平．加快构建中国特色"绿色金融"体系．光明日报，2015 - 09 - 30.

融和税收等于一体的全方位"绿色金融"体系建设，释放市场力量。这是我国在解决产业结构升级、经济结构调整过程中的重大问题。金融业作为信贷资源配置的行业，如果能构建"绿色金融"体系，引导资金从高污染、高耗能产业退出，可以实现釜底抽薪的效果。

生态环保资金缺口明显，需要"绿色金融"体系支撑。有关资料显示，在"十三五"期间，我国绿色产业每年至少投入 2 万亿元以上，近 5 年内治理大气污染的投资约为 1.7 万亿元。其中，政府财政资金仅能提供 10%～15%，大量的资金缺口需要一个金融渠道给予支撑。与此同时，支持节能环保产业，也开启了我国经济的新增长点，为实现"双目标、双结合、双引擎"的宏观目标提供了有效途径。

在构建"绿色金融"体系的过程中，还存在一些问题：一是政策尚未形成合力，政府主管部门的职责交叉与缺失同时存在，使得金融系统在支持生态环保项目时难以形成政策合力；二是"绿色金融"缺少能力建设，目前不能支撑碳排放权交易、排污权交易等"绿色金融"产品创新；三是现行政策体系忽视了环境外部性，导致价格信号扭曲，难以激活、引导民间资本向绿色产业流动；四是金融监管缺少激励机制，监管部门没有对"绿色金融"项目在资本占用、存款准备金和损失拨备、风险容忍度等方面给予优惠政策，同时财税政策也没有对生态环保项目提供贴息或税收减免优惠政策，不能很好地调动金融机构推进"绿色金融"的积极性；五是信息不对称，金融机构难以及时、准确地掌握企业环保信息和环境执法结果；六是生态环保项目存在散、乱、小的特点，缺乏成熟的商业模式，而且项目的经济效益不突出，企业缺乏主动性。

（二）"绿色金融"体系的基本架构

推动生态文明建设需要有一个体系完整、机制完善、政策配套、运转良好的"绿色金融"体系来支撑。与此同时，要做好顶层设计，推动构建机构、政策、金融基础设施、法律基础设施较为完善的"绿色金融"体系架构。

对于"绿色金融"的机构组织建设：一是成立新的金融机构专司"绿色

金融"业务，或在现有金融机构（即银行、保险、基金、券商、担保、贷款公司）中设立"绿色金融"业务部门。二是参照"赤道原则""全球契约组织"，制定我国的"绿色金融"规则，引导金融机构提升绿色环保意识，履行社会责任，按照"绿色金融"规则的要求开展金融业务。三是创新"绿色金融"服务产品，提供绿色信贷、绿色债券、绿色保险、绿色基金，同时创新投融资模式支持绿色产业的发展。目前，银行在社会融资中具有突出作用，可通过建立绿色银行体系，充分发挥绿色银行在绿色信贷和投资方面的专业能力、规模效益和风控优势。我们可以尝试采用 PPP 模式推动绿色产业发展，以有限的政府资金撬动民间资本从事股权投资。四是加强与世界银行、亚洲开发银行等组织的协作，推动我国主导或参与的丝路基金、亚洲基础设施投资银行、金砖国家新开发银行等对外投资和开发机构达到"绿色金融"准则的要求，在国际金融业务中建立高标准的环境风险管理制度。

完善财政政策和金融政策：一是健全财政对绿色贷款的高效贴息机制；二是由主管部门发布绿色债券有关指引，允许和鼓励银行及企业发行绿色债券；三是强化股票市场支持绿色企业的机制。

绿色投资的金融基础设施建设：一是加快排污权和碳交易市场的建设；二是建立绿色评级体系，建立公益性的环境成本核算体系和数据库，提高环境评估方法和数据的可获得性，引导地方政府建立绿色 GDP 测算体系，为第三方提供节能减排效益测算和环境评估咨询服务；三是建立绿色 IPO 保荐机制，推动绿色股票指数的开发和运用，引导资本市场更多地投入绿色产业；四是建立绿色投资网络，引导社会投资者投向绿色产业。

建设"绿色金融"的法律法规体系和保障机制：一是在更多领域实现强制性绿色保险，利用保险市场制约污染性投资并提供环境修复；二是明确银行的环境法律责任，允许污染受害者针对向污染项目提供资金的、附有连带责任的金融机构提起诉讼；三是证监会和证券交易所应建立上市公司环保信息强制披露机制，为上市公司环境风险评估和准确估值提供基础。

（三）着力构建"绿色金融"体系

我国应尽快出台推动"绿色金融"发展的专项支持政策。这是地方政府和金融机构开展合作的政策依据，有利于调动地方政府和金融机构的积极性与主动性。为此，我国应尽快研究出台相关支持政策和专项发展规划，在年度政府投资预算中专门设立"绿色金融发展专项"，加大国家对"绿色金融"的投入力度，为地方政府和金融机构开展各类合作创造良好的政策环境。

探索设立政府和金融机构合作的"绿色金融"发展基金：一是由政府和大型金融机构合作设立具有政策导向性的"绿色金融"引导基金，并将这类基金作为母基金，以保本经营和适当获利为原则对各类商业性的"绿色金融"发展基金（公司）提供股权及债权融资支持。二是由政府和大型金融机构合作设立股份制、按商业化运作的政金合作基金，或由政府提供优惠政策支持，由国内银行、保险、投资公司等金融机构联合设立专业化、商业化的基金。通过政策性和商业性的各类"绿色金融"发展基金的设立及发展，努力缓解当前"绿色金融"建设资金短缺的瓶颈问题。

加快推动政府和金融机构双方的合作能力建设：一是鼓励有条件的地方政府加快设立促进"绿色金融"发展的政府投融资平台（公司），为地方政府与金融机构开展合作、承接金融机构贷款构建合法、合规的承贷主体，促进目前政府与金融机构进行信贷合作的规范化运作。二是要积极推动财政体制改革，为政府建立稳定的税收来源，提高政府在现有分税制财税体系中的分享比重，从而增强政府对"绿色金融"发展的财政资金投入能力。三是整合目前政府"绿色金融"建设资金的来源，把来自国家和各级政府的"绿色金融"发展资金、基础设施建设资金、产业化贷款和自身用于支持环境保护发展的相关资金整合起来，统一安排和集中使用，切实增强直接承贷金融机构的贷款能力，同时鼓励、引导金融机构向从事"绿色金融"发展的中小型环保企业发放贷款。

第十一章
全球金融变革与新时代中国的货币政策

金融体制是社会主义市场经济体制的重要组成部分。自改革开放以来，中国社会主义市场经济体制逐步建立健全，适应市场经济要求的金融体制基本建立，金融宏观调控和金融监管体制不断完善。金融资源是现代经济的核心资源，要使市场在资源配置中起决定性作用，应该健全商业性金融、开发性金融、政策性金融、合作性金融分工合理、相互补充的金融机构体系；构建多层次、广覆盖、有差异的银行机构体系；推动一批具有国际竞争力和跨境金融资源配置权的中资金融机构快速稳健成长；依托合作经济组织，引导合作性金融健康发展，形成广覆盖、可持续、补充性组织体系；提高金融机构的服务质量，降低企业融资成本；完善国有金融资本管理制度，增强国有金融资产的活力、控制力和影响力。①

在后金融危机时代，中国在未来国际货币政策与金融体系的改革中，可在应对国际货币体制由美元体制向多极体制过渡中出现不确定性时，从中国改革开放的需要出发，坚持参与国际金融机构治理、扩大东亚区域货币合作以及人民币国际化。从金融学的角度来说，中国在改革伊始是需要外汇储备的，而美国是国际可兑换货币的发行国，所以中、美才走到了一起。现在，发展中国家还是非常偏好美元，希望能够把美元作为外汇储备的主要货币，这也是它们希望美元不要那么快贬值的原因。但无论是中国还是其他发展中国家，想要改变自身的汇率制度都存在困难。这些国家一直都是实行这种政策，而且中国的金融市场也不是特别成熟。

---

① 刘卫平. 全球金融变革与新时代中国的货币政策. 人民论坛网，2018 - 02.

我们从亚洲金融危机中可以发现，中国的政策对于亚洲有着非常大的影响。现在是提出人民币国际化的最佳时期。只要中国继续成长，人民币的可兑换性就会增强，未来人民币很有可能成为世界的主要货币之一。

一、全球金融变革与中国金融定位的启示

在国际金融危机后，全球金融格局发生了一些变化，中国在全球金融业不断调整的过程中需要重新定位。

（1）危机前的全球金融格局。在第二次世界大战后，世界各国在政治、经济、军事等方面的实力发生了重大调整。20 世纪 40 年代建立起来的布雷顿森林体系实际上是一个以美元为中心的全球金融系统。其特点是美元充当国际货币并与黄金挂钩，其他国家的货币与美元挂钩。通过国际货币基金组织、世界银行、国际清算银行以及关贸总协定等国际组织的协调，布雷顿森林体系在一定程度上保证了世界金融和经济秩序的稳定。在这个时期，美国提供的广阔市场和投资机会吸引了大量的商品资本及货币资本。但是，由于特里芬难题、国际竞争、种族主义、冷战等诸多因素，布雷顿森林体系在1971 年终结了。

（2）《牙买加协定》。取代布雷顿森林体系的是 1976 年达成的《牙买加协定》。尽管此时美国的地位已经随着欧洲和日本的复兴以及新兴国家的崛起而不断下降，但牙买加体系还是极大地保留了布雷顿森林体系所确立的美元的垄断地位。更重要的是，在美元停止与黄金兑换之后，国际货币体系失去了坚实的物质基础，一下子滑到了以美元这一信用货币作为主要储备货币的阶段，从而摆脱了在金本位和布雷顿森林体系下国际储备货币发行的硬约束。通过以美元为中心的浮动汇率制度，美国还获得了向其他国家征收铸币税和通货膨胀税的权力，进一步加剧了美国与世界经济多元化发展之间的矛盾。

20 世纪末 21 世纪初欧元的诞生，是欧盟国家不断提升其政治和经济地位的结果，也是国际金融体系自 20 世纪 70 年代布雷顿森林体系瓦解后最重要的一次调整，它取代了已经衰落的日元并极大地挑战了美元的主导地位，改变了各国中央银行储备货币的构成以及私人投资的方向，促使欧盟内部和

外部大量的美元资产转化为欧元资产，因而对全球金融市场，尤其是货币市场影响深远。

此外，金融的全球化与自由化和经济的金融化也在不断重塑全球金融格局。此前，在微电子、信息技术和现代信息学领域的技术革命，帮助银行内外建立起了广泛而复杂的联系，它们在实现信息共享的同时，降低了交易、结算等业务的成本，并且使之变得更为迅速；各种非银行金融机构（如投资银行、保险公司、共同基金、互助基金、退休基金等）大量涌现，并成为全球金融市场的重要参与者，它们在追求利润最大化的过程中，刺激了金融产品与金融市场的创新。据不完全统计，证券化的债券几乎是全球 GDP 的 1.4 倍，而金融衍生工具超过了全球 GDP 的 8 倍。与此同时，欧洲美元市场的快速发展和新兴国家市场的逐步开放又为资本的全球流通提供了便利，但也在客观上造成了金融风险和经济风险在世界范围内的累积及扩散。在这种情况下，如何在世界范围内建立起有效的监督和检查机制，以及防范危机的联动机制，已成为国际金融体系不可或缺的重要组成部分。

总之，在 2008 年国际金融危机爆发前，全球金融格局从国际货币的角度来看，欧元成为美元在国际市场上的主要竞争对手，如果算上"失去"的日元，国际货币实际上存在"两大（美元、欧元）一小（日元）"相互博弈的局面；从经济区位的角度来说，欧美（尤其是美国）的金融机构和金融市场仍然占据着主导地位，而科学技术进步和金融自由化与全球化的发展已将世界各国的金融部门连接成一个整体，并使得资本能够超越时间、空间、物质形态以及自身的局限，实现利润最大化。但在这个格局的背后，始终隐藏着美国经济地位下降与美元垄断地位、发达国家与发展中国家以及实体经济与虚拟经济之间的矛盾，这些矛盾的长期积累为危机的爆发和全球金融格局的重新调整创造了条件。

（3）危机后的全球金融变革。全球金融理念、模式和格局在此次危机中受到了考验，从长期来看，需要通过进一步变革才能为经济的可持续发展提供坚实的基础。

（4）全球金融的规模和经营方式将发生剧烈变化。在金融危机的冲击下，这些金融资产的名义价值大幅缩水，银行资产的规模也快速收缩。与此同时，金融衍生产品交易、债券交易、杠杆融资等表外业务逐渐减少。随着花旗集团被分割为花旗银行和花旗控股，传统银行极力追求的全能银行经营模式也受到了质疑。

（5）全球金融市场将发生结构性变化，国际金融的多元化趋势不可避免。美国在金融危机中受到的冲击较大，有大批企业破产，并且失业加剧，其经济实力明显下降。欧元区为了应对此次危机，纷纷采取了扩张性财政政策和货币政策，在一定程度上推动了该地区经济的整体复苏。但是，由于经济增长乏力以及财政赤字增加，欧元区的一些国家（如冰岛、希腊等）很快又陷入了主权债务危机的泥潭，因而欧元的崛起仍有待时间的进一步检验。经过多年的努力，亚洲正在成为世界经济增长的中心，这与美国、欧洲和日本经济增长率的下降形成了鲜明对比。与此同时，亚洲在国际金融市场中的地位逐渐上升，其数额巨大的官方外汇储备对全球金融市场的影响举足轻重，而中国在数次危机中负责任的态度受到了国际社会的充分肯定和赞扬。因此，在全球重新定义金融市场结构之际，亚洲将会受到更多关注，东京、香港、上海等主要城市将引来新的发展机遇，全球金融格局呈现不可避免的多元化发展趋势。

（6）主权基金异军突起，正在成为国际金融市场的新兴力量。长期以来，国际金融市场一直是西方私人金融资本的舞台。在金融危机的影响下，这些私人金融机构的实力在去杠杆和国有化的过程中大大削弱了。2007年金融危机爆发后，西方发达国家的主要金融机构纷纷寻求主权基金的注资，包括阿布扎比投资局、科威特投资局、中国投资有限责任公司、新加坡政府投资公司等在内的非西方主权财富基金相继入股花旗、高盛等金融巨头，总投资规模达到数百亿美元，极大地稳定了国际金融市场。

（7）全球金融监管框架亟待重建。此次危机充分暴露了原《巴塞尔协议》的弱点和漏洞，使各国都认识到并表监管、统一监管和全球监管的重要性。目前，几乎所有金融机构、金融市场和金融工具都将得到适度监管，这一思想已经在美国与欧盟出台的金融监管改革方案中得到了体现和落实。此外，针对资本快速、大规模的流动，国际社会在监管方面的磋商与协调也会空前紧密，双边和多边金融合作将成为国际金融的重要形式。

当然，全球金融格局将是一个在各种经济、金融、政治、军事势力之间复杂的竞合与动态博弈过程，涉及世界本位货币、国际储备、国际收支等核心和敏感问题，需要各国在竞争中不断谋求合作，求同存异，共同避免全球性金融危机的再次爆发，并促进世界经济的可持续发展。当然，这也需要主要发达国家和发展中国家承担起推动协商、建立国际金融新秩序的责任与义务。

（8）在国际金融危机后中国金融在全球的定位。受国际金融危机和国内诸多因素的影响，中国在宏观经济总体形势、经济增长方式、对外直接投资以及出口贸易等方面仍面临较大挑战，但中国经济和金融的整体规模及发展水平在过去几十年的稳步提高也是一个不争的事实，美国和美元相对地位的下降更是为中国金融的加快发展打开了"机会之窗"。未来10～20年，全球经济、金融格局均会发生巨大转变，作为世界上最大的发展中国家，中国必须未雨绸缪、尽早筹划，建立与大国地位相适应的国际话语权，积极推动国际金融新秩序的形成，展示出作为崛起大国理应具备的责任心和领导素质。为此，中国金融应该在全球金融的不断变动中找准定位，实现跨越式发展。

（9）中国应努力成为全球金融中心之一。中国已是世界第二大经济体和第一大出口国，并拥有3万亿美元的外汇储备，因此需要建立与自己的经济发展水平相适应并服务于自身发展需要的国际金融中心。为此，中国需要积极按照国际金融业经营管理的基本原则来规范国内金融机构的日常运作，加快金融基础设施和配套设施的建设，促进金融产品的研发，提高金融服务的效率和水平，并努力保证金融系统的稳定性，积极推动将香港、上海等地发展成区域金融中心乃至全球金融中心。

（10）人民币应成为世界主要货币之一。人民币成为世界货币是历史的必然趋势，从英镑到美元、欧元都说明了这一点。自人民币汇改重启以来，人民币兑美元已累计升值5.5%，表示出国际市场和主要机构对人民币乃至中国经济未来发展的信心。基于中国经济长远发展的考虑，人民币国际化的进程应该在尽力保证国际收支平衡的同时，促进周边地区的经济发展，因此必然是渐进式的，并在很大程度上取决于国际金融的发展状态和趋势。目前，人民币已经实现经常项目可兑换和资本项目的部分可兑换，下一阶段可以在适当的时候探索人民币资本项目可兑换的实现方式和路径。

（11）中国应有一批实力雄厚的金融机构跻身世界同行前列。中国金融地位的巩固，离不开一批在世界范围内都有一定影响的金融机构的支持。在美国银行业遭受危机重创以及欧日银行休养生息之际，中国工商银行于2009年6月底以2 570亿美元的市值成为全球最大的银行，中国建设银行与中国银行亦分列第二位、第三位。但是，中国也要充分认识到，金融竞争力更多地依赖于人才、技术、管理、文化等软实力，乃至政府监管能力的全面提升。在这些方面，中国与发达国家仍然存在着不小的差距。因此，中国的金融企业在扩展全球业务和网络，抓住机遇尽快"走出去"的同时，应着力培养、提高自身的管理水平和创新能力。

（12）中国应成为维护全球金融稳定的积极因素。多年来，中国经济保持了高速增长的态势，在经济总量、增长潜力和对世界的贡献度等方面均举足轻重。依靠这一强大的经济后盾，中国金融为区域和世界金融体系的稳定贡献了力量。早在1998年的亚洲金融危机中，中国政府从维护本地区稳定和发展的大局出发，做出了人民币不贬值的承诺，有效地遏制了危机的进一步扩散，展现了一个金融大国的风范；面对2008年全球金融危机的严峻考验，中国的经济和金融继续保持平稳运行，增强了世界各国走出低谷和危机的信心。

（13）中国应成为区域金融合作的主导者和建立全球金融新秩序的推动者。广大发展中国家已经并将继续在全球经济中发挥越来越大的作用，中国应依托不断崛起的新兴市场，在"10＋1"、"10＋3"、上海合作组织、"金砖国家"等合作框架和机制内，进一步促进区域间的金融合作，实现各方的互惠、互利、共赢。与此同时，中国还应积极参与世界各国应对危机的联合行动，增进与发达国家在金融领域的互动，加强建立国际金融新秩序的谈判、磋商、协调与合作，努力为发展中国家争取更多的话语权，这既是国际金融竞争发展的趋势所在，又是提升中国国际地位、促进世界经济可持续发展的必然要求。

二、中国金融实现全球战略定位的挑战

在世界金融不断变化的格局中，中国金融要实现全球的战略定位，必须厘清面对的主要困难与挑战。

（1）金融市场化程度有待提高。一方面，麦金农和肖在 20 世纪六七十年代的研究就已经指出了金融发展与经济增长之间存在着相互推动和相互制约的关系，认为发展中国家应该实施金融市场化和自由化改革，以解除金融压抑、推动金融深化、促进经济增长。另一方面，不适当的金融市场化和自由化又会威胁金融系统的稳定，进而引起经济衰退和社会动荡，2008 年的国际金融危机充分说明了这一点。尽管如此，从国际金融体系的演变和发达国家的历史经验来看，一国尤其是像中国这样由计划经济向市场经济转变的发展中大国，要想在全球金融体系中占据一席之地，实现后危机时代金融的战略定位和跨越式发展，一个自由开放的宏观金融环境必不可少。因此，在今后的一段时期内，中国应不断深化金融改革，提高金融市场化程度，努力克服以下三大障碍：

第一，利率市场化障碍。利率是金融产品和服务的基本价格，是其他众多金融创新和金融衍生产品定价的参照基准，因此它在发挥市场配置资源方面有着极重要的作用。通过利率市场化，金融机构能够自主提供多样化的金融产品和服务，并在消费者的自由选择中实现优胜劣汰，从而平衡差异性金融产品和服务的供求关系，帮助企业对风险做出正确的判断和定价，促进资金的优化配置。此外，市场化的利率还是建立顺畅、有效的货币政策传导机制的基本保证，反映了经济宏观调控的需要。中国的利率市场化是一个承上启下的过程，经历了放开国内外币存贷款利率，扩大银行贷款和存款利率的浮动范围，在企业债、金融债、商业票据方面以及货币市场交易中全部实行市场定价，扩大商业性个人住房贷款利率的浮动范围等阶段，但这些远未达到社会主义市场经济对资金价格市场化的内在要求，因此必须有规划、有步

骤、坚定不移地稳步推进利率市场化改革。

第二，资本流动障碍。随着中国经济改革的稳步推进和经济空间的逐步拓展，资本市场也获得了长足发展，其重要性日益明显。目前，中国在国际经济方面发挥的作用越来越大，而在国际资本市场中的影响力却微乎其微，其中的一个重要原因就是资本市场的开放程度不高，从而阻碍了国际资本的流入。尽管对资本流动的管制能够有效地防止资本快速流动引发的风险，但也失去了在全球范围内优化资源配置的好处。未来，中国要想在经济发展和资源利用之间找到平衡点，扩大在国际金融市场上的作用，就要适当地解除资本的流动障碍，保证在市场经济条件下的公平竞争。

第三，汇率障碍。根据克鲁格曼的"不可能三角"模型，一国不可能同时实现资本的自由流动、货币政策的独立性和汇率的稳定。未来，中国要想在实现资本全球配置的同时，拥有独立的货币政策，则汇率的市场化改革势在必行。更重要的是，汇率制度改革还能为人民币的国际化创造良好的货币环境。我国仍需进一步推动人民币汇率形成机制改革，以增强人民币汇率的弹性，提高在资本市场开放过程中的抗风险能力，为人民币成为世界主要货币之一的战略目标奠定基础。

（2）金融结构不尽合理。目前，中国的金融结构系统仍然以银行为主导，这突出表现在：银行资产在全部金融资产中占有绝对优势，资本市场的发展尽管增加了直接融资的比重，但间接融资的主导地位仍未得到根本性转变，保险业、信托业和金融租赁业的发展缓慢，社会融资风险高度集中于前者。过多的货币性资产无疑会压缩社会融资的途径和空间，降低金融创新的能力和动力，使得企业的负债水平居高不下，不利于金融结构的优化和实体经济的发展。而银行的资源分配主要集中于国有企业和大型企业，从而将大多数中小企业和民营企业排斥在有组织的金融市场之外，这在客观上催生了各种形式的民间金融市场，它们在加剧金融系统不稳定的同时，增加了金融监管的难度。

（3）中国金融城乡二元结构明显，东西差距较大。一方面，农村和欠发达地区的产业化程度低、经济效益不明显、信息成本较高，同时缺乏足够的抵押担保品和防范风险的可替代手段，从而导致金融机构往往不愿意在上述地区开展业务，造成市场失灵；另一方面，通过政府补贴和非营利性组织捐助等形式注入的资金，由于逆向选择和道德风险等原因，在实践中的使用效率较低，违约情况时有发生，不仅影响了资金的循环使用，而且降低了农村和欠发达地区的整体信用状况。这两种情况会产生明显的"虹吸效应"，引起资金从农村到城市、从西部到东部的逆向流动，进一步阻碍当地的经济发展和合理、均衡的金融结构的形成。

因此，中国金融要在国际金融危机后实现战略崛起，必须着力解决自身存在的结构性难题，不断优化金融业的内部结构，建立统一的全国金融市场，推动金融系统的健康发展。

（4）金融业的核心竞争力尚未形成。通过多年的金融改革，中国的银行业、证券业和保险业都有了长足进步，但金融业的国际竞争力仍然较低。2010年，由英国《银行家》杂志联合英国品牌顾问公司发布的"全球金融500强"排行榜中，国内最大的中国工商银行排名第12位，较2009年初下降了7位，这一变化充分说明了金融机构的品牌价值和核心竞争力并不完全取决于市值及资产，而是硬实力和软实力的综合较量，涉及产品开发、市场影响、人力资源、信息技术、风险管控、公司治理等多个方面，中国的金融业恰恰在这些维度上与发达国家存在不小的差距。

（5）主要商业银行的资产质量不高。银保监会逐季披露的《商业银行不良贷款情况表》显示，近年来，虽然中国商业银行的不良贷款余额呈下行趋势，不良贷款率也从曾经的10％以上降至1％左右，但这主要归因于2005年启动的不良资产剥离和整体改制，以及新的经济周期，而非经营能力的实质性改善，其资产结构及质量有待进一步优化和提高。

（6）金融创新相对落后。金融创新和金融产品研发的出发点是活跃金融市场交易，有效提高金融业的服务水平和效率。在2008年国际金融危机后，西方国家开始重新审视金融创新和金融衍生产品的交易。因此，金融创新是一把"双刃剑"。但就中国当前的情况而言，金融创新还处于初级阶段，很多改善金融机构经营管理、促进资本市场发展和提高金融系统效率的创新还没有出现或形成规模，在现阶段大力推动金融创新、丰富金融产品，有助于提升中国金融业的核心竞争力。

（7）风险管理能力不强。随着金融自由化和经济全球化的发展，以及信息技术的突破，资本流动的规模和速度日益增加，金融创新和金融衍生产品交易不断膨胀，金融风险变得更复杂多样，因而对金融风险的识别、度量和控制显得格外重要。中国的大部分金融机构还没有独立的风险管理部门，内部组织结构和治理结构尚未完善，再加上缺乏有效的信息披露机制和分散风险的金融创新产品，从而在客观上增加了风险管理的难度。此外，中国金融机构的风险防范意识较为淡薄，在国际金融市场的交易中对金融产品和金融风险的理解及认识不够深入，往往造成金融风险在其内部的积累和巨大的投资损失。

中国金融业要在国际竞合中不断发展和壮大，至少需要在以上几个方面关注自身的发展，努力培养和形成自己的核心竞争力，同时参照国际标准、借鉴国际经验，不断学习、提高和创新，以期在危机后的世界金融变革中占据一席之地。

三、国际货币体系改革与人民币国际化的策略

人民币已经成功加入国际货币基金组织（IMF）的特别提款权（SDR），IMF总裁拉加德在发布会上表示：人民币进入 SDR 将是中国经济融入全球金融体系的重要里程碑，这也是对中国政府在货币和金融体系改革方面所取得进步的认可。这距离上一轮 IMF 对人民币进行评估历时整整五年，IMF 终于批准人民币进入 SDR。

在后金融危机时代的国际金融规则改革，必将以实现国际储备货币多元化、提高新兴市场在规则制定中的话语权以及建设以维护全球金融稳定为目的的全球金融安全网为要点。尽管人民币成为国际储备货币是一个相对长期的过程，但国际储备货币多元化的趋势已成为后金融危机时代不可逆转的进程。

尽管人民币成为全球储备货币仍有很长的路要走，但进入 SDR 无疑是人

民币和中国金融迈向国际舞台的新起点。分析认为，国际储备货币的主要功能是通过保持足够数量的外汇，用以应对在发生外部冲击和危机时出现的对外融资困难；用以偿还外债以及用外部资产为本国货币提供支持；为政府提供应对外债以及国内自然灾害的手段。然而，为了保证上述功能的正常实施，适当的外汇储备管理十分关键：一是确保适当的外汇储备规模；二是确保外汇储备的流动性，控制外汇储备对市场和信贷风险的暴露；三是在中长期，在确保流动性和有效控制风险的前提下提供一定的盈利性。然而，本次金融危机给外汇储备持有国的外汇储备管理带来了重大的挑战。由于美元一直是各国外汇储备中的主要货币，因而美元的长期贬值是各国面临的重要难题。可以预料的是，国际货币体系改革在未来 5～10 年将以美元霸权削弱、国际货币多元化为主要特征。

利用美国退出 QE 政策的契机，继续推动人民币国际化。在这种情况下，人民币国际化的发展也面临前所未有的机遇，同时人民币在后金融危机时代也必将成为国际货币体系的重要组成部分。人民币国际化既有收益，又有成本，但收益远大于成本。因此，应该利用美国退出 QE 政策之机，稳步推进人民币国际化。

与此同时，加大从新兴经济体收购或并购大宗商品及战略资源的力度。随着大宗商品价格的下跌、人民币的持续升值，中国的对外商品贸易和战略资源条件显著改善。从需求的角度来看，尽管中国正处于经济结构调整、需求下降的关键时期，但随着经济改革的不断深入，中国的城市化和基础设施仍有较大的需求空间。因此，现在正是中国合并或收购海外新兴经济体大宗商品和战略资源的好时机。

全球金融市场将发生结构性变化，国际金融的多元化趋势不可避免。美国在金融危机中受到的冲击较大，导致大批企业破产、失业加剧，其经济实力明显下降。美国为了稳定市场、刺激经济而发行的大量债券和美元会削弱美元的垄断地位，从长期来看，势必导致美元的贬值。欧元区为了应对此次危机，纷纷采取了扩张性财政政策和货币政策，在一定程度上推动了该地区经济的整体复苏。与此同时，亚洲在国际金融市场中的地位逐渐上升，其数额巨大的官方外汇储备对全球金融市场的影响举足轻重，而中国在数次危机中负责任的态度受到了国际社会的充分肯定和赞扬。因此，全球金融格局的多元化趋势不可避免。

美元面临的特里芬难题仍未解决，"双逆差"难以持续。特里芬难题指出，任何一国的货币若要充当国际货币，必然会处于两难境地：一方面，为了满足国际贸易、支付和储备的需要，该国必须保持长期国际收支逆差；另一方面，为了保持币值稳定，该国又必须是一个长期顺差国。在国际金融危机爆发后，大量资金转向亚洲和欧洲金融市场，使得美国双逆差的局面难以持续——不断扩张的美元输出与相对缩减的美元回流无法达成平衡，美元贬值的压力日益增大。

美国享受着由国际货币美元带来的经济、政治、文化等各方面好处，而在责任承担方面缺乏相应的约束机制。以"中心-外围"理论来解释，各国将原材料、石油及各类价格低廉的工业产品出口到"中心国"美国，获得国际货币——美元，而美国则凭借发达、完善的金融市场将债券等金融产品"出口"到各国，以此形成美元的回流。这两方面结合的结果是美国金融业飞速发展，虚拟经济极其发达，而实体经济方面呈现"去工业化"的趋势，在国际分工中处于绝对的优势地位。由于这种严重的不对等，其他国家也不愿意长期维持现状，而是致力于探索和建立新的国际货币体系。

由于世界经济发展的不平衡性，近年来，美国经济霸主的地位逐渐动摇，欧洲国家、日本和以中国为代表的亚洲国家利用后发优势奋起直追，这些国家的货币也走上了国际化道路，美元的国际货币地位正在受到欧元、日元、亚洲新兴货币等其他国际货币越来越大的冲击。

在国际金融危机后，世界各国对美元的霸主地位提出了质疑。首先，尽管美国的经济总量仍然居于世界首位，但其债台高筑、财政和国际收支双赤字且不断恶化的经济情况使得国际社会对美元的信心产生了动摇，对美国偿债能力的担忧影响了国际社会对美元的长期预期。其次，在缺乏监管和限制的情况下，美国长期靠印钞维持其高消费、高赤字的发展模式，不注重承担国际货币应承担的义务，也引发了诸多质疑。

对于国际货币体系的改革方向，目前主要存在两类观点：一是寻求一种超主权货币来替代当前国际货币体系中美元的地位，从而彻底解决特里芬难题。其终极形态是将国际货币基金组织特别提款权（SDR）设立为全球储备货币，并推进 SDR 的全面应用。二是建立多元化的国际货币体系，接纳更多的主权货币进入，包括欧元和未来的亚洲货币等。

（1）超主权货币——SDR 取代美元成为国际储备货币的可能性。SDR 作为国际货币既有优点，又有缺点。SDR 作为国际货币具有以下优点：第一，使用 SDR 作为国际储备货币完全避免了以主权国家货币充当国际货币时必须面对的特里芬难题。第二，以 SDR 为国际储备货币有利于规避汇率风险。第三，以 SDR 为国际储备货币更有利于公平。在使用 SDR 作为国际储备货币后，IMF 发行 SDR 所获得的铸币税等收入可以由全球各国共同分享，有利于世界经济的共同发展和前进。尽管如此，SDR 本身仍存在一些问题，使其作为国际储备货币的功能受到了限制：第一，SDR 的发行额度很小，使用非常有限。第二，SDR 的分配范围小，而且不合理。当前 SDR 的大部分额度被分配给了以美国为首的发达国家，发展中国家分得的额度很小。第三，SDR 的货币篮子范围较窄。当前 SDR 的货币篮子中只有美元、欧元、英镑、日元和人民币五种，范围非常有限、代表性不强。第四，SDR 要成为国际储备货币，其发行机构必须具备强大的控制力和决策能力，以及完全的独立性、公正性和非主权性，不受任何主权国家的干涉和左右，而当前的 IMF 在这方面显然做得不够。

针对 SDR 目前存在的问题，学术界探讨了一系列的改革方案，主要包括以下三个方面的建议：第一，扩大 SDR 的使用范围，提高发行额度；第二，改革 SDR 货币篮子的构成，将诸如"金砖四国"等新兴市场国家的货币也纳入其中；第三，设立替代账户，具体做法是允许各国央行将该国的部分外汇储备兑换成 SDR，并以 SDR 的形式存放在 IMF 的"替代账户"中，各国在需要的时候再兑换成外汇。

综合以上分析，以超主权货币取代当前国际货币体系的改革方式可谓是困难重重，即使最终能够实现，也需要经过一个非常漫长的时期。

（2）建立多元化的国际货币体系。与在 SDR 基础上创建超主权货币相比，国际货币多元化的改革思路相对更为脚踏实地，也易于实现。未来，国际货币体系必将呈现出多元化的发展趋势。首先，美元将会在较长一段时间内继续保持其在国际货币体系中的地位，但其地位会逐渐衰弱。其次，欧元的国际影响力将会继续扩大。尽管欧元的长期发展潜力不如人们想象的那么大，但欧元一直走的是脚踏实地、稳扎稳打的发展道路，其作为国际货币的地位在长期呈现平稳上升的趋势。最后，人民币作为最具发展潜力的货币，在亚洲的地位将会稳步提升。我们应该抓住后金融危机时代，全球国际货币体系改革的这一大好机遇稳步推进人民币国际化。当然，构建多元化的国际货币体系需要解决如下问题：第一，要创建独立、公正、专业的国际监管机构；第二，要建立更加合理、有序的汇率约束机制；第三，要尽快推动亚洲关键货币——人民币的国际化进程。在未来主要国际货币——美元、欧元、亚洲货币形成的三足鼎立格局中，人民币将会作为关键货币，在亚洲货币中起中流砥柱的作用。在构建多元化国际货币体系的进程中，我们必须稳定、有序地推动人民币国际化，使其尽快具备与其他两"足"鼎立的能力和地位。

综上所述，笔者认为：在创建超主权货币和建立多元化国际货币体系两种改革方案中，后者更具可行性。国际货币多元化是一种更贴合现实的改良主义的变革方式，有利于平衡各方利益，缓解这些矛盾和冲突。在长期，我们可以将国际货币多元化看作创建超主权货币的理想状态之前的一个过渡阶段。

国际金融危机是人民币走上国际舞台的一个良好契机，它削弱了美元作为国际货币的地位，也为人民币国际化营造了更为开阔的国际环境。中国应抓住机遇，积极主动地推进人民币国际化。

国际金融危机在对金融市场和经济产生深远影响的同时，也暴露了以美元作为主要国际货币的缺陷。对于世界第二大经济体中国来说，这是推进人民币国际化前所未有的机遇，而人民币国际化是国际货币体系改革的重要组成部分。

在国际金融危机爆发的同时，也暴露了国际货币体系的内在缺陷。2008年，由美国次贷危机引发的国际金融危机的爆发打破了国际金融市场原本的繁荣。美联储前主席格林斯潘公开表示，这场金融危机百年一遇，其引发经济衰退的可能性正在增大。关于国际金融危机爆发的原因，不同学者从不同角度给出了不同的判断，可谓众说纷纭。概括起来，有金融创新过度说、评级机构推动说、金融监管不力说以及国际会计准则失效说等。总体而言，这些对金融危机爆发原因的分析大多是从某一个侧面入手，它们基于国际金融危机爆发的现实状况抽象总结出危机爆发原因。辩证地看，各类学说都有一定的道理，但它们都没有将研究深入到危机爆发原因的本质上。可以说，现行国际货币体系的缺陷是危机爆发的最重要原因之一。国际金融危机揭示的最根本问题就是现行国际货币体系存在内在缺陷。那么，如何认识当前的国际货币体系？当前国际货币体系存在何种内在缺陷？为什么说现行国际货币体系的内在缺陷是全球国际金融危机爆发的最重要原因之一？

现行的国际货币体系是基于《牙买加协定》的牙买加体系。1976年签订的该协定允许了汇率自由浮动。该协定的核心也可以概括为多元本位币和浮动汇率制度两条。从理论上讲，《牙买加协定》旨在打破以美元作为单一本位币的国际货币体系，同时确立一个多元本位加浮动汇率的国际货币体系。然而，现实的情况超出了协定设计者的想象。

基于私人产品与公共产品视角的分析表明，国际货币与主权货币存在深刻矛盾。美元作为单一主权货币承担国际货币的职能，这是世界各国政治、经济博弈的历史选择。这一结果体现了美国的国家利益，也在一定时期内和一定程度上被世界各国所接受。可以说，美元国际化在一定程度上便利了国际贸易和投资，促进了经济全球化以及世界经济的繁荣增长。然而，我们必须强调的是，这种单一主权货币国际化的安排实际反映了主权货币和国际货币的矛盾。要分析这一矛盾，可以从多个角度展开。从其本质来讲，可以借鉴私人产品与公共产品的基本理论框架进行分析。从世界各国来看，一国的主权货币及在此基础上衍生的货币制度具有极其明显的私人产品属性。主权货币在该国范围内行使流通手段、价值尺度、贮藏手段和支付手段的职能。

央行的货币政策服务于本国的经济增长、充分就业、物价稳定以及国际收支平衡。不同的货币政策工具产生不同的政策效果，并且这种效果只作用于本国范围内的居民，其他国家无权干预该国货币政策的实施。主权货币及主权货币制度的私人产品属性说明，一国政府的货币制度是基于本国政策的边际成本和边际收益权衡的结果。然而，充当本位货币的国际货币及在此基础上衍生的国际货币体系具有极其明显的公共产品属性。国际货币是在世界范围内充当价值尺度、支付手段、流通手段、贮藏手段以及世界货币职能的货币。

这两者之间存在明显的矛盾。具体就美元与国际货币而言，则反映为不可调和的两方面矛盾。一方面，主权国家的政策成本与国际经济运行成本不对等；另一方面，政策理性促使"搭便车"行为恶性循环，最终导致流动性泛滥下的全球经济失衡。不可否认，在此制度安排下的任何主权国家的经济政策都是理性的。美国为了攫取"美元本位"的经济利益，不断搭载"美元超发"的便车，通过连续启动 QE1、QE2、QE3，刺激本国实体经济的振兴，转嫁高额美元债务的成本；其他国家为了繁荣本国的资本市场、获取廉价资金的超额利益，也不假思索地搭载"美元超发"的便车，它们主要借助开放国内资本市场、充实本国虚拟经济的资金、畅通国际资本流动的渠道。这种恶性循环的"搭便车"行为，以及即期获取的"搭便车"利益，使得美国与其他主权国家在短期利益上达成了高度的默契。而在长期，这种恶性循环的"搭便车"行为成为一种固化模式，形成世界经济运行的基本格局。其最终结果是全球流动性泛滥；资本流出国产生大量的经常账户收支逆差，资本流入国形成巨额的经常账户收支顺差以及资本和金融账户收支顺差，同时伴随着超额的外汇储备；国际游资充斥着全球主要经济体的市场，不断吹大资本市场泡沫，形成严重的全球经济失衡。

近年来，由于国际经济形势的变化和美元本位的自身缺陷，国际货币体系改革已成为国际社会的共识。

笔者对人民币国际化的建议如下：

（1）强化对跨境资本流动的监管，推进人民币资本项目可兑换。新兴市场动荡主要是由于美联储退出量化宽松政策而引发的资本外流。中国的资本项目在尚未完全开放的条件下,受到的冲击比较有限,但中国不能孤立地推迟资本项目可兑换的进程。监管部门应加强对国际短期资本流动的监控,提高对热钱流入的统计分析,并形成一个完整的监测系统,切实防范金融风险。与此同时,中国应加强海关、外汇、工商、央行监管部门的合作,以防进入外汇交易套利的陷阱。

(2)中国应审慎推进人民币汇率改革机制。目前,人民币汇率接近均衡水平。在短期内,新兴市场货币汇率波动的增加,可以带来一定的人民币汇率贬值预期以及双向波动。中国应该抓住这一有利时机,推动实现由市场供求决定的利率市场化改革的目标和由需求决定的汇率形成机制,继续推进汇率市场化改革,提高人民币的国际地位和影响力。中国应密切关注人民币汇率变动的能力,继续扩大人民币汇率波动的范围,进一步提高人民币汇率的灵活性;完善人民币汇率形成机制的中间价,真实反映市场供求关系;扩大外汇市场的参与者范围和交易规模。

(3)中国应利用美国退出 QE 政策之机,促进人民币国际化。在新兴经济体的背景下,美国的量化宽松政策面临流动性压力,因此造成了紧张局势。在这个时候,我国可以有条件地开展签约国之间的货币互换,如金砖国家建立了 1 000 亿美元外汇稳定基金,并推出了一系列以人民币计价的金融产品和信贷。我们可以借此机会广泛使用人民币跨境结算和投融资,使各国政府认识到人民币作为东南亚国家、欧洲国家和非洲国家储备货币之一的重要作用。虽然人民币国际化是一个漫长的过程,但可以利用美国退出 QE 之机以及缩表的过程,全面推进人民币的结算、储备和投资的国际化水平。

(4)中国应积极主动地调整外汇储备的投资策略,稳步推进外汇储备资产多元化。从长远的角度来看,中国应该遏制不断增长的外汇储备,以减少外汇储备占外币资产的比重,"隐藏"变革的方向。与此同时,中国应创新外汇储备的运用,大力支持中国企业"走出去"。笔者建议在养老和能源方面设立一只主权财富基金,并在全球范围内展开另类投资,以提高外汇储备的投资回报。

　　（5）中国应加大从新兴经济体收购或并购大宗商品及战略资源。随着大宗商品价格的下跌以及人民币的持续升值，中国的对外商品贸易和战略资源条件显著改善。从需求的角度来看，尽管中国的经济结构调整使需求下降，但随着经济改革的不断深入，中国的城市化和基础设施建设仍有较大的需求。因此，现在仍是合并或收购海外商品和战略资源的好时机。

第十二章

中国经济调整与再平衡：启示、挑战与策略

中国的改革开放在取得了伟大成就的同时，也在改变世界的原有规则。如何巧妙地遵循与适应这种改变并达到重新平衡，既挑战中国的智慧，又挑战世界主要国家的智慧。"十四五"时期是中国发展的重要战略机遇期，我们应如何把握这一难得的战略机遇期？针对全球当前形势进行深入透彻的分析，将有助于我们全面准确地判断目前的经济形势，对制定正确的应对措施也具有十分重要的意义。①

（1）在国际金融危机下中国的现状。国际金融危机使中国的实体经济下滑、外需大大降低、出口面临困难，而且它可能会持续相当长的一段时间。尽管如此，中国经济的基本面依然向好，增长的趋势没有改变。此外，与包括发达国家在内的其他市场相比，中国现在的流动性非常充裕。这些都是中国经济复苏的标志。中国面临着出口的压力，但因为中国的经济规模大，又处在发展阶段，完全可以用刺激消费、积极的财政政策以及适度宽松的货币政策，使中国经济保持一个相对平稳的增长。

（2）经济改革的方向。与出口相比，中国在增加国内需求方面的潜力更大，在未来 40~50 年，中国要扩大城镇化的步伐，有很多方面需要进行投资，而且也将更多地转向城市型经济，这一经济形式将更环保、更高效。除 2008 年 4 万亿元人民币的投资计划之外，中国需要一个长期的更高层次的公共投资。因此，中国需要更好的战略来对公共支出进行融资。

（3）资本市场的完善。在经济危机的背景下，能否将国有企业红利制度

---

① 刘卫平．中国经济调整与再平衡：启示、挑战与策略．人民论坛，2018－01．

用于社保体系建设，进一步加大社保力度，并进行资源要素价格的改革，进而完善资本市场，是中国经济能否实现可持续发展的关键。但是，我们需要认识到，任何制度层面的调整都必须从中国的国情和基本现实出发，这就决定了中国经济的转型将是一个渐进的过程。

一、中国经济调整与再平衡战略的启示

1. 中国参与全球经济再平衡战略的总体思路

全球经济在过去 20 多年间以一种持续失衡的状态运行着，其间经历的东亚金融危机、美国次贷危机及其引起的全球金融海啸等都是失衡的世界经济遭受不对称冲击的结果。全球经济失衡集中表现为美国巨额经常项目赤字的不断累积和中国等东亚新兴经济体及产油国经常项目盈余的持续增长。外部经常项目失衡是由失衡双方内部经济结构失衡所致，并受固有的国际经济体系的影响而成。在全球经济失衡的循环机制中，美国等提供消费需求，而东亚国家和产油国负责生产供给。当然，这一机制具有极大的不稳定性。一旦美国等发达国家遭遇危机，不能提供足够的消费需求，整个世界经济将举步维艰，中国等顺差方在处于全面被动的同时，并未享受到与其储备资产数额相应的增长红利，反而成为转嫁危机的对象。

因此，全球经济再平衡表面上是实现外部经常项目收支平衡，实际上是实现发达经济体和新兴经济体内部消费、储蓄、投资结构的优化、调整与平衡。

在后金融危机时代，全球经济出现了再平衡的新趋势。在国际金融危机的影响下，全球经济失衡得到了暂时性调整。虽然造成失衡的循环机制没有发生根本性变化，但全球经济再平衡也出现了一些新趋势。

经济再平衡目标从单纯的贸易再平衡扩大到各国间的平衡发展。国际金融危机的不断扩散表明全球经济失衡不只是贸易失衡，更涉及全球金融、投资等领域的失衡。G20 在危机爆发后的巴黎峰会上就提出了包括公共债务、财政赤字、私人储蓄率及贸易账户等在内的失衡评估指标，将全球经济再平衡的调整指标从贸易扩展到多个领域。

G20 提供了失衡治理机制，新兴经济体在全球经济治理中获得了更多的话语权。G20 不仅为发达国家和新兴经济体提供了更为平等的对话权，而且为 G20 内的 11 个新兴经济体的分歧和差异提供了更好的协调对话平台，更为 G20 成员与 IMF 和世界银行等机构提供了更多的接触机会。通过 G20，以中国为代表的新兴经济体成功实现了 IMF 投票份额的改革。

以全球经济再平衡为名的国际经贸冲突将日益增多。深受金融危机影响的美国等发达国家，将会要求以"金砖五国"为代表的新兴经济体承担更多的全球经济治理义务，从而以全球经济再平衡的名义实施新的贸易保护。因此，全球贸易保护主义可能重新抬头，而国际经贸冲突将不断增多。此外，发达国家的"再工业化"也可能对国际经贸格局和再平衡产生新的冲击。

2. 中国参与全球经济再平衡的总体战略

经过改革开放，中国已成为世界经济大国，并已深度融入全球经济体系，对世界经济的影响力和辐射力不断增强。与此同时，作为主要顺差方之一，无论是从本国经济发展还是从负责任大国的形象考虑，中国都是全球经济再平衡的重要力量。在金融危机的冲击下，美国经济复苏乏力，它会在各方面给中国施加巨大的压力，中、美经贸关系将受到新的挑战与考验。

因此，中国在制定参与全球经济再平衡的战略时必须遵循以我为主、内外兼顾、积极参与、互利共赢的原则。中国作为发展中大国和全球经济失衡的主要顺差方，又是当前经济表现较好的国家，在参与全球经济再平衡时面临着国际社会的重重压力。然而，中国毕竟是发展中国家，还面临着自身经济发展中的诸多问题，而且全球经济失衡并非由我方造成，不可能仅通过中国的调整就得到解决。因此，我们必须坚持以我为主，把握再平衡的方向、速度和程度，承担力所能及的责任，维护国家经济安全和利益。

中国参与全球经济再平衡的战略目标不能仅停留在实现国际收支的相对平衡上，而应把战略重点放在以下几个方面：第一，通过调整失衡的内外经济结构，将以往的投资和出口拉动经济改为消费拉动，将以往的资源投入驱动经济改为创新驱动，为中国经济的可持续增长提供新动力。第二，通过积极参与 G20 主导下的全球经济再平衡，发挥发展中大国的独特作用，维护本国和其他发展中国家的利益，增强中国在全球经济治理中的话语权和参与度，提高中国的国际地位。第三，通过创造消费需求，逐步实现进出口平衡，实现经贸伙伴的互利共赢，为中国经济发展创造更有利的外部环境。

3. 中国参与全球经济再平衡的内外路径

中国参与全球经济再平衡必须坚持内外并举。内部路径重在调整结构，外部路径重在协调关系，唯有内外联动才能使中国在相对宽松的外部环境下真正解决困扰中国经济可持续发展的结构性问题，从而实现真正的再平衡。

在内部路径方面，要注意以下几点：

第一，通过机会均等化和收入均等化，刺激国内私人消费，平衡储蓄和投资。受制于养老、医疗、住房、子女教育等预防性动机和传统消费观念，中国的私人消费仍然增长乏力。现在的政策主要是通过政府二次收入分配和社会保障体系建设等推动收入分配结果的均等化，但忽视了机会均等化对于初次收入分配的影响。因此，在继续完善社会保障体系建设、增加农民实际收入等政策的基础上，更要强化在教育、就业、创业和公共服务等方面的机会均等化，稳步推进遗产税、赠予税的征收，适时适度减免民众实际税负。

第二，强化市场竞争机制，加快创新型国家建设，实现价值链环节升级，降低"转嫁性"盈余水平。中国的经常项目盈余有相当一部分归因于外国直接投资带来的最终加工装配品的"转嫁性"出口，这体现了中国目前的资源禀赋和比较优势在国际分工中所处的位置。在当前的国际分工体系下，中国应更加重视所从事的价值链环节升级，从而真正提高经济增长质量。实现这一目标的关键仍是创新能力和技术水平的提升，只有进一步强化市场竞争机制，才能营造创新这一商业活动所必需的土壤，这比加大政府研发投入更为重要。

第三，提高虚拟经济效率，优化实体经济和虚拟经济结构。金融是现代经济资源配置的核心，中国应加快银行业市场化改革，加强资本市场制度建设和监管力度，提高金融为实体经济配置资源的效率。虚拟经济的发展既有利于将经常项目盈余留在国内使用，又有利于促进企业的创新活动，还有利于刺激国内的私人消费，是中国经济实现再平衡的关键之一。

在外部路径方面，要注意以下几点：

第一，推动 G20 国际协调机制的制度化。G20 比 G8 具有更广泛的代表性，当前欧、美、日经济复苏乏力，更具活力的新兴经济体势必在全球经济再平衡中拥有较以往更大的话语权。中国需要联合新兴经济体，推动 G20 的制度化建设，加强与发达经济体国内外政策的协调，推动全球经济再平衡。

第二，加强与欧、美、日的双边协调，发展与亚、非、拉发展中国家的经贸关系。其中，最重要的是中美经贸关系协调。作为全球经济失衡最重要的顺差方和逆差方，如果中、美能够真正实现经济结构的再平衡，则全球再平衡水到渠成。这需要两个大国在追求国内经济目标的同时，协调双方的国内外政策。此外，为增强经济运行的平稳性和降低失衡方向的集中度，中国要逐步改变对欧美市场的高度依赖，实现出口市场多元化。与此同时，中国还应不断扩大进口，为他国提供新的出口市场，增强其与中国经济的黏合度，分享中国经济增长的成果，实现互利共赢。

第三，积极参与国际货币体系改革，稳步推进人民币国际化。美国强大的经济金融实力所确立的以美元为主导的国际货币体系是全球经济失衡的重要原因之一。因此，改革以美元为主导的国际货币体系是多方积极参与全球经济再平衡的重要条件。人民币国际化是提升中国在未来国际货币体系中所处位置的先决条件，但人民币的国际化应遵循渐进、稳步和可控的原则。随着人民币自由兑换进程的加快，中国政府和企业亟待提高应对浮动汇率制度的风险的能力。

二、中国经济调整与再平衡战略的挑战

在国际金融危机后，虽然全球的金融格局从总体上看并未发生根本性的变化，但经过危机的震荡，各国金融业均在反思中做出了相应的调整，从而引起了全球金融格局的一些新变化。在这种变化的金融环境中，中国的金融业如何进一步发展，如何在发展中尽可能避免危机的发生，从而更好地服务于实体经济，成为我们在国际金融危机后必须面对的重要课题。中国政府及时采取应对措施，使经济成功实现了 V 形反转，并保持了较高速度的增长，

有力支撑了全球经济的复苏进程。尽管如此，欧洲部分国家以及发达国家的主权债务危机有可能将全球经济引向二次衰退；与此同时，制约中国经济发展的根本性问题（如消费需求不足、经济结构不合理等）难以在短时间内解决，我国经济正面临着内外交织的多重挑战。

在这次全球金融危机爆发后，面对急转直下的国外需求，中国政府果断实施扩张性政策刺激国内需求。2008 年底，中央政府决定财政投资 4 万亿元以刺激国内投资；2009 年，我国的货币供应量总额达到 13.5 万亿元，增长了 28.42％。在扩张性财政政策与货币政策的强大刺激下，2008 年的经济增长"保 8"任务完成，2009 年的 GDP 增长率也达到 8.7％。

中国面临的国际经济环境十分复杂：一方面，欧美等国的经济衰退和贸易保护恶化了中国的出口环境。中国的 GDP 增长对贸易顺差有较强依赖，欧美又是中国最主要的出口市场，因此外部经济环境的变化极大地制约了国内经济的发展。另一方面，经济结构不合理削弱了政策效果，同时经济刺激政策的效应越来越弱、空间越来越小，民间投资没有充分调动起来，中小型企业融资困难，而紧缩性货币政策进一步加重了企业的负担，经济增长有减缓的趋势。此外，中国经济过度依赖出口，而且出口的主要是劳动密集型的低附加值产品，随着劳动力成本的提高和越南等国的对外开放，依靠出口优势促进经济增长的方式将不可持续。

对于西方发达国家 20 世纪 70 年代出现的滞胀现象，很多经济学家认为滞胀产生的原因多是需求管理政策实施的结果。根据凯恩斯的理论，应对危机的积极的财政政策和扩张的货币政策的配合可以促进国民经济有效需求的提高，进而促进国民经济增长。然而，当过多发行的货币追逐过少的产品时，通货膨胀便产生了。为了降低通货膨胀，当局往往实行紧缩的政策，货币政策的紧缩提高了利率，从而提高了企业的生产成本，进而增加了整个经济运行的成本，导致经济增长下滑，滞胀便产生了。美国于 1970 年至 1983 年发生了滞胀，其经济增长率高，但通货膨胀率也很高，因而实际增长率为零或负增长。

当前，如果中国不能有效管理通货膨胀预期，消除导致经济增长下滑的不利因素，就可能导致滞胀。中国经济正处于经济发展的关键时期，要警惕经济增长下滑可能产生的风险。

国际分工体系的变化和企业成本的上升，带来了重塑产业竞争优势的压力。发达国家的再工业化，中国企业成本的上升，印度等国低成本和人口年轻的优势逐步凸显，这些因素使得中国的产业技术必须升级，才能继续保持优势。

在国际分工体系中，中国处于较低的分工地位，同时技术创新能力不足。国际分工体系的变化对中国现有的以出口为主的经济发展方式将产生巨大影响。不仅如此，中国企业也面临成本上升的挑战。在国际金融危机后，中国企业的成本急剧上升。首先，大宗商品价格的上升，提高了企业的成本。美国实行量化宽松的货币政策使得美元持续贬值，导致以美元计算的全球大宗商品价格上涨迅速，再加上人民币相对美元的不断升值，这些商品的价格换算成人民币，涨幅更高，对于我国出口企业的影响更大。其次，发达国家对于碳排放的设计，使中国面临巨大的减排压力，各企业的节能减排也加剧了企业成本的上升。

面对国际分工体系的变化以及成本上升的趋势，中国企业的竞争力面临前所未有的挑战，需要重塑新的竞争优势。

为应对气候变化，发展低碳经济已成为一种全球共识，这对于中国现有的发展方式提出了很大的挑战。中国是以煤炭为主的能源消费结构，调整难度大，因而在向低碳发展方式的转变中，需要更多的技术和资金投入。与此同时，中国的工业化、新型城镇化和现代化仍处于快速发展阶段，正是对传统能源需求增长迅速的时期，这必然导致温室气体的高排放。一方面是国际社会的减排压力，另一方面是国内发展的内在要求，这让中国进退两难。因此，中国发展低碳经济将面临巨大的挑战。

对于中国这样的发展中国家而言，发展低碳经济对现有生产结构、消费结构、外贸结构会造成很大冲击，直接影响后危机时期经济的顺利转型。第一，依照发达国家对"碳关税"的设计，中国以前的劳动力低价格优势将不复存在，而与此相反，发达国家的工业产品价格将相对下降，技术领先优势更加明显。第二，先进技术的标准制定权一向掌握在发达国家手中，在低碳经济发展的大潮中，发达国家无疑会利用其技术优势制定符合自己利益的标准。第三，减排负担沉重。由于中国整体技术研发能力有限和技术水平落后的现状，发展低碳经济需要的设备和技术都要进口，这对于中国是一个经济负担。第四，减排责任限制。减排是全球的共识，对于中国而言，它既是承诺，又是责任。中国在转变经济增长方式与调整经济结构的同时，全球有限的碳排放预算空间会使中国在面临国内发展巨大压力的同时，过多承担碳排放等国际义务。发达国家对中国也提出了不符合实际的碳排放要求，这势必给中国带来较大压力。

全球主权债务危机加剧，中国经济也将遭受负面影响。自希腊问题之后，比利时、葡萄牙、西班牙相继爆出国内赤字问题，欧洲主权债务危机全面爆发。实际上，就全球来讲，包括美国在内的发达国家目前普遍面临着高比例的主权债务，如果不能妥善处理，很可能会演变成一场全球性的公共债务危机。

可以设想，愈演愈烈的欧债危机必然会影响整个欧洲经济，中国经济肯定也会受到冲击。这种冲击主要反映在外贸出口和热钱流入两个方面。从出口来看，首先受影响的是那些对欧元区出口依赖大的企业。因为全球金融危机的深入发展，必将导致欧洲的进口需求下降，而且整个欧元区对中国的贸易保护主义又会抬头。其次，随着美元兑欧元汇率的不断走高，在人民币兑美元保持升值的基础上，人民币的有效汇率也将有所回升，最终也将不利于出口。

中国的外汇储备规模增长迅速，管理体制亟待改革与创新。从1994年外汇体制改革至2011年的17年中，中国的外汇储备已由516.2亿美元上升至30 446.74亿美元，增加了近58倍。特别是近几年，在人民币升值的强烈预期下，中国的国际收支由传统的经常账户顺差转变为经常账户与资本和金融账户的"双顺差"，热钱流入进一步加剧了外汇储备的膨胀。如此巨大的外汇储备在后金融危机时期加大了自身管理的难度，而中国储备资产投资的现状给存量资产的管理带来了巨大的挑战。

大宗商品价格波动剧烈，经济发展中的不确定性增大。在国际金融危机后，大宗商品价格从 2008 年 4 月的历史高点一度下降近 40％，但到 2010 年 9 月又大致恢复到 2008 年的水平，而后大宗商品的价格一直呈上涨趋势。中国在全球产业结构中处于加工中心的地位，原材料和市场两头在外的加工贸易在整体贸易结构中所占的比重比较大，这使得中国成为全球能源和初级产品的主要进口国之一。国际大宗商品市场的波动对中国经济的影响将更为明显和巨大，目前国际流动性依然过剩，同时在世界经济持续复苏及大宗商品供需缺口下，国际大宗商品一直处于高位运行，给中国经济发展带来了巨大压力。

首先，加剧了中国输入性通货膨胀的压力。由于石油等能源支出和食品支出在中国经济运行中所占的比重较大，故国际大宗商品的市场波动对中国的影响更为明显。国际市场价格通过国际贸易向国内传导，提高了国内价格水平，导致输入性通货膨胀压力增加。从长期来看，中国经济前景好，对于大宗商品的需求会更加旺盛，将不可避免地面临价格压力的输入。

其次，面临"第二轮效应"。粮食和能源等大宗商品涨价会造成当前消费者物价指数上升，加重通货膨胀预期。从理论上说，由于通货膨胀预期的加重，员工会要求提高工资以保持购买力，而企业由于成本上升不得不提高产品服务价格。因此，只要对未来的通货膨胀预期得以形成，企业和员工就会陷入涨价的恶性循环，即使大宗商品价格回落也无济于事。这就是所谓的"第二轮效应"，也是中国目前面临的潜在危险。

再次，出口贸易形势严峻。由于中国内需的长期不足，经济发展对于出口贸易依存度高，而通过涨价转移生产成本的途径又行不通。这样一进一出，导致企业的利润空间受到挤压，出口贸易受到很大影响，从而在一定程度上会造成中国经济的波动。

最后，国际热钱大量进出，影响市场的平稳运行。在国际金融危机后，由于国际热钱进出易造成经济泡沫、增加金融风险，导致中国目前房地产泡沫已经显现，给政府调控增加了难度。一旦国际环境发生变化，热钱突然撤离会使泡沫很快破裂，造成市场的严重动荡，那种情况对中国经济的打击将是致命的。热钱进入中国越多，外汇储备越多，就会迫使央行被动增加货币投放。如果热钱不断涌入，对人民币的需求就会上升，最终加大人民币升值压力，而人民币的持续走强又会吸引国际热钱的进入，将会造成恶性循环和降低宏观调控的效果。热钱进出会扰乱金融秩序，冲击经济发展。在国际金融危机后，中国经济率先复苏，其良好的发展前景吸引了热钱的涌入。这几年热钱以各种方式进入中国，为了高额利润四处投机，主要涌入国内房地产市场、股市等领域，对经济健康发展造成威胁。此外，在大宗商品市场上也随处可见热钱的身影，从而助推了大宗商品价格的强势上升，增加了中国企业的生产成本，并冲击了中国经济的发展。

三、中国经济调整与再平衡战略的策略

中国面临的挑战为：资源、环境与社会和经济协调发展。当前，中国经济发展亟须解决三方面问题：一是统筹城乡与区域发展，改变城乡二元体制；二是转变经济发展方式和经济结构的升级转型；三是应对国际化进程中面临的资源、环境与社会和经济协调发展。与此同时，中国经济发展还面临经济发展不均衡、能源和环境瓶颈以及日益扩大的贫富差距三项重大挑战。如果没有富裕地区向贫困地区大量的净资金转移，将造成金融资源分配在区域间的巨大差异。经济发展与社会发展失衡、社会内部及经济内部的结构性失衡等已成为中国改革与发展所面临的独特背景。

目前，虽然中国已进入工业化中期阶段，但仍是一个发展中国家，还有一半劳动力在从事农业生产，工业化的任务远没有完成。一方面，按照国家发展战略和宏观经济政策，还有大量的重点领域和薄弱环节需要融资建设；另一方面，在转变经济发展方式和调整经济结构的重要阶段，我们需要解决的一个突出问题就是如何使长期处于高能耗、低附加值的生产向低能耗、高附加值的生产转变。

当前中国的城镇化率刚刚突破52%，距发达国家80%左右的平均水平还有很大差距，正是这个差距和压力决定了中国城市化发展的巨大空间，更决定了未来几十年甚至上百年时间里，中国城市化建设和产业升级转型发展的

需求，将是中国乃至世界经济稳定增长的动力。就国际层面而言，中国实施的"走出去"战略进入新的发展阶段，面临新的发展机遇；与此同时，中国也需要通过多种途径参与国际合作，从中熟悉国际规则并寻求与掌控其发展空间。一方面，我们需要为国家的发展到国际市场"开发"资源；另一方面，在促进全球 GDP 增长的同时，作为负责任的大国，中国需要建立从"开发"理念到"发展"理念的模式转型，并向投资对象国输出整套的可持续发展规划，以促进经济发展方式转变与社会均衡协调发展相结合。

确切地说，当中国成为整合全球能源、资源、人口、资本和技术的主要大国时，这些生产要素必然具有高度的流动性，这将改变与中国经济、政治等方面相关联的国家在世界经济中的地位，而国家地位的改变最终会导致整个国际政治经济秩序的改变。从宏观制度的层面来看，中国推动全球化的过程将是一个国际金融与贸易秩序发生重大变化的过程。随着可兑换性的逐步增强，人民币必将发展成未来世界的主要货币之一。从微观市场供求层面来看，中国的能源、原材料、交通运输等基础产业将是下一个改革突破口，但一直以来中国的基础产业改革进展缓慢，并导致经济低效率运行，而基础产业的改革将释放未来的经济增长潜力。

中国早在 20 世纪末就提出了启动内需的口号，但如何启动内需？固然，收入分配的两极分化与教育、社会保障和住房的过度市场化是其中的两个主要原因，但人们并没有注意到，与国际大循环经济发展战略紧密相关的出口导向型经济发展模式和外国直接投资则是另一个主要原因，而国际大循环经济发展战略又是造成收入分配两极分化的重要因素之一。在全球化时代，中国经济的发展以世界工厂为标志。中国以廉价劳动力为基础参加全球生产分工，通过大力吸收效率驱动型外国直接投资以及跨国公司的企业间贸易来扩大出口，在能源、资源以及产品方面大进大出，以出口带动国内经济增长。中国经济的发展一直依靠加工贸易，即通过全球生产链中的低端劳动分工来参与整个全球化过程。事实上，中国目前有 70% 以上的 GDP 与贸易有关，跨国公司在中国对外贸易中所占的比率，无论是进口还是出口，都将近 60%。

　　从国内来看，为了加快经济发展方式的转变，中国应该及早做出战略规划，借鉴英国和美国的历史经验，逐步实现从国际大循环向国内大循环的战略转型。我们要清醒地认识到，与国际大循环经济发展战略的初衷相反，"大进大出"不仅没有解决沿海与内地之间的矛盾，反而导致了资金、资源和劳动力被吸引到沿海的出口导向型部门，造就了畸形的外向与内需相分割的二元经济，成为内需长期无法启动、民族企业的投资机会被外资挤占的主要原因。这种战略不仅没有沟通农业与重工业之间的循环关系，反而造成了重工业的低端产品产能过剩和高端技术仍被跨国公司所垄断的局面，并成为城市化发展严重滞后和就业问题日益严重的主要根源。笔者认为，中国将来在世界经济和全球治理方面的发展理念，应该实现从比较优势到竞争优势，从科学到思想发展的战略转变，并以此制定出符合中国国情和参与全球治理、发展需求的战略及方法。

　　然而，从国际上看，中国在非洲投资的跨国规划恐怕还要更进一步，由开发性金融向经济社会发展综合规划转变。中国在利比亚、苏丹等国的投资遭遇说明，只帮助资本输入国实现经济增长，还不能解决这些国家在经济增长后产生的一系列政治与社会问题。这些发展规划还必须加进社会发展的各项指标。只有在经济增长的同时解决分配的问题，保证各社会群体共享增长的果实，才能期待这些国家政治稳定，从而减少中国的投资风险。

　　从国际经济形势分析，经济再平衡目标从单纯的贸易再平衡扩大到各国间的平衡发展，相对于发展中国家来说，相似的起始条件和世界政治地位，使中国与亚、非、拉国家的经济社会发展有着内在的互补性和一致性。因为中国经济未来的长期增长，内在地包含了亚、非、拉国家的发展要素，而亚、非、拉国家能否实现自身发展也与中国经济的发展息息相关，甚至是必须依靠中国经济的发展。

　　援助与投资亚、非、拉可分为社会基础设施建设与经济基础设施建设两个类别。欧盟国家侧重的是社会基础设施建设，中国开发性金融投资非洲的主要方向是经济基础设施建设。对于不具有造血功能的社会基础设施建设，其特点是"不可量化非物质性"、"项目性"和"不可规划性"。所以，欧盟对非洲国家的援助不可能具有国别和跨国意义的规划。对于具有造血功能的经济基础设施建设，其特征是"可量化物质性"、"整体结构性"和"可规划性"。在此过程中，欧盟只是作为国际组织的非政府机构，不可能像国家开发银行那样根据国家发展战略需要，以国家金融行为带动企业"走出去"，采取跨国方式进行投资。这种"授人以渔"的共赢模式正日益受到众多非洲国家和中国"走出去"企业的欢迎。

与此同时，中国的开发性金融机构将对亚、非、拉国家进行大规模的经济投资和社会援助，也就是经济基础设施建设与社会基础设施建设两个类别的事一起做。但问题的关键是，有国家信用的国家开发银行等开发性金融机构与不具有国家信用的世界银行、欧盟等国际组织相比较，我们如何融合经济投资与社会援助？因此，我们应该制定超越经济的改革议程，将经济投资与社会援助等方面的重要因素一同纳入国家发展战略。与此同时，中国应不断扩大进口市场，为其他发展中国家提供新的出口市场，增强其与中国经济的黏合度，分享中国经济增长的成果，实现互利共赢，从而逐步改变在国际经贸合作方面，特别是在投资亚、非、拉地区和国家中出现的"政经二元化"格局。

中国应展示对改革的信心和决心：推动"一带一路"向西开放，推进欧亚战略。中国经济正处在转换增长阶段和寻求新平衡的关键期。增长阶段的转换实质是增长动力的转换，是原有竞争优势逐渐削弱、新竞争优势逐渐形成的过程，也是原有平衡被打破、需要重新寻找并建立新平衡的过程，也就是经济运行总体比较脆弱。在这一战略背景下，中央提出的"加快转变经济发展方式，促进经济长期平稳较快发展，主攻方向是调整经济结构，战略基点是扩大内需"的发展目标，必将成为传统发展方式向经济社会发展综合规划转变，而寻求经济增长动力和再平衡的重要战略，更是中国向世界展示的对改革与发展的信心和决心。

从中国未来的发展情况来看，在实现经济转型发展与扩大内需重要战略的过程中，工业化、城镇化、现代化与国际化的发展，必然要求蓝海战略、陆权战略与欧亚大陆经济整合战略和向西开放相辅相成。其中，推动"一带一路"向西部地区开发，利用高铁作为基本交通连接手段，促进欧亚大陆经济整合，将带来一个陆权时代，使国家得以确立与蓝海战略相匹配的态势。我们应该顺应新的形势，在继续提升沿海开放、向东开放的同时，加快沿边开放、向西开放，拓展开放发展、合作发展的空间，新一轮的援疆工作也应在这一大背景下加以规划和推动。

建设由中国通往中亚、南亚、中东、东欧，最后直至西欧的各条高铁路线将有力带动"丝绸之路经济带"与欧亚大陆的经济整合。贯通欧亚大陆的交通大动脉将把沿线各国的生产要素重新组合，在各国制造出新需求、吸引来新投资，这将为地域经济一体化打下基础。在欧亚大陆经济整合的过程中，中国可以成为东部推动力，欧盟可作为西部推动力，俄罗斯可作为北部推动力，印度可作为南部推动力，各个方向的进展在中东汇合。

在推动"一带一路"欧亚大陆经济整合大战略下发展西部，使其变成中国经济发展的一极，必然会引起向西部的移民。这种移民将缓解东部土地使用的压力，并为商业开发创造条件。这将把开发西部的意义提到一个新的高度：开发西部将不再是沿海地区经济发展的一个自然延伸，也不是一个单纯解决地域发展不平衡的社会政策，它将成为中国国际大战略的重要支柱；西部开发将促进传统发展方式向经济社会发展综合规划的转变，也将成为中国经济均衡发展的重要驱动力。这一陆权战略将从根本上扭转过去30年来由于单纯依赖蓝海战略而带来的一系列经济结构不平衡和社会发展不均衡，以及由此产生的其他问题。

综上所述，通过建设高铁来推动"一带一路"欧亚大陆经济整合，将带来中国西部的迅速发展。西部的经济发展与对外开放将为中国经济的长期均衡发展装上第二台"发动机"。不仅如此，它还将帮助中国解决过去实施蓝海战略带来的发展失衡问题。这是一个值得中国在21世纪认真考虑的大战略。

第十三章

中国经济应对当前挑战的四个支点[①]

    2019 年末突如其来的新型冠状病毒肺炎疫情（以下简称"新冠肺炎疫情"）对中国政治经济产生了重大影响。当前，中国面临的真正挑战在于经济增长率的不可持续性，其原因是需求不足。要解决扩大需求和持续增长的问题，需要从多个方面推进改革：第一，现行财政体制在促进经济增长方面发挥了重要作用，但在收支结构、中央与地方财政安排以及信息收集能力等方面存在问题，而财政体制改革是解决问题的有效方法。第二，中国经济将会不断减速，因此应实施竞争中性原则，打破垄断，使私营企业发挥更大作用。第三，应积极稳妥地推进城镇化，提高城镇化质量。第四，当前中国已进入全面建成小康社会的决定性阶段，内外部经济环境正发生深刻变化，机遇和挑战并存。因此，中国在增加内部需求的同时，必须全面提升外向型经济发展水平。

    中国经济增长面临换挡转型，一些长期积累的社会问题越来越突出，原有的社会结构与制度面临挑战，以体制变革推动结构调整，实现产业升级与转型，从而完成经济与社会的双重转型，是中国走出中等收入陷阱的基本思路。然而，推进经济与社会转型，目前还存在两个相互冲突的发展趋势，值得高度关注。

    首先，体制问题越来越突出，而体制变革的动力越来越弱。当前，中国改革已经进入深水区和攻坚期，遗留下来的改革热点和难点在根源上都与现行体制有着千丝万缕的关联，中国的体制改革远未完成。随着中国进入中等

---

① 刘卫平，陈继勇．中国经济应对当前挑战的四个支点．人民论坛网，2020－05－11.

收入阶段，在经济起飞时采用的粗放型增长方式已不再有效，亟须针对社会结构和利益格局进行体制层面的改革。然而，在体制改革越来越迫切的时候，来自体制内部的改革动力却变得越来越微弱。

其次，在改革初期没有解决的问题，此后解决的难度越来越大。与激进式改革不同，中国改革采用渐进式模式，其各项改革内容的确定往往遵循收益大、阻力小的原则。例如，改革最初的突破口选择了改革成本更小的农村，而不是改革成本更大的城市。然而，渐进式改革存在一个问题，即将那些最难啃的"硬骨头"向后拖延，最终使得最难改的领域全部集中在一起，形成牵一发而动全身的复杂局面，导致改革难以进行。对于那些在改革初期没有解决的问题，其改革成本不仅没有减少，反而有可能不断扩大，最终形成尾大不掉的局面。

鉴于推进经济与社会转型过程中这两种相互冲突的发展趋势，以及由新冠肺炎疫情、中美经贸、经济下行、就业等因素叠加影响而导致的总需求下降，需要以四个方面为支点推进改革。

一、完善财政制度，以弥补放缓的经济增长和变弱的出口市场

社会主义经济体的特点是能够拥有和控制关键性资源并主导主要的战略活动，而中国的财政总预算只占国民生产总值的 28％，这个比例与其他类似国家或经济体（中上收入国家为 35％，经济与合作发展组织的大多数经济体为 40％～45％）相比较小。世界银行发布的《2030 年的中国》指出，与其他类似国家或经济体相比，中国财政预算提供的社会服务及其他消费需求占 GDP 的百分比位列世界倒数第三。这解释了中国总体消费比例（家庭和政府）比其他类似国家或经济体低 10％～15％ 的原因。如果实施财政预算改革，增加政府在社会服务及其他消费需求方面的预算支出（占 GDP 的 4％～5％），就能确保中国有足够的需求，进而维持年均 6％ 左右的经济增长率。具体而言，应注意以下三点：

第一，控制财政规模，优化税收结构。为此，需要做到：一是调整增值税税率。按《财政部、税务总局、海关总署关于深化增值税改革有关政策的

公告》：增值税一般纳税人发生增值税应税销售行为或者进口货物，原适用
16%税率的，税率调整为13%；原适用10%税率的，税率调整为9%。二是
完善企业所得税和个人所得税征收制度，提高这两个税种在政府收入中所占
的比重。三是完善收入分配，建立遗产税和赠予税。

第二，完善财政支出结构，提高失业保险。失业保险支出占GDP的比重
需要从"十一五"期间的0.07%提高到"十三五"期间的0.5%，"十四五"
期间仍要进一步健全完善失业保险金标准调整机制，适度提高失业保险待遇
水平。此外，应提高城乡"低保"的补助标准。为了改善收入分配、促进经
济增长，需要建立贫困家庭儿童补助项目，以解决贫困代际传递问题。与此
同时，为了更好地解决新冠肺炎疫情带来的社会安全问题，政府还需要建立
覆盖全国的统一的社会保障号码和公民信息系统，为宏观调控和收入分配调
整服务。

第三，调整中央政府职能，构建新型的中央政府与地方政府关系。以政
府转型为重点，调整中央与地方关系，明确各自职能。中央政府在调控经济
波动、改善收入分配、应对紧急重大事件以及治理生态环境等方面承担更多
的职能。地方政府可以将更多精力集中在本地教育、消防等事务上。"企业所
得税和个人所得税必须由中央政府负责；失业保险、养老保险、医疗保险、
社会救助等由中央政府负责，建立覆盖全国所有人群的常规和应急制度。"

二、实施竞争中性原则，打破垄断，使私营企业发挥更大作用

实施竞争中性原则，打破垄断，使私营企业发挥更大作用，有益于中国
经济获得更多的增长。市场经济的精髓和灵魂就是竞争中性，即对所有经济
主体一视同仁。

鉴于目前私营部门约占经济总产出和就业的四分之三，中国有理由推行
反垄断议程，从而开放更多经济部门。但真正的问题是，中国是否真的愿意
让经济朝这个方向发展？随着经济增速的持续走低，中国政府应该考虑这个
问题。如果做出了正确选择，中国经济增长的空间仍然很大。

尽管我们已经意识到改革的必要性，但来自国有企业的反应比预期的还

要强烈，仍是实施改革的主要障碍。过度投资是扎根于中国经济增长模式中的结构性问题。为了解决这个问题，需要分析和理解中国经济失衡的整体框架：

（1）经济调整过程。经济增长会在一定程度上导致经济失衡，而经济失衡最终会造成经济衰退。衡量发展中国家经济能力的标准并不是经济增长的表现，而是经济调整的能力，因为经济调整所需的开销比预想的还要高出很多。因此，相较于如何使经济增长，经济学家和政策制定者更应考虑如何处理好经济调整问题，将调整成本降至最低。

（2）债务和资产负债表。概括来讲，债务的总额和期限结构是经济调整成本的"最大头"，其度量方法基本上采用长期债务占总债务的比率，即资产负债表法。为此，经济学家对于国家资产负债表和主权债务危机的理解，必须达到公司财务专家理解公司资产负债表及公司财务危机的水平。

（3）储蓄失衡问题。资本市场为储蓄转化为生产性投资提供了直接渠道，尽管生产性投资的机会多如牛毛，但各国的制度约束大大降低了生产性投资的机会。收入不均和制约中等家庭收入水平（与国民生产总值的增长息息相关）的机制经常会导致过剩储蓄。过剩储蓄的结果包括投机资产繁荣、贸易不平衡、失业以及债务的不可持续增长。

（4）全球化。全球化使得所有国家的经济彼此互相影响。如果某国或地区出现了经济失衡现象，那么在另一个国家或地区一定会出现与之相对应的不平衡。一个国家的经济越开放，就越有可能受到其他地方经济失衡的影响。

三、积极稳妥地推进城镇化，提高城镇化质量

城镇化是经济社会发展的必然趋势，也是工业化、现代化的重要标志。在新时代，积极稳妥地推进城镇化、提高城镇化质量，是全面建成小康社会、发展中国特色社会主义事业的基本途径和主要战略。中国城镇化发展的核心是如何在较短时间内推动农村的传统经济社会结构向现代化转型。这就要求将大、中、小城市以及城镇和农村的人力、物力及财力高度关联，在不断强化城镇化结构互利效应的同时，形成以中心城市为"龙头"、以中等城市为主

体、以小城市和中心城镇为基础的城镇体系，不断提高城镇化的聚集效应。

提高城镇化的聚集效应应该包括两层含义：一是产业聚集，以形成"龙头"城市和中心城镇。城镇化应该以产业发展为基础，没有产业、没有就业，"龙头"城市和中心城镇是发展不起来的。一个区域没有"龙头"城市和中心城镇的发展，就不可能形成带动区域内城乡经济和社会发展的推动力及辐射力。二是城市聚集和城镇聚集相结合。城市和城镇的聚集发展是城镇化的保证与基础，只有在一定区域内实现大、中、小城市以及中心城镇和小城镇的聚集发展，才能使产业高度融合，进而推动广大农村经济社会结构的现代化转型。

为此，中国应择优发展中心城市和中心城镇，并以中心城市的发展为"龙头"，大力发展中型城市，着力打造以县城为中心的县域城镇增长核，繁荣县域经济，把县城发展为城区人口达 10 万～20 万的小城市，形成以中型城市和县级小城市为区域中心大城市的卫星城市、以中心城镇为依托的城镇网络体系，不断提高城镇体系对农村的辐射和扩散作用，从而推动农村经济社会结构的现代化转型。

城镇化发展不只是城镇规模的简单扩张，还应该包含城镇化质量的提高。如果只有城镇规模的简单扩张，没有城镇产业质量的提高和城镇对农村影响力的强化，则这样的城镇化不是真正的城镇化。"摊大饼"式、粗放地扩张城镇规模，与城镇化发展的内在要求相违背。要实现城镇化发展的近期、中期和远期目标，应在重视提高城镇化结构的互利效应、开放效应和聚集效应的基础上，高度重视城乡产业的技术创新和生态环境保护，提高城镇化的结构升级效应。

城镇化质量的提高主要体现在以下几个方面：一是城镇产业技术创新能力增强，技术升级换代速度加快；二是城市先进技术产业促进农村产业改造和融合的速度加快，使农村产业技术水平提高，农村产业和城市产业技术创新合作的关联性不断强化；三是伴随城乡产业融合，城乡的教育、社会保障、户籍等制度性壁垒逐渐消除，最终实现城乡制度资源共享；四是城乡生活方式逐渐融合，随着城乡经济、文化的融合，农民"去农村化"更趋强化，传统农民向现代化农民转变，农民真正成为产业工人的一部分；五是城市和农村的生态环境不断改善，人与自然和谐发展。

目前，中国有2亿～3亿的半城镇化居民（农民工），就消费来讲，这是一个潜力极大的资源。加快农民工向完全市民的转化，将会极大地促进消费需求的增长。加快农民工向市民转化的进程，应从以下几个方面入手：一是促进城市房价合理化，因为高房价之下无城镇化，中国目前的房价水平与收入水平相比严重偏高，若能降低房价，则会释放出巨大的购房需求，也会相应地加快城镇化进程。二是实施大规模的农民工安居工程，主要是利用政府力量建立农民工保障性住房。三是鼓励沿海劳动密集型产业向中西部转移，促进中西部地区的城镇化发展。

保持农民土地承包经营权的稳定，使农民在城乡之间能够双向流动，这对城市化的健康发展至关重要。印度和巴西的经验教训提醒我们，城市化的健康发展与农村的土地制度有很大关系。中国的基本国情决定了在相当长时期内，土地仍是农民最基本的生活保障。外出打工的农民大多处于不稳定状态，家乡的土地是农民维持生计的最后一道防线。在农民到城镇落户未取得稳定的就业以及社会保障前，保留他们的土地承包经营权，让农民在城乡之间双向流动，有助于防止大量农民集中于城市而形成贫民窟。扩大农地规模，推动农业产业化经营，不能拔苗助长，不能剥夺农民的土地承包经营权，不能制造无地农民。

中国应调整城市建设的思路，在城镇规划、住房建设、公共服务、社区管理方面考虑进城就业农民的需要。印度和巴西的情况表明，农村人口进城，除了就业问题外，安居问题是较大的问题。与此相比，中国农民进城有很大的不同，一些农民没有工作还可以回到农村，但有相当一部分人将长期拖家带口在城镇就业和生活。对此，城市应把他们视同常住人口，将其对住房、教育、医疗等设施的需求纳入城市建设规划。

四、全面提升外向型经济发展水平，提高开放的层次、水平和效益

当前，中国已进入全面建成小康社会的决定性阶段，内外部经济环境正

在发生深刻变化，机遇和挑战并存。要实现全面建成小康社会和成功跨越中等收入陷阱的宏伟目标，需要进一步扩大对外开放，不断完善开放型经济体系，充分发挥对外开放的强大动力。

从国际上看，在今后一个时期，世界经济可能陷入长期低迷，外需疲弱很可能常态化，各种形式的保护主义上升，经贸摩擦将进入高峰期。各国围绕市场、资源、人才、技术、规则、标准等方面的竞争更加激烈，中国在传统优势产业方面与发展中国家的竞争加剧，在中高端产业方面与发达国家的竞争逐渐增多，发展面临的外部环境更加复杂。

从国内来看，经过加入世界贸易组织二十余年的发展，中国的社会生产力、综合国力、人民生活水平得到大幅提升，形成了相对完备的产业体系，参与国际竞争与合作的能力增强，已经具备了进一步扩大开放、提升开放水平的基础和条件，国际社会对中国承担更大国际责任也寄予更高期望。但是，由于中国现有的经济发展方式相对粗放、资源环境约束不断强化、传统优势被削弱、新优势尚未建立、转变发展方式和优化经济结构的任务艰巨以及制约开放型经济发展的体制机制障碍仍然较多，致使对外开放面临的风险增大，而且开放的层次、水平和效益亟待提高。

未来要全面提升中国对外开放水平，需要突破以下三方面：

（1）努力转变对外贸易增长方式。第一，要改变出口主要依靠低成本和拼数量的方式，改变粗放型和数量型经济增长方式，使出口的主体形式和贸易形式多样化；努力创造具有自主知识产权、自主品牌的产品和服务出口，控制资源性、高耗能、高污染产品的生产和出口，扩大新技术产品和附加值高的产品的出口；提高加工贸易的层次，改变产品贸易量增加而贸易增加值低的现状，加快产品的升级换代，使出口贸易从数量扩张向质量提升转变。第二，要调整进口产品结构和市场结构，优先进口国内发展必需的、重要的、紧缺的高新产品、高新设备、高新技术和战略性资源，实现战略物资进口的来源多元化、方式多样化和渠道稳定化。第三，要发展绿色产品贸易，严格控制高耗能和高污染产品的贸易，形成有利于节约资源和保护环境的贸易结构。

（2）努力提高利用外资的质量和水平。第一，要将引进外资与提升国内产业结构和技术水平相结合，与促进区域协调发展和提高企业自主创新能力相结合；通过引进外资，对现有企业进行改造、提高，依靠技术的优化升级实现规模经营，努力提高结构优化效益、规模经济效益和区域分工效益；从主要依靠增加资金投入，转变为主要依靠提高生产要素质量，增加综合要素生产率对经济增长贡献的份额。第二，要合理利用外资，发展开放型经济，改变结构不合理、产品质量差、附加值低的状况，通过引进一批高附加值、高技术的产品，加速产业结构的优化升级，做好引进技术的转化、吸收和创新。第三，要加强对外资产业和区域投向的引导，抓住国际产业转移的机遇，扩大外资直接投资规模，引导外商参与国家鼓励的基本建设项目，包括农业综合开发和能源、交通、重要原材料的建设项目，拥有先进技术、能改进产品性能、节能降耗和提高企业经济效益的项目，能综合利用能源、防止环境污染的技术项目等。

（3）努力实施中国企业"走出去"战略。实施"走出去"的发展战略，是新阶段对外开放的重要举措，是实施可持续发展战略的必然要求。党的十六大报告明确提出，鼓励和支持有比较优势的各种所有制企业对外投资，带动商品和劳务出口，形成一批有实力的跨国企业和著名品牌。为此，需要做到：①更好地在全球范围内优化资源配置，充分利用国外自然资源、科技资源和人才资源，实施战略性的海外投资，创立中国自己的世界级名牌产品。②把技术设备、产品带出去，提高其在国际市场的占有率，发挥比较优势，在互利互惠的共赢中促进国家经济的发展。③积极参与国际经济竞争与合作，开展跨国经营和跨国投资，培育跨国公司，在对外投资中做到以企业为主、以市场为导向、以提高经济效益和增强国际竞争力为目的，投资的重点要放在能源、原材料、高技术等领域。

第十四章

"一带一路"与经济转型：构建 21 世纪亚欧大陆经济整合战略

　　未来，中国要推动经济转型发展与扩大内需，推进工业化、城镇化、现代化与国际化，必然要求蓝海战略"海上丝绸之路"、陆权战略"丝绸之路经济带"与欧亚大陆经济整合战略的相辅相成。其中，向西部地区开发，利用高铁作为基本交通手段，促进欧亚大陆经济整合，将带来一个陆权时代，使国家得以确立与蓝海战略相匹配的态势。一方面，我们要顺应新的形势，在继续推进沿海开放、向东开放的同时，加快沿边开放、向西开放，拓展开放发展、合作发展的空间；另一方面，新疆地处亚欧大陆腹地和亚欧大陆桥中间地带，是我国向西开放的"桥头堡"之一，新一轮的对口援疆工作要在这一大背景下规划和推动"一带一路"倡议，构建 21 世纪中国经济新的增长极。[①]

一、促进亚欧大陆经济整合，实现中国最大的战略利益

　　（1）向西开放与中国的战略对冲。中国的蓝海战略在过去 30 年里得以成功离不开有利的外部环境。2008 年全球金融危机使中国经济发展的外部环境发生了巨大变化：人民币升值导致以劳动密集型产品出口为主要特征的中国发展模式面临前所未有的挑战；发达国家市场尤其是欧洲市场的萎缩以及美国的重返亚太战略引起的连锁反应，给中国带来了国际政治经济方面前所未有的压力。

---

　　① 刘卫平. 一带一路：构建 21 世纪亚欧大陆经济整合战略. 中国党政干部论坛，2015（3）.

（2）中国应该利用自身优越的地理位置进行战略对冲。中国既可以成为一个海权国家，又可以成为一个陆权国家。如果中国通过渝新欧（重庆、新疆和欧洲）、中吉乌（中国与吉尔吉斯斯坦、乌兹别克斯坦）、中巴伊（中国与巴基斯坦、伊朗）等铁路项目的建设，从北、中、南三个方向全面打通亚欧大陆桥，就可以促进亚欧大陆的经济整合，使其与美国主导的环太平洋经济整合形成战略对冲。亚欧大陆经济整合不仅不会使中国失去在亚太地区的利益，而是正好相反，只有使这两个地域整合中的地位互为筹码，中国才能获得最大的战略利益。

（3）亚欧大陆经济整合还将为中国经济的发展在西部装上第二台"发动机"。通过建设铁路等通向亚欧大陆内陆国家的重要交通基础设施，中国将把经济发展由主要依靠沿海地区、向海洋国家开放的单向驱动转为同时依靠沿海与内陆、向海洋与内陆国家同时开放的双向驱动，以新丝绸之路战略对冲过去的蓝海战略。这样的发展将有助于全面消解各种由蓝海战略造成的地域发展不平衡。

（4）俄罗斯与中国在中亚的博弈。无论是出于传统的能源安全和反恐的需要，还是从开辟新的国际市场、推动亚欧大陆经济整合，从而带动我国西部地区经济发展的需要来看，中亚地区对于中国"向西开放"战略的顺利实施都具有重要意义。自苏联解体之后，俄罗斯一直试图构建新的欧亚联盟，并通过俄、白、哈关税同盟等次区域经济合作组织加强其与中亚经济一体化的进程，成为中国进一步向西开放的阻碍。然而，俄罗斯试图主导的欧亚经济一体化战略也存在一系列缺陷和挑战，特别是其开拓亚太能源市场和重建非资源类经济体系战略构想的实现都离不开中国巨大而稳定的市场需求、资金和技术的支持，这些条件为中国通过上合组织、利用和搭建其他次区域经济合作组织扩大在中亚的影响力以及中、俄合作共同推动亚欧大陆经济整合提供了契机。

（5）西部开发、对口支援与新疆内源性增长。新疆作为我国加快向西开放的"桥头堡"，在构建我国全方位对外开放新格局中占据重要位置。自新疆维吾尔自治区成立以来，在国家的支持下，建立起了初步的工业体系，培养了一些民族人才，并且通过陆续实施扶贫攻坚计划、西部大开发战略以及对口援疆战略，新疆经济社会发展的落后面貌得到了很大改观。然而，中央政府的"输血式扶贫"和央企大规模"成建制入疆"并不能为新疆的发展提供内源性动力。加快联通中亚、南亚和西亚乃至欧洲的交通基础设施建设，为在新一轮援疆过程中中央政府、援疆19个省市以及央企和民企的大量投入及投资所形成的产能建立稳定的市场和原材料供应渠道已迫在眉睫。构建一个向西开放的现代工业体系和交通运输体系，应该是第三次援疆的重要历史任务。

（6）向西开放与新疆外向型经济体系的建构。新疆地处亚欧大陆腹地，历史上就是沟通东西方、闻名于世的"丝绸之路"的要冲。如今，它已成为我国向西开放的桥头堡和西部大开发的前沿阵地。经贸往来，通道先行。在新的历史条件下，新疆只有进一步建设"东联西出"的铁路、公路、民航、管道等综合交通运输体系，全面提升新疆在全国乃至中西亚地区交通运输格局中的国际大通道和交通枢纽作用，才能实现对内对外两个开放，进而充分利用国内外两个市场和两种资源，构建起一个外向型的经济体系，真正成为21世纪中国经济新的增长极。在新疆发展外向型产业，不仅要考虑其资源优势和区位优势，而且要顾及其生态特点和族群结构。在目前的新疆大开发、大建设过程中，不应简单地把地方GDP和财政收入的提高作为发展目标，也不应把引入外来资金开发当地矿产资源作为主要发展手段，这种发展理念和发展模式不利于培养当地民众的自我发展能力和新疆的长治久安。在新疆产业发展和内地企业入疆过程中，政府对经济和社会政策的制定一定要把促进当地民众的就业和创业放在优先考虑的位置。

二、当前外交环境下中国实现战略对冲的必要性

近年，中国经济之所以能够快速发展存在着特定的有利外部环境。这些有利的外部环境随着金融危机的后续发展，特别是美国重返亚太之后，开始发生深刻的变化，中国面临的外部风险日益增加。面对当前复杂的外交环境，中国既不应该一味忍让，又不应该全面对抗，而应通过推动亚欧大陆经济整

合，进行陆权战略与海权战略的对冲，使外部环境重新向有利的方向转变。制定中国 21 世纪的大战略固然要以史为鉴，吸取历史上各个国家尤其是大国崛起的经验教训，但更应认清我们所处时代历史条件的特殊性并加以利用。

在冷战结束后，中国经济快速发展的战略机遇期得益于四个有利的国际环境。首先，美国长期以来将战略重心置于中东和欧洲，无暇东顾，在奥巴马政府提出重返亚太之前，美国的军事行为与干涉主要集中在欧洲及中东地区。由于在战后美国无暇东顾，中国无须面临来自美国的重大战略压力。其次，自苏联解体以来，俄罗斯一直忙于应对北约东扩带来的军事压力。由于北约成员的扩张，导致俄罗斯始终在欧洲面临重大的战略压力，所以俄罗斯无暇顾及远东地区。与此同时，由于俄罗斯长期以来的战略重心集中在欧洲大陆，与中国接壤的西伯利亚和远东地区的人口密度急剧下降、日渐凋敝，因而与俄罗斯接壤的广大中国东北部地区和新疆地区也没有面临来自俄罗斯的战略压力。再次，自"9·11"事件发生后，美国一直忙于在中东及中亚地区建立反恐军事部署，无暇顾及东亚及东南亚经济发展，而中国自亚洲金融危机后，一直致力于通过东盟来推动亚洲地域经济整合。许多东亚国家，包括日本和韩国在内，在美国无暇东顾的情况下，都相继接受了中国推动的这种地域经济整合的建议，建立起以中国为主导的各种地域经济整合的机制。中国与东盟迅速地发展了双边贸易。最后，到 2010 年为止，欧盟是中国最大的贸易伙伴。中国与欧盟关系的发展在一定程度上转移了中美贸易之间严重的不平衡所引起的政治关注。

简言之，美国与俄罗斯无暇东顾，再加上中国与东亚、东南亚各国以及欧盟发展的深度双边合作，形成了中国近年来经济快速发展的有利的外部结构性条件。

然而，这一切随着 2008 年全球金融危机以及美国的亚太再平衡战略的推出而出现了深刻的变化。首先，欧洲主权债务危机的深化导致欧盟在 2009 年失去了中国最大贸易伙伴的地位。目前，中国对欧盟出口的下滑是拖累中国出口的最重要原因。其次，美国重返亚太为原有的保障中国经济稳健发展的外部条件带来了极为深刻的变化。随着美国的战略重心重返亚太，中国面临的各种战略压力都集中在南海和东海地区。过去一直与中国紧密合作的东南亚国家以及日本和韩国现在都企图利用这次国际环境变化的机会向中国要价，争取更多的战略利益。需要关注的是，在苏联解体后，俄罗斯第一次面临可以与美国就中国问题进行战略利益交换的机会。

目前，俄罗斯和中国在国际战略格局中的位置实际上已经与尼克松当年访问中国时苏联与中国的位置发生了互换。面对国际环境的急剧变化，中国的学术界、大众传媒以及各政府职能部门正在进行一场究竟是应该选择海权战略还是陆权战略的争论。海权与陆权的战略之争在目前的集中表现是前者主张中国彰显军事实力，全面反击中国在东海和南海面临的各种挑战，而后者主张中国在积极发展军事力量的同时，把政策的重点放在向西对外开放，化解目前聚焦在东海和南海的战略压力。

三、中国的大战略应该是建立海权与陆权的对冲

海权派主张，为了反击中国在南海和东海海域面临的战略压力，中国可以进行一场低烈度的局部冲突。与此同时，中国在经济方面应该进一步加大对东南亚国家的援助，以牵制美国对东南亚国家的争夺。陆权派强调中国的大战略应该是建立陆权"丝绸之路经济带"与海权"海上丝绸之路"的对冲，两者相得益彰、相辅相成。

总的来说，笔者赞同陆权派的观点。首先，陆权派并不反对海权，它主张建立陆权的目的恰恰是为了配合与策应海权的进一步发展。只有建立陆权才能减轻目前发展海权带来的战略压力。其次，陆权派也大力支持中国发展军事实力。但是，与海权派不同的是，陆权派强调在大力发展军事实力的同时，不把领海冲突与军事对抗作为代表中国外交方向的突出点，而是主张在积极发展军事力量作为隐性威慑力的同时，把对外政策重点转到对外经济合作上来。与此同时，陆权派也主张，对东亚与东南亚国家有必要在一定程度上欲擒故纵，不应该对方越是要对抗，中国越是给予其更多的好处，而是相反，要向它们显示，如果它们选择对抗，中国将收回所有的经济支持。要达到这个效果，中国就必须显示自己有其他的选项，即把注意力放在亚欧大陆

的经济整合上。

许多人认为，中国在过去秉承的地缘经济学政策已经宣告失败。他们的主要依据是当美国重返亚太后，东南亚国家纷纷逃离中国主导的地域经济合作框架。但是，我们认为正相反。正是由于中国在过去与美国进行了深度的经济合作，双方的经济利益才紧密地捆绑在一起。正是由于中国与东亚、东南亚国家进行经济合作，它们才不得不有所顾忌。如果没有过去中国在地缘经济学方面做出的这些努力，第二次冷战早就随着美国重返亚太爆发了。恰恰是因为中国在过去推行的以地缘经济为主、以合作推动发展的策略，才使得中国还有进行战略转圜的余地。

笔者分析认为，目前中国的当务之急是建立陆权"丝绸之路经济带"与海权"海上丝绸之路"的对冲格局。只有当中国可以用"两条腿走路"时，才有足够的战略空间根据每个特定的历史时期、特定的历史条件进行选择和调整。笔者相信，只要中国通过陆权战略推动亚欧大陆的经济整合，不仅会把美国的战略重心重新引回中东、把俄罗斯的战略中心重新引回欧洲，而且还可以把印度和中国的共同利益捆绑在一起，从而建立打通亚欧大陆桥南线的政治联盟。这样也会为中国最大的传统出口市场——欧盟提供新的走出危机的发展动力。一旦美国的战略重点离开亚太，或者是注意力减弱，东南亚和东亚国家才会有更强烈的意愿与中国进行深度的经济合作；否则，它们将会游离在亚欧大陆经济整合这一新的中国主导的新潮流之外。只有通过对冲稳住东亚和东南亚，才能为中国更加深入地发展海权打下坚实的基础。这里需要强调和主张的陆权是地缘经济学意义上的陆权，而非地缘政治学上的陆权。笔者不是主张中国非要向外国派军队，非要在外国建立军事基地，而是主张利用过去一直在东南亚地区执行的行之有效的地域经济整合、地域经济合作模式，在中亚、中东、南亚和北非地区增强中国的影响力。

四、向西开放推动亚欧大陆经济整合战略符合世界经济发展大趋势

中国之所以应该采取向西开放，以推动亚欧大陆经济整合为基础的陆权战略，一个重要原因是它符合世界经济发展的大趋势。到 21 世纪中叶，世界

上前七大经济体中的三个将位于亚欧大陆。只要不发生全球化的逆转和大国之间的冲突，在亚欧大陆发展中由大国引领世界经济发展这一大趋势将成为中国在未来建构国际政治经济秩序时可以加以有效利用的重要的结构性条件。①

从世界各主要经济体在全球 GDP 中的比重可以看出，金砖国家所占比重在过去持续上升，未来将成为国际政治经济的重要力量。而美国、欧盟和日本三大传统发达经济体的 GDP 占全球的比重则在不断下降。根据高盛集团 2007 年的著名预测：到 2050 年，美国将成为目前发达国家七国集团中唯一的仍能保持世界前七大经济体地位的国家。而到 2050 年，另外的六大经济体将是中国、印度、巴西、墨西哥、俄罗斯和印度尼西亚。未来世界将面临的这样一种格局将对过去二三百年间以欧美为主导的国际秩序形成巨大的冲击。根据经济合作与发展组织刚刚发布的预测，到 2060 年，中国与印度两国的 GDP 加在一起将超过目前全部经合组织成员的总和。

中国在构建本国 21 世纪大战略时必须考虑当前世界经济中结构性条件发生的重大变化。我们应该解放思想，丰富自己的历史想象力，而不应该在精神上仍然"高看"西方，把国家发展战略的视角永远置于过去的历史中。

笔者分析认为，如果中国能够向西开放，推动以交通基础设施为支撑的亚欧大陆经济整合，也就是中国从东部、印度从南部、俄罗斯从北部、德国从西部推动的话，整个亚欧大陆将成为 21 世纪国际政治经济最重要的舞台。目前，中国国内关于海权与陆权之间的争论，以及关于中国和平与发展的讨论，必须以此作为最重要的一个历史背景。中国大战略的制定必须从未来国际局势的整体动态变化来把握，而不能抽象地、静态地讨论所谓的大国崛起的历史经验教训，否则将犯教条主义的错误。

结合当前国际局势的急剧变化，综合比较海权与陆权两种战略选择，我们可以看出：如果目前中国选择以军事对抗为特征的海权战略，相当于是集所有矛盾于一身，从而在东海、南海承受巨大的压力；但如果中国选择陆权

---

① 刘卫平. 向西开放：构建 21 世纪中国经济新的增长极. 红旗文稿，2013（15）.

战略，通过向西开放推动以交通基础设施为基础的亚欧大陆经济整合，将会化解转移当前中国在国际上面临的种种矛盾。如果在目前条件下中国追求以军事对抗为特征的海权战略，相当于中国是要与在经济上走向没落，但在军事上仍具有绝对优势的大国进行军事对抗，这等于是参与一场非己所长的博弈。反之，如果选择向西开放，并以交通基础设施为支撑来促进地域经济整合，那么中国将以自己擅长的地缘经济手段扬长避短，主宰自己领导的博弈。海权战略的重点在于"破"，即打破，甚至摧毁现有的、西方主导的国际秩序。中国在这个过程中将面临与多个大国正面军事冲突的风险；相反，如果向西开放，相当于进行增量改革，无须与其他大国进行直接的抗衡。此外，中亚、南亚与西亚地区的国家都有意愿参与这种地域整合。

综上所述，没有陆权"丝绸之路经济带"的实施，中国海权"海上丝绸之路"的建立将会极为困难。如果中国能够成功建立陆权，就为确立海权创造了更有利的条件。中国21世纪大战略的核心在于建立对冲：首先，以陆权对冲海权；其次，以通过中亚国家的亚欧大陆桥的中线和通过南亚、西亚国家的南线来对冲通过哈萨克斯坦和俄罗斯的北线。一旦确立了这种双重意义上的对冲，中国发展的外部环境将变得十分有利。只要能打通亚欧大陆桥的中线和南线，中国就可以说服俄罗斯成为亚欧大陆经济整合的推动者。

有了中线与南线，即使俄罗斯反对亚欧大陆经济整合，中国也可以完全不必再花力气与俄罗斯周旋。同理，当中国有了亚欧大陆经济整合这一选项后，东亚、东南亚国家必然要加速与中国的地域合作及经济整合；否则，一旦中国决定把主要的注意力从东亚、东南亚转移到亚欧大陆，它们将失去经济发展的重要引擎。有了亚欧大陆经济整合作后盾，有了中国与东亚、东南亚的地域经济一体化，美国将失去制衡中国的重要手段。

五、"一带一路"倡议亟须实施经济社会综合规划

在实施"一带一路"倡议的过程中，我们不仅要着眼于对"一带一路"沿途65个国家的经济投资，而且要注重投资对象国的民生、就业和经济社会综合发展。因此，开发性金融需要向经济社会发展综合规划转变，这些发展

规划还必须加进社会发展的各项指标。只有在经济增长的同时，解决分配的问题，保证各社会群体共享增长的成果，才能期待这些国家政治稳定，从而减少中国经济走向世界的风险。

"一带一路"是中国顺应经济全球化而提出的伟大倡议，中国未来数十年的改革开放都将围绕这一倡议展开。在实施"一带一路"倡议的过程中：第一，我们不仅要着眼于对"一带一路"沿途 65 个国家的经济投资，而且要注重投资对象国的民生、就业和经济社会综合发展。第二，"一带一路"在国际市场和国际资源两个方面与一些国家的竞争矛盾日益显现，我们要统筹国内外两个市场、两种资源来支持中国与世界的经济社会协同发展。第三，在实施"一带一路"倡议的过程中，若中国对"一带一路"沿途国家的知识准备与智力储备严重不足，必将面临风险。因此，中国能否对投资环境和舆论环境发生的重大变化做出准确的判断至关重要。

（一）"一带一路"倡议亟须向经济社会发展综合规划转变

与中国五年前的投资环境相比，实施"一带一路"倡议的环境发生了深刻变化。以非洲为例，非洲个别政客与政府官员已开始公开散布中国在非洲投资的负面影响。批评中国在非洲投资的负面影响主要集中在两个方面：一是中国的廉价制成品对非洲本土相关产业的冲击。二是中国企业的管理方式，尤其是劳工政策，与当地惯例在价值理念上的冲突。特别应该引起中国警惕的是，这两者与西方国家关于中国在非洲推行所谓"新殖民主义"的指责开始合流。

在实施"一带一路"倡议时，美国和日本等国在"一带一路"沿途国家与中国正面角力的趋势进一步明显化。在 2008 年全球金融危机前，美国和欧盟国家忙于反恐怖主义，无暇顾及中国的全球投资战略。尽管西方政府与媒体一直在指责中国是"新殖民主义"，但它们尚无余力抗衡中国在"一带一路"沿途国家的开拓。

实施"一带一路"倡议，亟须开展社会基础设施建设。我们必须看到，中国对非洲的投资方式呈多样化趋势，主要为人道主义救助、社会基础设施建设与经济基础设施建设三种类型。与中国在非洲的投资相比，西方国家的跨国公司多半只注意与业务领域直接有关的产业投资，而非洲的经济发展长期落后，急需对经济基础设施的投入。在这样特殊的历史背景下，中国与非洲在以资源和基础设施一揽子新型合作的方式下，实现非洲基础设施的提升与中国获得国内发展所需要的资源。从这层意义而言，中国在非洲的投资体现着互利共赢的精神。但是，近期中国在非洲投资面临日益增多的批评。他们认为中国侧重的经济基础设施建设既有利于中国获取资源，又有利于中国经济实现可持续发展。这种投资不仅不会带来非洲国家的产业升级换代，而且会导致非洲国家的去工业化。另外，中国对外投资的企业对当地的政治、经济、文化习俗了解得很少，或者说不愿意了解，以为可以通过国内通行的方式，只要与对象国的政府和官员搞好关系，就可以通行无阻。这不仅是不切实际的，而且是十分危险的。近年来，中国在非洲、缅甸甚至委内瑞拉面临的困境与风险表明，中国亟须改变投资战略。

实施"一带一路"倡议亟须由开发性规划向经济社会发展综合规划转变。中国的金融机构作为执行中国政府对外政策的重要行动主体，在非洲国家主权评级低、可抵押国家财富匮乏以及争取国际金融支持的能力严重不足的条件下，创造性地为客户方构造信用结构，将没有直接回报、没有现金流的项目与由该项目引起的间接收益和现金流组成一个新的主体，并对其进行融资信贷，既为中国锁定了巨量的矿产、能源和农林资源，又推动了非洲国家的经济复兴。

然而，"一带一路"倡议需要汲取在非洲投资的经验和教训，其投资规划须由开发性规划向经济社会发展综合规划转变。

（二）实施"一带一路"倡议需要实施经济基础设施建设与社会基础设施建设并举战略

以援助与投资非洲国家为例，中国与西方（如欧盟）国家所采取的方法是不同的。西方国家在整个非洲大陆实施的所谓结构性项目，事实上更多的是过渡性的而非结构性的，其最终结果正是全球体系危机进一步深化所导致的欠发达国家开始出现经济停滞。

中国对非洲的援助重点由以下三方面的因素决定：首先，是非洲的需要。长期以来，由于欧盟援助重点的转移，非洲落后的基础设施已经成减贫和发展以及非洲经济一体化的首要障碍。其次，是中国作为发展中国家的发展经验，中国基础设施的快速发展是推动中国经济快速增长的重要因素。中国的经验同样体现在中国对非洲援助的实践中。最后，是中国在经济基础设施领域内具有比较优势，并且在该领域的合作提供了实现合作共赢和共同发展的最大空间。如前所述，非洲在基础设施方面有很大缺口，中国则在该领域内拥有比较优势，在中非资源和基础设施一揽子新型合作方式下，非洲实现了基础设施的提升，中国也获得了国内发展所需要的资源，体现了真正意义上的共赢。

社会基础设施建设与经济基础设施建设分别是欧盟和中国投资非洲国家的运作方法。在欧盟的援助资金分配中，社会基础设施包括教育、卫生、人口、水资源以及治理和公民社会等。对欧盟投资非洲社会基础设施的具体分析表明，欧盟在社会基础设施各领域的投资中，对治理和公民社会的支持占据了最大份额。欧盟重视对治理和公民社会的支持，在很大程度上受到其对非援助经验的影响。其援助重心经历了从援助初期关注经济基础设施到更加关注社会基础设施的变化。该变化与欧盟内部不断变化的援助理念相关。

我们必须看到，西方国家的跨国公司在海外投资中多半只注意与其业务领域直接有关的产业投资，然后由政府和国际组织出面进行社会基础设施建设的投资，比如治理水污染、投资学校和医院等，其特征是不具备任何经济上的"造血"功能。而中国在对非洲国家和地区的投资过程中，实行的是社会基础设施建设与经济基础设施建设并举的战略。这是因为非洲国家和地区的经济发展长期落后，急需对经济基础设施的投入。在这样特殊的历史背景下，中国与非洲国家和地区在资源和基础设施一揽子新型合作方式下，实现了非洲国家和地区基础设施的提升与中国获得国内发展所需的资源。从这层意义来说，中国在非洲国家和地区的投资体现着共赢的精神。

现实证明，中国经济未来的长期增长，内在地包含了亚、非、拉等国家的发展要素，在实施"一带一路"倡议的过程中，沿线国家也同样包含了与中国发展相关的发展要素。因此，在实施"一带一路"倡议的过程中，我们必须汲取和借鉴对非洲国家及地区投资的经验与教训，在"一带一路"沿线国家实行经济基础设施建设与社会基础设施建设并举的战略和政策。这些都亟须针对"一带一路"沿线国家和地区做出详尽的海外调查及研究。

（三）实施"一带一路"倡议对经济社会综合规划的几点建议

第一，实施"一带一路"的经济社会综合规划。在当前经济全球化的趋势下，经济社会综合规划作为现代市场经济发展的新形式，不仅是我们在经济形式方面进步的重要表现，而且是从生产力层面向国际生产关系层面的转换，同时也是参与全球治理的具体体现。因此，我们在"一带一路"国家的投资要向经济社会发展综合规划转变，并从国际关系、政治、外交、经济等多视角着手，整合国内外优势资源，使其形成核心力量，在促进目标国或地区经济社会发展的同时，为中国的未来发展提供市场和获取资源，从而实现合作双方共赢的目标。

第二，实施"一带一路"的广泛外交战略。在实施"一带一路"倡议的过程中，我们不仅要与当地的政府、官员建立良好的关系，也要与学者、大众传媒以及意见领袖建立良好的关系。中国对非洲国家做出如此巨大的贡献，但在中国被西方指责时，却没有多少非洲人在国际上为中国说话。其中的一个重要理由是中国在与非洲打交道时，没有与海外的智库、学术界以及在大众传媒中培养和建立重要的关系，更没有与之在公共外交层面进行深入的交流和沟通。因此，笔者建议政府今后拿出专款作为在"一带一路"国家的公关费用。中国大使馆也应该给所有中国投资者及在"一带一路"国家居住的中国人提供有关当地法律、社会和文化的信息。国内的有关机构甚至可以提供公共外交方面的培训。

第三，实施"一带一路"倡议的海外调研工作。中国走向世界的知识准备的迫切性：中国走向世界，严重的知识准备与智力储备不足将对中国的发展形成巨大的威胁。为了做长远的考虑，要对"一带一路"投资对象国进行调查，并对海外调研做长期规划。我们应该建立一个系统的、可持续的研究平台，以监管中国的投资状况（包括问题、需要、规模、类型），并建立联合机制。在党中央和国务院等机构的指导与支持下，建议国家开发性金融机构与外交部、教育部等机构紧密合作，建立长期稳定的海外民族志调查研究合作机制。

第四，实施"一带一路"的实证研究与评估。当前，中国实施"走出去"战略和"一带一路"倡议进入务实发展新阶段，面临新的发展机遇，但仍有许多工作尚待进行实证研究、评估和调查。

首先，对中亚、西亚、中东等国家的经济结构、贸易结构现状，尤其是中国出口产品在这些市场的占有状况进行调查；其次，针对中亚国家石油、天然气输出方与 OPEC 国家的能源战略对中国经济发展的影响以及上海合作组织成员间的经济联系与发展等问题开展实证研究；再次，对国家实现"一带一路"倡议的可行性在实证数据支持的基础上进行充分的论证；最后，针对"一带一路"的高铁和海路对沿线地区经济社会发展拉动效应的评估是必不可少的。特别是中国已经建成通车的高铁线路，其对沿线地区经济社会发展到底产生了何种影响，相应的机制和后果都需要通过实地调查进行评估等。

六、中国经济如何减少走向世界的风险

历史经验告诉我们，中国在全球化过程中走向世界不能没有相关的知识储备和智力资本，否则将无法指导中国在世界范围的有效投资，也无法保全中国的全球利益。[①]

当前，我国参与新一轮全球化和第三次工业化革命面临的重大困境在于：中国经济已经走向世界，但对全球及各个区域的经济、社会、法律、政治和文化等基本层面的认知及研究却严重不足，由此导致在全球博弈中处于不利地位。如何保全中国的全球利益业已成为不容忽略的重大现实问题。[②]

---

① 刘卫平. 中国经济如何减少走向世界的风险. 学习时报，2013 - 02 - 25.
② 刘卫平，王莉丽. 走向世界须加强海外知识储备. 成果要报，2014（79）.

（一）日渐崛起的中国走向世界的风险越来越大

从经济增长率、贸易增长率到近年来对外投资这些硬指标来看，中国的确在崛起。然而，中国正在经历的大国崛起与历史上其他国家的大国崛起有一个很大的不同，那就是还没有与崛起相匹配的知识储备与智力资本。中国对外部的了解尚处于十分单薄的状况。这种状况带来的困境必然是：全球投资带有一定的盲目性，主要表现为无法全面估量投资对象国的社会和政治风险。一旦遭遇危机，我国的投资资产就会风雨飘摇，甚至难以保全。

目前，中国在非洲有巨额投资，但有多少中国人真懂非洲，对非洲的政治经济社会进行过实地研究？中国在对外投资中的经验和教训都表明：如果不对投资对象国进行充分的研究，日渐崛起的中国走向世界的风险会越来越大。如果在一个相对稳定的国际局面下，知识准备不足的影响可能还不那么显著，但现在正处于自第二次世界大战以来国际政治经济秩序的大变化时期，即使像美国这种国际研究十分发达的国家尚且在苦苦探索，像中国这种知识准备与智力储备严重不足的国家必将面临更大的风险。

（二）近现代各大国崛起中海外研究的历史经验值得借鉴

从历史上看，各大国在崛起时都曾花巨资进行知识储备与发展智力资本。早期英国遍及海外领地的文化人类学研究，当代美国维基百科的地域研究，就是两个例证。需要注意的是 20 世纪 30 年代前后日本的调查研究。日本在占据中国东北后，建立了"满铁调查部"，负责对中国东北、华北地区及苏俄进行调查。在那个时代，日本人在中国进行了最全面的县志调查，其调查内容遍及地方的经济、社会、政治和文化、习俗、民风等。20 世纪 80 年代日本岩波书局出版的满铁调查资料达数十册之多。当年，日本人对苏俄的研究在世界上可谓首屈一指，光是在 20 世纪 30 年代翻译的俄文出版物就达 80 多册，居于当时苏俄研究的前列。在第二次世界大战后，美国为了打赢冷战，在社会科学的各个领域普遍建立了当时占主导地位的地域研究。美国的综合性大学都设立了关于世界各地区、各主要国家的研究中心，仅在华盛顿地区的各类智库就有不少。这些研究机构及其成果为美国奠定全世界的霸主地位提供了知识和智力的支撑。

我们在面对从世界各个角落冒出来的危机时，多半依靠常规智力和权变策略来处理问题，欠缺中长期的设计和思路以及重大的、具有长远战略影响的问题研究，甚至有的出于部门利益考虑，该研究的也不去研究；而聚集了大量研究人才的高校和研究院所却在孜孜以求地研究"掉书袋式的学问"，罔顾现实中的重大政治经济问题，或者即便有了研究意向也缺乏研究资源，因此无法开展相关研究。由此带来的结果经常是：有资源的没有能力研究，有能力研究的不去做研究，或者没有资源从事研究。

（三）中国亟须积累四大版块知识[①]

根据上述判断，笔者认为，中国经济走向世界所需的知识版块至少包括：

第一，关于投资对象国的一般民族志资料，包括该国历史、宗教、人文、经济、社会和政治等诸多方面。这方面研究现存的主要问题是：相当一批专家欠缺现代社会科学背景，少有当代问题意识，他们的外语水平很可能也普遍不高。第二，地域研究，即以一国为单位的政治、经济、外交（双边关系）、军事等方面的综合研究。中国在这些层面已经有一些人力资本储备，存在的问题是过度向发达国家，特别是欧洲和美国倾斜。对中国有重大战略影响的其他国家，中国的研究力量十分贫瘠。第三，超出一个民族国家范围的政治、经济、军事、外交现象的研究，特别是对那些民族国家联合机构和组织的研究，如联合国、欧盟、东盟、上合组织、"金砖五国"、北大西洋公约组织、阿盟、非盟等。第四，重要的国际政治经济学的有关政策领域的研究，如对国际贸易、国际金融、环境问题、粮食问题、能源问题、资源问题、种族与族群问题、移民问题等的研究。

只有系统地积累和掌握了至少上述四个版块的知识，并形成一支有能力从事高质量知识生产的研究队伍，才能真正帮助中国经济走向世界，实现大国复兴的战略目标。[②]

---

① 刘卫平．中国亟须积累四大版块知识．人民论坛网，2014－10－08．
② 刘卫平．中国经济走向世界亟需"智力资本"．光明日报，2014－08－23．

当前，我国参与全球经济战略面临的重大困境在于：中国已经走向世界并成为举世瞩目的第二大经济体，为世界的发展做出了巨大贡献，但中国对全球及各个区域的经济、社会、法律、政治和文化等基本层面的认知及研究却严重不足，由此导致在全球博弈中处于不利地位。如何保全中国的全球利益，业已成为不容忽略的重大现实问题。

课题一：选择投资对象国开展调查研究

近期可以派遣精干队伍，在非洲、拉丁美洲、亚洲选择少数投资对象国，同时选择若干中资企业，开展海外民族志调查，待评估成败得失经验后，再做推广。此后，再考虑逐步向与中国利益相关的国家派遣学生、学者，并按照中国经济走向世界的需要来研究投资对象国的政治、经济、社会和文化，经过长期积累，达成中国崛起所需的知识储备，并借此形成一支庞大的专家队伍。

课题二：投资"向西开放"，推进陆权战略

在中国未来的经济转型发展与扩大内需重要战略的实现过程中，工业化、城镇化、现代化与国际化的发展，必然要求蓝海战略、陆权战略与欧亚大陆经济整合战略的相辅相成。其中，向西部地区开发，利用高铁作为基本交通连接手段，促进欧亚大陆经济整合，将带来一个陆权时代，使国家得以确立与蓝海战略相匹配的对冲态势。我们要顺应新的形势，在继续提升沿海开放、向东开放的同时，加快沿边开放、向西开放，拓展开放发展、合作发展的空间。新一轮的对口援疆工作要在这一大背景下加以规划和推动。

课题三：开展经济投资与社会援助的国际新秩序研究

援助与投资可分为社会基础设施建设与经济基础设施建设两种类别。欧盟、世界银行、美国国际开发署等国际开发性金融机构侧重的是社会基础设施建设，以国开行为代表的中国开发性金融投资亚、非、拉的主要方向是经济基础设施建设。社会基础设施建设的特点是"不可量化非物质性"、"项目性"和"不可规划性"。所以，欧盟对非洲国家的援助不可能具有国别意义的规划，而经济基础设施建设的特征是"可量化物质性"、"整体结构性"和"可规划性"。

课题四：开展中长期投融资与国家发展战略研究

中国的发展没有现成的经验和模式可循，而中长期融资体系的发展取决于金融制度的健全程度。我们必须以创新思维和创造性的工作方式加快推进我国中长期融资体系的建设，制定出符合我国国情和发展需求的政策及方法。

当前，我国经济社会处于城市化、工业化、国际化建设的重要发展阶段，投资项目的资本金匮乏，巨额的储蓄资金和社会资金不能转化为集中、大额、长期建设资金的现状，已成为我国投融资格局中的基本矛盾。与此同时，我们应研究经济社会发达国家的发展思路，为更好地服务国家发展战略、参与全球资源配置与经济治理的整体规划提供理论研究基础。

第十五章

我国在中等收入阶段面临的经济转型问题与挑战

随着我国经济的发展，2015 年我国国内生产总值（GDP）为 68.9 万亿元，在世界排名第二，仅次于美国。我国人均 GDP 为 5.2 万元，约合人均 8 016 美元，已进入中高收入国家行列。与此同时，2015 年我国 GDP 同比增速为 6.9%，同比下降 0.4%，也就是经济增长进一步趋缓，我国经济已由高速增长进入中高速增长的新常态。那么，在我国进入中高收入阶段后，经济发展状况如何？经济增长面临哪些问题和制约？社会发展遇到哪些瓶颈？

过去得益于人口和改革的红利，我国经济保持了高速增长。但进入中等收入阶段后，我国原有的粗放型经济增长模式已难以持续，而且经济发展与转型面临诸多挑战。

一、经济结构失衡

从总体上说，当前我国经济的结构性矛盾主要表现在以下几方面：

（1）需求结构失衡。第一，内需与外需关系的失衡。虽然在国际金融危机后，中国的出口依存度有所下降，但到 2014 年，这一比率仍在 20% 以上，比日本高 6 个百分点左右，比美国高 13 个百分点左右。第二，投资与消费关系的失衡。近年来，随着出口拉动增长效应的递减，投资和消费对于经济增长的贡献都在增大。但是，投资的贡献增长得更多：2007—2013 年最终消费支出占 GDP 的比重提高了 0.2 个百分点，资本形成总额占 GDP 的比重提高了 6.2 个百分点。多年存在的投资和消费的矛盾不仅没有得到解决，反而不断加剧。

（2）产业结构失衡。2014年，我国第一、二、三产业增加值的比例关系是9.2∶42.6∶48.2，该比例关系与我国目前发展所处的阶段比较吻合，但我国产业结构方面的矛盾主要存在于第二产业和第三产业内部。从第二产业内部来看，其结构性矛盾表现为高耗能、高污染等重化工业产能严重过剩，制造业大而不强，整体上仍处于全球价值链的中低端，难以适应国内外的需求变化；产品质量不高，竞争力不强，缺乏有影响力的品牌和产品。从第三产业内部来看，其结构性矛盾表现为整体竞争力不强、现代服务业发展不充分、对第一产业和第二产业的支撑力不足。我国是货物贸易顺差国，却是服务贸易逆差国，这从一个侧面反映了我国服务业整体竞争力不强的事实。

（3）市场竞争结构失衡。目前，在我国大多数行业中占市场竞争主体地位的中小企业发展质量还不高、竞争力还不强，我们的市场存在低水平竞争、集中度不足的现象，还缺乏具有国际竞争力和影响力的跨国公司。

总的来说，虽然经济的不平衡现象体现在多个方面，影响因素也很复杂，但收入分配的失衡是症结。收入分配差距扩大导致总体消费率下降，储蓄率上升带来高投资和出口，进而使产业结构偏向工业、制造业，与消费联系紧密的服务业发展落后，而偏重工业的产业结构对资源的需求相对较高，对环境压力大。

二、人口红利消失

近年来，我国劳动年龄人口连续下降且降幅有明显扩大趋势，国内外对这个变化都很关注。

人是生产要素中最活跃的要素。人口数量和结构的变化，会对新常态下我国经济的可持续发展产生严峻挑战。

（1）劳动力短缺以及工资成本上升过快，将削弱我国制造业的比较优势和国际竞争力。例如，2003—2014年农民工的实际工资每年平均增长率为10.7%。此外，从各行业的平均工资看，制造业、建筑业以及农业中雇用工人的实际工资，年平均提高速度都为两位数。根据世界大型企业联合会的数据，我国总体劳动生产率的年均增长率在2007—2012年为9.5%，2013年减速为 7.3％，2014 年进一步下降到 7％。工资上涨已经超过了劳动生产率的提高速度，从而削弱了我国制造业产品的比较优势和竞争力。

（2）由于新成长劳动力的平均受教育程度远高于存量劳动力的平均受教育程度，因而新成长劳动力的减少使得人力资本改善的速度减慢。

（3）劳动年龄人口的增长和占比的提高，是储蓄率和投资回报率保持高位的重要保障条件；反之，则意味着此增长源泉被削弱，显著抑制经济增长的后劲。

三、资源与环境制约

（1）在传统的经济发展方式下，我国的经济增长在很大程度上依赖要素的大量投入，也就是消耗了大量的能源和资源。我国已成为全球第一大能源生产国和消费国，主要资源性产品消费占全球总消费的比重，明显大于国内生产总值占全球经济总量的比重。据统计，目前我国淡水、一次能源、钢材、水泥、常用有色金属五类主要资源的平均消耗强度高出世界平均水平约90％，单位国内生产总值能耗大约是美国的 2.9 倍、日本的 4.9 倍、欧盟的4.3 倍、世界平均水平的 2.3 倍，成为世界上单位国内生产总值能耗最高的国家之一。

与此同时，我国的资源禀赋并不丰裕。正是由于能源和资源的使用粗放，而能源和资源的蕴藏不足，所以我国能源和资源的对外依存度不断提高，原油、铁矿石、铜精矿、铝土矿、铬矿、镍矿、钾矿等重要矿产品的对外依存度已超过 50％，致使进口压力不断增大。近年来，各地雾霾现象频发，水污染、重金属污染等事件时有发生，生态环境呈现总体恶化的趋势。如果继续沿着高投入、高消耗、高排放的粗放增长路子走下去，能源、资源和生态环境约束将进一步加剧，势必对我国的可持续发展造成严重影响。

以石油为例，我国从 1993 年开始成为原油净进口国，2014 年的对外依存度已达 59.4％。第一，国内石油资源不足，原油产量进入微增长阶段。从化石能源储采比来看，我国能源供应前景不容乐观，除煤炭资源尚能满足经济发展的需要外，石油、天然气等资源后继乏力。根据 2014 年英国石油公司

（BP）对已探明储量的统计，截至 2013 年底，中国石油的探明储量为 25 亿吨，仅占世界石油探明总储量的 1.1%，储采比仅为 11.9 年；天然气的探明储量为 3.3 万亿立方米，仅占世界探明总储量的 1.5%，储采比为 28 年，也就是油气资源极其有限。近年来，受制于资源条件限制，我国的原油生产基本保持在 1%～2% 的区间低速增长。2014 年，我国原油的产量为 21 009.62 万吨，同比仅增长了 0.56%。2015 年 1—4 月我国原油的累计产量为 6 974.41 万吨，同比增长了 1.76%。目前，我国的大多数主力油田已处于中后期开发阶段，勘探开发成本持续走高，主要油田的产量增长潜力有限。总体来看，未来可供开发利用的常规油气资源将越来越少，我国原油产量进入微增长阶段。

（2）对外依存度持续攀升，石油供应受制于人。石油供应安全与石油进口依赖程度是一种负相关关系，依赖程度越大，石油供应的风险就越高。由于国内资源不足，我国自 1993 年成为石油净进口国起，对外依存度逐年上升，石油供应的安全风险逐步增大。2014 年，我国原油的对外依存度攀升至 59.4%。与美国相比，中、美能源安全状况呈现巨大反差。自 2011 年起，我国原油的对外依存度超越美国跃居世界第一。在页岩油革命的推动下，美国自身的能源供应能力得到大幅提升，目前超越沙特阿拉伯和俄罗斯，成为全球最大的原油出产国。而我国由于资源瓶颈尚未得以突破，原油产量增长显著慢于需求增长，未来的对外依存度将继续攀升。在高依存度下，稳定的、长期的国际石油供给保障将是影响我国能源安全的主要因素。

我国的环境问题主要集中在水污染、大气污染、固体废物以及突发环境事件等方面。与许多发达国家一样，我国的环境问题伴随着工业化进程的推进不断加剧。根据 2014 年环保部公布的《中国环境状况公报》，在我国开展空气质量新标准监测的 161 个地级及以上城市中，有 16 个城市的空气质量年均值达标，有 145 个城市的空气质量超标。全国有 470 个城市（区、县）开展了降水监测，酸雨城市比例为 29.8%，酸雨频率平均为 17.4%。全国 423 条主要河流、62 座重点湖泊（水库）的 968 个国控地表水监测断面（点位）开展了水质监测，Ⅰ、Ⅱ、Ⅲ、Ⅳ、Ⅴ、劣Ⅴ类水质断面分别占 3.4%、

30.4%、29.3%、20.9%、6.8%、9.2%，主要污染指标为化学需氧量、总磷和五日生化需氧量。在全国 4 896 个地下水监测点位中，水质为优良级的监测点比例为 10.8%，良好级的监测点比例为 25.9%，较好级的监测点比例为 1.8%，较差级的监测点比例为 45.4%，极差级的监测点比例为 16.1%。在全国近岸海域 301 个国控监测点中，一、二、三、四、劣四类海水分别占 28.6%、38.2%、7.0%、7.6%、18.6%，主要污染指标为无机氮和活性磷酸盐。"先污染、后治理"的老路使得中国当前的环境问题日益严峻。在经济全球化的趋势下，中国逐渐成为世界工厂，大量的高污染、高耗能产业向中国转移，而在我国污染加剧、资源快速消费的发展现状中，潜伏着各种生态与环境危机。可用资源的减少、战略资源的稀缺性日益突出、环境问题的加剧以及潜在的环境威胁，都将制约我国经济的长期可持续发展。

四、科技创新乏力

与发达国家相比，我国的自主创新能力还存在较大差距，制约科技创新发展的体制、机制障碍也不少。

（1）自主创新能力依然不够强。按照 2014 年世界经济论坛发布的《全球竞争力报告》，我国竞争力在全球 49 个主要国家中位居第 28 位，处于中等偏下水平，与我国经济大国的地位不相配。在创新和资源利用效率等方面，我国与发达国家有明显差距，每万人中的研发人数不到发达国家平均水平的 1/4，发明专利拥有量在世界总量中所占的比重很低，特别是关键技术的自给率不高，很多关键技术和核心技术主要依靠购买，对外技术依存度达到 50%。由于缺乏核心技术、缺少自主知识产权，我国在国际产业分工中处于低端位置，只能靠大量消耗能源和资源维持经济增长。尽管我国的科技进步对经济增长的贡献率正在逐年提升，但与美国、日本等发达国家高达 70% 以上的水平相比，仍存在较大差距。

（2）科技与经济"两张皮"的问题尚未根本解决。目前，我国产、学、研、用的结合不够紧密，科技成果向经济成果转化的比例低，企业技术创新的主体地位尚未真正确立，企业的原创性科技成果较少，创新体系的整体效能亟待提升，科技创新对经济发展的支撑作用受到较大制约。例如，在科技成果迅速增长的同时，突破性的原创成果却不多；应用型科技成果产出不少，但整体转化率很低；发明专利数量快速增长，但产业化的却很少；科研奖项很多，但科技成果闲置和科技资源浪费严重；科技人员往往为评职称、评奖项而不是从实际应用角度出发搞科研；等等。

（3）科技的体制、机制不适应经济社会发展和国际竞争的需要。我国的科研管理体制还不完善，科技资源配置过度行政化与分散重复并存，科技项目及经费管理不尽合理，研发成果转移转化效率不高，科研评价和科技奖励机制不够合理，科研诚信和创新文化建设薄弱，科技人员的积极性、创造性还没有得到充分发挥。

五、有效消费需求不足

长期以来，我国的需求不足特别是有效消费需求不足，内需主要依赖投资，因而投资率偏高、消费率偏低，这种状况对经济持续健康发展、产业结构优化升级、人民生活质量改善、国家竞争力提升产生了明显影响。世界各国的平均投资率在22%左右，消费率在78%左右。其中，高收入国家的平均投资率为20%，平均消费率为80%；中上收入国家的平均投资率为22%，平均消费率为75%；中低收入国家的平均投资率为31%，平均消费率为66%；低收入国家的平均投资率为29%，平均消费率为75%。我国的投资率比世界平均水平偏高约20个百分点，消费率比世界平均水平偏低20多个百分点。

当前，我国消费领域存在以下突出问题：

（1）社会消费成本较高。第一，目前消费者的税负偏高，比如化妆品等大众消费品的税率仍然偏高，并且部分已不适宜继续征税的消费品仍在征税。此外，我国公路、电信等行业的收费标准较高，不利于相关领域的消费增长。第二，消费信贷的资金价格偏贵。作为世界消费大国，我国信用卡的消费成本以及汽车、住房及其他消费贷款的利率水平明显高于发达国家。第三，同质产品的价格高于海外市场。例如，奢侈品和部分大众消费品国内相同品牌产品的价格高于海外市场 2 倍以上，部分产品的差价甚至达到 8～10 倍，导致消费外流现象严重。据统计，2005—2014 年我国境外消费平均每年增长 25.2%，是国内社会消费品零售总额增速的 2 倍。2013 年"灰色海淘"（含代购）为 1 000 亿元。随着我国中高收入人群的崛起，对进口产品的需求旺盛，消费品类也从大众消费品转向奢侈品。大规模境外消费与"灰色海淘"导致国家税收、企业收益受损，加剧了国内消费力流失。

（2）新兴消费市场培育艰难，市场体系建设滞后。近年来，我国城乡居民消费心理、消费偏好、消费需求多样化进程加快，但相应的市场供给无论是总量、结构、质量保证（如消费者权益、社会诚信环境等）都没有跟上。比较明显的有养老健康、旅游休闲、体育文化、信息消费等领域的发展滞后，制约消费迅速扩围以及转型升级的进程。以旅游为例，我国人均 GDP 约为 7 600 美元，休闲度假应是旅游消费的主体形态，但我国的休闲度假等消费占收入的比重远低于相同发展阶段的国家。由于休闲度假产品匮乏，目前国内的旅游产业以观光旅游为主，因而游客的驻留时间短、花费小，不适应旅游市场向个性化、休闲化、时尚化发展，加上园区门票价格畸高、配套服务缺乏，部分国内旅游消费的性价比已不及境外游。

（3）信息消费的资费标准较高。电信资费偏高已成为互联网快速普及的主要障碍，抑制了信息消费的快速成长，影响到"互联网＋"战略的实施。2014 年中国移动的 ARPU 值（从每个用户得到的月平均收入）为 61 元，相当于城市居民人均可支配收入的 3.6% 和农村居民人均纯收入的 7.4%，发达国家的这一比例通常在 1% 以下（这是实现电信普遍服务的基本要求上限）。我国电信业的收费标准过高，不仅超过用户的承受能力，而且将低收入群体挤出信息消费领域，还抑制了娱乐、购物、教育等关联消费。与此同时，伴随有"宽带注水"、网速低下等问题，它们与资费较高出现负面叠加效应。

（4）消费环境不尽如人意。影响消费潜力释放的环境约束依然存在：一是消费领域的基础设施建设相对滞后，农村宽带网络体系、城市轨道交通与停车场等基础设施仍然较为短缺。二是物流、仓储等消费品流通配套产业的发展不适应消费升级的步伐，导致消费品的流通成本远高于发达国家水平。

三是财税、金融、信贷政策支持消费的力度不足，导致社会消费意愿不旺，大量消费流出境外，侵蚀国内消费市场的收益。四是消费市场监督管理体系不完善，食品安全、假冒伪劣等问题层出不穷。

从更深层次来看，由于高收入群体的边际消费倾向较低、低收入群体的边际消费倾向较高，因而可以说，收入分配差距的扩大降低了居民部门的平均消费倾向。在成熟的市场经济体，政府通过税收来调节收入分配。我国税收以流转税（包括增值税、消费税和关税等）为主，流转税的税基是交易额，本质上是一种消费税，具有累退性质，因而低收入者的消费占收入的比重大而税负偏重。另外，个人所得税主要针对工资收入，租金和资本增值所得等其他收入没有合并纳税，导致税负主要落在工薪阶层，而且也没有考虑家庭负担的差异。这些使得税收在我国没能有效发挥调节收入分配的作用。

总体消费率偏低的另一个原因是企业对居民部门收入的挤压。因为我国的金融市场发展落后，居民可投资的金融工具少，因此居民的金融资产以银行储蓄为主，而利率受管制，银行存款利率低，造成金融企业与能获得贷款的非金融企业能够"便宜地"使用居民部门的资金。由于居民储蓄的存款利率低于资金的影子价格，从而压低了居民的可支配收入，进而抑制了消费。此外，与其他市场相比，我国上市公司的分红派息率明显偏低。这些因素导致企业部门的储蓄率和投资率上升，居民却无法有效分享企业盈利增长所带来的投资收益上升。

政府对居民部门的挤压是总体消费率偏低的另一个原因。我国政府在支出结构上偏重投资而轻公共服务和转移支付，使得财政政策不能有效发挥调节收入分配的功能，从而拉低了居民消费。此外，社会保障转轨将原先由企业和政府承担的相关储蓄部分转移到居民部门，促使居民部门的储蓄率上升，也对居民消费形成了抑制。

六、投融资体制制约

当前，我国投融资格局面临的基本矛盾是：一方面，加快转变经济发展方式、促进经济结构调整、保障和改善民生、统筹城乡和区域发展、提升

"走出去"和对外开放水平等,都亟须集中、大额、长期的融资支持;另一方面,巨额的国民储蓄和社会资金不能转化为长期建设资金,大量"热钱"涌动、投机盛行,而投资项目资本金匮乏,所以加快推进中长期融资体系建设已成为当务之急。

(1)现行投融资体制难以满足城镇化加速推进和经济快速发展对中长期资金及项目资本金的巨额需求。单纯依靠政府财力、商业银行和资本市场,难以覆盖如此巨大的中长期资金和项目资本金需求。

(2)商业银行短贷长用与中长期融资需求存在期限错配。考虑到商业银行作为短期零售银行,其存贷款期限匹配度差,一旦基础设施投资主体无法按期还贷或出现债务违约,将增加商业银行的经营风险。

(3)财政预算难以满足日益增长的中长期项目融资需求。在20世纪80年代后,国家的"放权让利""减税让利"财政政策使国民收入分配格局发生了重大变化。国民收入分配格局的转变,表明经济剩余由国家集中控制逐步转化为民间分散拥有。在这种情况下,以财政作为分配主体的融资体制已无法适应经济发展的需要,这客观上需要有新的融资制度安排,以便将分散闲置的巨额居民储蓄转化为集中、大额、长期的建设资本。

七、国际环境制约

从国际环境来看,当前我国经济社会要持续健康发展,还面临着不可忽视的制约因素。

(1)全球经济结构进入深度调整期。国际金融危机对世界经济结构产生了深远影响,发达经济体、新兴市场与发展中经济体都面临不同程度的发展困境,全球经济已由国际金融危机前的快速发展期进入深度转型调整期。发达国家过度负债和超前消费的模式受到挑战,力图通过扩大投资和出口拉动经济增长;新兴市场经济体开始更多地转向通过扩大内需拉动经济,但短期内还难以成为拉动全球经济增长的主导力量;资源输出国试图调整单纯依赖资源出口的发展模式,谋求依托资源优势延伸产业链,但要实现产业多元化任重而道远。各国和地区经济结构的调整将引发全球政经版图中力量对比的新变化，使世界经贸格局发生重大变化。由于世界政治、经济、社会等领域不稳定、不确定因素明显增多，这些都对我国经济的持续发展构成了冲击与挑战。

在欧洲方面，2014 年 11 月为避免欧元区经济陷入通缩泥潭，欧洲央行决定注资 1 万亿欧元购买担保债券和资产支持债券，其资产负债表的规模随之扩大到 3 万亿欧元的峰值。欧洲央行还决定将再融资利率保持在 0.05% 的超低水平。如此大规模且长时间的宽松货币政策，在防止经济进一步恶化的同时，也为经济的长期增长埋下了隐患。如果缺乏实体经济相应的投资与增长支撑，欧洲经济很有可能再次陷入衰退。

在日本方面，它的经济政策仍未全面深入触及结构改革，如僵化的劳动力市场、过高的企业税等，因而市场的政策预期开始减退，日本经济停滞的征兆亦随之出现。与此同时，超高水平的国债、人口老龄化、生产率增长下降、农业改革进展缓慢以及消费税提高，均会不同程度地影响经济目标的实现。

在主要的新兴市场经济体方面，2014 年 5 月印度新总理莫迪上台后随即启动了以经济增长为目标的大规模经济改革计划。中、印两国的改革所释放出来的红利，将直接决定它们能否继续保持目前的中高速可持续增长局面。与此同时，巴西、俄罗斯的经济颓势能否得到遏制，也会给整个新兴市场经济体的经济表现带来重要影响。

地缘政治经济的走势有可能威胁世界经济复苏。西方国家对俄罗斯实施制裁的范围、强度和持续时间，将影响俄罗斯及相关国家的经济和地缘政治关系。

（2）以自由贸易协定为主体的全球投资贸易新格局正在形成。自世界贸易组织成立以来，随着各国科技进步、金融创新和经济的市场化，制约资本、劳动力、产品和服务等跨国流动的壁垒大大削减，贸易形势发生了巨大变化，多边贸易占据了重要位置。在国际金融危机和欧债危机相互交织的背景下，世界经济增长乏力、贸易保护主义不断升温，多边贸易体制的建设难度加大，但它加速了以区域贸易安排为主要形式的区域经济合作的发展。随着区域经济合作的蓬勃发展，各类自由贸易协定大量涌现，全球区域经济一体化进入新一轮快速发展时期。

第十六章

道德文化促进经济社会向中高收入阶段平稳过渡

加强道德文化建设是治国理政极重要的战略任务，也是推进国家治理体系和治理能力现代化的重要基础。习近平总书记在不同场合多次谈到道德建设，他指出："国无德不兴，人无德不立。"我们必须坚持依法治国和以德治国相结合，把法治建设和道德建设紧密结合起来，把他律和自律紧密结合起来，做到法治和德治相辅相成、相互促进。①

在为何强调"德"这个问题上，习近平总书记在纪念孔子诞辰 2 565 周年国际学术研讨会上指出："当今世界，人类文明无论在物质还是精神方面都取得了巨大进步，特别是物质的极大丰富是古代世界完全不能想象的。同时，当代人类也面临着许多突出的难题，比如，贫富差距持续扩大，物欲追求奢华无度，个人主义恶性膨胀，社会诚信不断消减，伦理道德每况愈下，人与自然关系日趋紧张，等等。"

总体来看，改革开放 40 多年来，我国的社会道德在 20 世纪 80 年代的改革初期、世纪之交的深化改革时期以及近年来经济社会迅速转型时期，分别表现出不同的阶段性特点。20 世纪 80 年代改革初期，社会道德是基于普遍"不平衡感"的积极共识。需要强调的是，那一阶段大众的"不平衡感"并不是由于人们对改革开放政策不满意；相反，它是基于社会大众对改革的认可，是与人们认为改革开放政策有希望、有奔头的感受联系在一起的。与改革初期的普遍"不平衡感"不同，在 20 世纪 90 年代末与 21 世纪初的"深化改革、扩大开放"带来了社会大众在社会道德认知上的明显分化。也就是说，

---

① 刘卫平．道德文化促进经济社会向中高收入阶段平稳过渡．中国社会科学网，2018-10-29.

在深化改革阶段，不同群体出现了明显分化，阶层间的差异被人们所感知，不满情绪开始蔓延。近年来，我国的社会道德观念又出现了一些新的变化趋势，呈现出与改革初期、深化改革时期不同的特点。例如，社会阶层分化、缺乏共识的状况有所减弱，呈现出与改革初期民心汇聚相类似的状况，但它与改革初期大众普遍对改革满意、期望进一步推动改革的积极社会观念有着显著的不同。当前的社会道德问题既具有"经济高速增长带来社会道德危机"的普遍性，又具有我国自身在"不同历史阶段面临不同道德问题"的特殊性。

在新时代预防和化解社会道德滑坡，可以从以下方面着力。

一、政府与社会双向努力，建构维护基础道德的制度——加强社会道德文化建设的前提

基础道德是指个人在追求自身利益时，不侵犯、不损害他人和社会的权利与利益。与此相对应，积极道德是指个人主动为他人和社会的权利与利益而行动。简单地讲，基础道德让人不做坏事，积极道德要求人们做好事。积极道德曾是中国社会的主流道德观念，强调集体高于一切，个人应该为公共利益而做出牺牲。近年来，积极道德有所"隐退"，基础道德也出现了明显的滑坡，最终导致社会上一些负面情绪和负面现象的发生。就现代社会而言，基础道德是正常社会秩序的基础，我们需要通过各种形式加强正面传播力量。现代互联网和信息社会的发展，对社会道德文化基础结构和价值取向的传播起着十分重要的作用。

建立良好的社会秩序和道德力量，不仅要靠教育和宣传引导，而且要靠法律和制度的规范。仅靠道德本身的力量，无法从根本上杜绝道德缺失问题的发生。如果违反道德的行为不受惩罚，遵守道德的行为得不到奖励，那么道德自身的规范力量就会大为削弱。比如对食品、药品这样一些关乎人的生命、健康、安全的特殊产业，社会应建立并实行重点监管、严格责罚的制度，实行零容忍、零风险管制。

对造假、欺诈、腐败等失德者，不仅应给予直接责罚，而且应让其承担间接责罚。可通过建立社会主体的道德资质评估机制，做道德品质状况的

"黑白名单"记录，使有德者因道德享受回报，而道德失信记录由于放大了责罚范围和时间，加大了缺德成本和风险，使无德者对间接责罚的后果望而生畏并放弃违规和不道德的选择。缺乏规制力量的道德，是无法成为社会秩序基础的。只有社会制度相对完善、社会公正得到基本维护，道德的力量才会真正强大起来。

建设道德文化的制度支持，需要改革社会治理体系、增加国家治理能力、完善社会基础秩序。具体说来，应当建立和完善一系列简单而重要的基础制度。例如，实施全面规范、公开透明的政府预算制度，建立有效的收入记录制度，规范现金管理制度，严格票据管理制度和账目管理制度，完善规范性文件、重大决策合法性的审查机制，以及健全惩治和预防腐败体系，等等。这些基础制度的作用之一，就是对经济社会生活的各个环节进行清晰而准确的记录。事实上，这种记录是社会秩序的基础。只有当这些基础制度可以有效运转时，个人、企业和政府的行为才能真正做到有章可依、有迹可循，道德的规范作用才能真正发扬光大。

二、改革社会治理体系，增进社会信任——加强社会道德文化建设的保障

一国经济社会发展必然会带来社会信任模式和信任机制的变化。增进社会信任，既需要政府自上而下的积极介入——通过思想教育、媒体宣传以及相关的制度变革和制度创新来大力提倡道德观念，强调互信、互敬、互谅，又需要社会自下而上的积极参与——通过群体压力、公众舆论来形成惩恶扬善、增强信任的社会氛围。

对于政府介入而言，要增进社会信任，首先需要正视当下社会大众对社会不公的不满，发现其中的制度症结，确认那些可以化解这些不满的制度变革，进而逐步建构制度化的长效机制。众所周知，匡扶社会公正能够提高社会凝聚力。关于公正社会的信念，能够帮助民众明确相信社会是稳定有序的，并帮助民众遵循公正的规则、规范和道德。这样，整个社会才能实现整合。

要增进社会信任，还需要政府和官员的表率作用。树立正确的价值观，

应当以日常生活中人人都能身体力行的基础道德和基本伦理为出发点，并且应当首先从公职人员开始。干部的道德修养高，则正面表率作用明显。若干部能用手中的权力全心为人民服务，则人民群众受惠、干部受拥戴。政府不仅应当大力推进社会信任的重建，而且应当成为在日常生活和工作中践行基础道德的表率。每个人都应该助人为乐，但在提倡"与人方便、与己方便"之前，应当先强调政府及公职人员"尽职尽责，与民方便"；惩恶扬善很重要，但政府及公职人员"不说假话"更为基础；要求人人遵纪守法，提倡社会大众"红灯停、绿灯行"的前提，应当是政府及公职人员不"公车私用"；要求社会大众爱国家，应当从提倡"爱家庭""爱社区"做起，而公职人员在这些方面更应当"行为天下先"。

对社会参与而言，要增进社会信任，应当增加社会参与，并赋予各社会阶层利益相关者表达利益和参与政治的权利。正如党的十八届三中全会决议所明确强调的："让人民监督权力，让权力在阳光下运行，是把权力关进制度笼子的根本之策。"只有有效的相互监督，才能带来真正的相互信任。

三、壮大中等收入群体的力量——预防和化解社会道德滑坡的中流砥柱

夯实基础道德，离不开中等收入群体的发展。跨越"中等收入陷阱"，需要通过社会转型，而社会转型中的重要环节，就是社会阶层结构的发展与转型。那些从中等收入阶段平稳过渡到高收入阶段的国家，其社会阶层结构基本呈"橄榄形"。中等收入群体占总人口的一半以上，居于"橄榄形"结构的中部，是社会基础道德和基础伦理的中流砥柱。

在一个国家，中等收入群体的生活相对富裕，收入水平相对稳定，并拥有一定数量的资产。"有恒产者有恒心"，中等收入群体为了保护自己的财产、确保自己生活水平的稳定，就会强调伦理道德对社会秩序维持和社会发展的重要作用，主动与各种违反公序良俗的行为划清界线，甚至旗帜鲜明地反对道德滑坡。因此，增加中等收入群体的数量，能够增强维护社会基础道德和基础伦理的社会力量，有助于遏制道德滑坡危机的发生。

　　此外，中等收入群体的受教育水平相对较高，往往见多识广。他们对优秀文化有更强的认同感，推崇公平正义；在面对社会现实问题时，他们也有能力进行横向和纵向的比较，会历史地看待困难，也能与其他国家做比较，对道德滑坡能做出更客观的评价，因而对夯实基础道德有更强的信念。也就是说，中等收入群体对基础道德和基础伦理建设有更迫切的需求，有更强的责任感，也有更坚定的信心。中等收入群体是基础道德建设的重要结构性力量，对经济转型和社会转型能够起到积极作用。

　　就世界范围内各国的发展经验来看，一个国家进入中等收入阶段后，其社会和文化诸领域相对于低收入阶段都会发生根本性变化。"中等收入陷阱"实质上不单纯是经济结构转型的"陷阱"，而是整个社会的"陷阱"。一旦落入"中等收入陷阱"，就可能出现道德滑坡、信任丧失、社会整体失序的重大危机。

　　目前，中国处于中等收入阶段，从中等收入阶段向高收入阶段过渡，意味着社会心态与社会秩序、社会阶层与社会流动以及社会劳动力的年龄结构等方面的重大转变。为完成这一转变，需要加强道德文化建设，以恰当的个人预期与行为规范，减少机会主义，降低交易成本，稳定社会秩序。只有夯实基础道德，并辅之以有效的监督机制，才能树立正确的价值观念，真正做到惩恶扬善、遏制贪腐、防止社会整体失序。

四、夯实基础道德，完善基础秩序——加强社会道德文化建设的关键

　　（1）道德是社会向心力的基础，我们需要关注基础道德和基本伦理建设。一方面，我们应当直面问题，鼓励思想解放，借鉴和汲取人类社会一切有价值的文明成果；另一方面，我们也要尊重民众的权利表达，关注社会成员的想法、需求、价值偏好。道德建设的初衷，就是改善社会秩序、保护民众权益。

　　（2）夯实基础道德，离不开政府的大力倡导。政府应当通过各种方式激发人们形成善良的道德意愿、道德情感，培育正确的道德判断和道德责任，

提高道德实践能力尤其是自觉践行能力，引导人们向往和追求讲道德、尊道德、守道德的生活，形成向上的力量、向善的力量。当政府大力提倡道德规范时，应当借鉴和发扬我国传统文化中的精华。

（3）夯实基础道德，离不开发扬优秀文化。例如，儒家文化就提供了丰富的道德资源。经过两千多年的发展，儒家文化已形成一套成熟的道德体系，推己及人、内圣外王，将个人道德与社会秩序紧密结合在一起。东亚国家的经验表明，在现代社会中，儒家文化的道德观念依然能对个人行为和社会规范产生积极且重要的影响。具体说来，一方面，我们可以借鉴儒家塑造人格的方式。"修身养性"从"克己"开始，止于"慎独"，面对外在的各种诱惑，即使没有监督，也不会产生心动的欲望，能够泰然处之。另一方面，我们也可以借鉴儒家提倡的人生目标，即"修身、齐家、治国、平天下"，而在日常互动中，个人道德准则可以外化为社会行为规范。

（4）夯实基础道德，离不开保护个人权益。道德的基础是社会公正。无法有效保护社会成员合法权益的道德，是虚假的道德。现代社会高度多元，利益分化日趋明显，利益的差异和冲突在所难免，甚至成为现代生活的一个正常组成部分。道德之所以可以化解矛盾，就是因为道德也可以保护合法权益，特别是那些在社会中处于相对弱势地位的群体的合法权益。道德建设更应当关注弱势群体，倾听其呼声、保护其权益，让弱势群体成为道德建设的获益者，让道德真正成为社会各阶层的黏合剂。

只有以朴素的社会价值观为基础，从要求政府开始，夯实基础道德和基本伦理，完善社会规范和社会秩序，才能促进良好社会道德的形成，进而顺利实现经济和社会转型。

参考文献

————————

英文部分

1. Adams D. , "Filling the Deposit Gap in Microfinance," Paper for the Best Practices in Savings Mobilization Conference, Washington, DC, 2002 (11): 5 – 6.

2. Adams D. , *Taking a Fresh Look at Informal Finance*, Boulder: Westview Press, 1992.

3. Akerlof G. , "The Market for 'Lemons': Quality, Uncertainty and the Market Mechanism," *Quarterly Journal of Economics*, 1970, 84 (3): 488 – 500.

4. Allen F. , Qian J. , Qian M. , "Law, Finance, and Economic Growth in China," *Journal of Financial Economics*, 2005 (77): 57 – 116.

5. Anders Isaksson, "Economics and Knowledge," *Economics*, 2002 (2): 33 – 54.

6. Angelini P. , Di Salvo R. and Ferri G. , "Availability and Cost of Credit for Small Businesses: Customer Relationships and Credit Cooperatiues," *Journal of Banking and Finance*, 1998 (22): 925 – 954.

7. Asian Development Bank Annual Report 2000—2006.

8. Baker W. , "The Social Structure of a National Securities Market," *American Journal of Sociology*, 1984 (89).

9. Berger A. , Odell G. , "Relationship Lending and Lines of Credit in Small Business Finance," *Journal of Business*, 1995 (68): 351 – 381.

10. Berger A. , Udell G. , "The Economics of Small Business Finance:

The Roles of Private Equity and Debt Markets in the Financial Growth Cycle," *Journal of Banking and Finance*, 1998 (22): 613 - 673.

11. Beunza D., Stark D., "How to Recognize Opportunities: Heterarchical Search in a Wall Street Trading Room," In Karin Knorr Centina and Alex Preda (eds.), *The Sociology of Financial Markets*, Oxford: Oxford University Press, 2005.

12. Boot A., Thakor A., Udell G., "Competition, Risk Neutrality and Loan Commitments," *Finance*, *Economics Working Paper*, 1987, 11 (3).

13. Frey B. S., Pommerene W. W., "The Hidden Economy: State and Prospects for Measurement," *Review of Income and Wealth*, 1984, 30 (1): 123.

14. Isachsen A. J., Storm S., "The Hidden Economy: The Labor Market and Tax Evasion Scandinavian," *Journal of Economics*, 1980, 82 (2).

15. Kratnen J. P., Schmidt R. H., *Developing Finance as Institution Building*, Boulder, San Francisco and Oxford: Westview, 1994.

16. Kropp E., et al., *Linking Self-help Groups and Banks in Developing Countries*, Escbom: GTZ-Verlag, 1989.

17. Liu Weiping, Liu Daren, "Development Finance: A Financing Platform Between the Government and the Market," *University Journal of Sociology*, 2020: 667 - 700.

18. Saunders A., *Credit Risk Measurement: New Approaches to Value at Risk and Other Paradigms*, New York: John Wiley & Sons, 1999.

19. Scheider F., "Can the Shadow Economy Be Reduced Through Major Tax Reform? An Empirical Investigation for Austria," *Public Finance*, 1994 (49): 137 - 152.

20. Seibel H. D., "Upgrading, Downgrading, Linking, Innovating: Microfinance Development Strategies—A Systems Perspective," University of Cologne Development Research Center, 1997.

21. Shiner R. J. , "From Efficient Market Theory to Behavioral Finance," *Journal of Economic Perspective* , 2001, 17 (1).

22. Uzzi B. , "Embeddedness in the Making of Financial Capital: How Social Relations and Networks Benefit Firms Seeking Financing," *American Sociological Review* , 1999 (64).

23. Uzzi B. , "Knowledge Spillover in Corporate Financing Networks: Embeddedness and the Firm's Debt Performance," *Strategic Management Journal* , 2002, 23 (7).

中文部分

1. （德）C. 齐美尔，货币哲学. 北京：华夏出版社，2002.

2. （德）尼克拉斯·卢曼. 信任：一个社会复杂性的简化机制. 上海：上海世纪出版集团，2005.

3. （德）乌尔里希·贝克，（美）安东尼·吉登斯，（美）斯科特·拉什特. 自反性现代化——现代社会秩序中的政治、传统与美学. 北京：商务印书馆，2001.

4. （德）尤尔根·哈贝马斯. 合法化危机. 上海：上海人民出版社，2000.

5. （法）皮埃尔·布迪厄，（美）华康德. 实践与反思——反思社会学导引. 北京：中央编译出版社，1998.

6. （美）T. 帕森斯. 社会行动的结构. 南京：译林出版社，2003.

7. （美）蔡欣怡. 后街金融：中国的私营企业主. 杭州：浙江人民出版社，2013.

8. （美）大卫·格雷伯. 债：第一个 5000 年. 北京：中信出版社，2012.

9. （美）弗朗西斯·福山. 信任——社会道德与繁荣的创造. 海口：海南出版社，2001.

10. （美）罗伯特·D. 帕特南. 使民主运转起来. 南昌：江西人民出版社，2001.

11.（英）安东尼·吉登斯．超越左与右——激进政治的未来．北京：社会科学文献出版社，2009.

12.《财政部、国家税务总局关于认真落实抗震救灾及灾后重建税收政策问题的通知》，财税［2008］62 号．

13.《财政部、教育部、银监会关于大力开展生源地信用助学贷款的通知》，财教［2008］196 号．

14. 常宏．美国量化宽松政策的退出对中国经济的影响．企业改革与管理，2014－05－28.

15. 车凤成．卢曼"复杂性理论"辩证——兼论其信任观之内涵．江南大学学报（人文社会科学版），2008（6）.

16. 陈氚．超越嵌入性范式：金融社会学的起源、发展和新议题．社会，2011（5）.

17. 陈氚．理解民间金融的视角转换：从经济学反思到金融社会学．福建论坛（人文社会科学版），2014（4）.

18. 陈经纬．小企业民间借贷行为与制度安排．财贸经济，2005（10）.

19. 陈蓉．我国民间借贷研究文献综述与评论．经济法论坛，2006（4）.

20. 陈晓宇，冉成中，陈良坤．近年中国城镇私人教育收益率的变化．北京：人民教育出版社，2003.

21. 陈元．发挥开发性金融作用，促进中国经济社会可持续发展．管理世界，2004（7）.

22. 陈元．建设中长期融资市场，支持公共设施发展．中国金融，2007－10－16.

23. 陈元．中国政策性金融的理论与实践——兼论国家开发银行的改革和发展．金融科学，2000（3）.

24. 仇立平．回到马克思：对中国社会分层研究的反思．社会，2006（4）.

25. 淡卫军．"过程-事件分析"之缘起、现状以及前景．社会科学论坛（学术研究卷），2008（6）.

26. 董才生．吉登斯的信任理论．学习与探索，2010（5）.

27. 费孝通．乡土中国，生育制度．北京：北京大学出版社，1998.

28. 高小琼. 制度背景、经济运行与民间借贷. 金融研究,2004 (12).

29. 官兵. 企业家视野下的农村正规金融和非正规金融. 金融研究,2005 (10).

30. 国际货币简报. 价值中国网,2011 - 05 - 25.

31. 国家开发银行及武汉大学经济与管理学院课题组. 中国经济再平衡增长中的开发金融研究,2012 - 11.

32. 国家开发银行及中国国际经济交流中心课题组. 国家开发银行发展金融战略和融资研究,2012 - 12.

33. 国家开发银行年鉴,2002—2012 年.

34. 国家开发银行与中国社会科学院金融研究所联合课题组. 可持续协调发展研究,2016 - 11.

35. 国务院办公厅印发《关于全面推进金融业综合统计工作的意见》. 中国证券网,2018 - 04 - 09.

36. 胡荣,等. 社会资本、政府绩效与城市居民对政府的信任. 社会学研究,2011 (1).

37. 黄奇帆. 130 多万亿的企业债务才是去杠杆的重中之重. 中国新闻网,2018 - 04 - 10.

38. 金永祥. 从中国 PPP 发展历程看未来. 财新网,2014 - 08 - 01.

39. 康正平. 农村金融融资瓶颈与民间信用的替代效应分析——从武家嘴个案解析农村民间借贷的积极作用. 金融纵横,2004 (12).

40. 李富国,等. 市场经济下的民间借贷:利率选择与比较优势. 人文杂志,2005 (6).

41. 李怡,谢文新. 跨越"中等收入陷阱"之途径探析——基于《21 世纪资本论》的启示. 理论视野,2016 - 09 - 25.

42. 林声. 民间借贷的发展动因、发展效应与有序引导. 厦门特区党校学报,2008 (3).

43. 刘卫平,刘大任. 开发性金融:政府与市场之间的融资平台. 比较,2021 (1).

44. 刘卫平．刘大任．中长期投融资战略背景下的政策性金融体系构建．中国银行业，2016（11）.

45. 刘卫平．中国"战略机遇期"的战略及措施．华夏时报，2010 - 12 - 31.

46. 刘卫平．中国经济改革和再平衡的实现路径．学习时报，2012 - 11 - 19.

47. 刘卫平．中国经济再平衡路径．人民论坛，2013（12）.

48. 刘卫平．以金融创新推动生态城镇化建设的路径．环境保护，2014（7）.

49. 民间借贷终成正规军，金融界，2011 - 12 - 28.

50. 欧涛．当前民间借贷发展的特点、风险、原因及其对策——基于 H 省娄 D 市的调查和系统视角分析．武汉金融，2013（5）.

51. 乔建．关系刍议．"中央研究院"民族学研究所专刊，1982.

52. 渠章才，盛国荣．后危机时代中国经济发展面临的问题及对策．重庆交通大学学报（社会科学版），2011（1）.

53. 人民币成功加入 SDR，未来将不会大幅贬值．中国网，2015 - 12 - 01.

54. 宋冬林，徐怀礼．中国民间金融的兴起与发展前景：温州案例．北方论丛，2005（1）.

55. 苏士儒，等．从非正规金融发展看我国农村金融体系的重构——以宁夏盐池县、中宁县、同心县为例．金融研究，2005（12）.

56. 苏士儒，等．农村非正规金融发展与金融体系建设．金融研究，2006（5）.

57. 孙淑芳．浅析热钱的危害及对策．现代商业，2010（36）.

58. 唐黎军．后金融危机时代中国的金融脱媒与商业银行的应对措施．特区经济，2012（4）.

59. 童志峰．信任的差序格局：对乡村社会人际信任的一种解释——基于特殊主义与普遍主义信任的实证分析．甘肃理论学刊，2006（5）.

60. 王春宇．我国民间借贷发展研究．哈尔滨商业大学博士学位论文，2010.

61. 王胜．新开放经济宏观经济学理论研究．武汉：武汉大学出版社，2006.

62. 王元龙．当前"人民币汇率升值论"评析及其应对．国际金融研究，2003-08-15.

63. 吴嘉禾．关于特别提款权作为超主权储备货币的研究．金融发展评论，2010（4）.

64. 伍桂．国际储备体系改革与特别提款权替代账户：研究综述．金融发展评论，2010（6）.

65. 肖瑛．回到"社会的"社会学．社会，2006（5）.

66. 谢立中．结构-制度分析，还是过程-事件分析？——从多元话语分析的视角看．中国农业大学学报（社会科学版），2007（4）.

67. 徐彩．论我国如何防范经济滞涨风险．财务与金融，2010（3）.

68. 许兵，汪洋．欧元十年影响力的发展与挑战．金融纵横，2009（1）.

69. 许志峰．金融创新护航中国企业"走出去"．人民日报，2010-03-15.

70. 薛莲．后危机时代的中小企业策略．合作经济与科技，2011（3）.

71. 杨义凤．韦伯关于证券交易的论述与当代金融社会学的研究议题．兰州学刊，2012（10）.

72. 杨中芳，彭泗清．中国人人际信任的概念化：一个人际关系的观点．社会学研究，1999（2）.

73. 叶青．国际热钱流入对中国经济的影响及对策．金融经济，2008（22）.

74. 以人民的名义：为解决中小企业融资难而生的小贷公司为啥活不下去了？亿欧网，2017-05-05.

75. 尹应凯，崔茂忠．美元霸权：生存基础、生存影响与生存冲突．国际金融研究，2009（12）.

76. 翟学伟．"朋友有信"与现代社会信任．光明日报，2016-07-20.

77. 张琛琛．基于要素市场的我国收入分配差距分析．中南民族大学硕士学位论文，2002.

78. 张剑钢，邹海平，李劲，陈如松．千年古县的时代强音——蚩尤故里×县战略突围跨越式发展纪实．湖南日报，2008 - 12 - 02.

79. 张胜林，李英民，王银光．交易成本与自发激励：对传统农业区民间借贷的调查．金融研究，2002（2）.

80. 张式谷．从世界性视角考察现代资本主义．人民论坛，1998（3）.

81. 张宇燕．世界经济正从"大衰退"中艰难走出——世界经济形势的回顾与展望．国际商务财会，2011（3）.

82. 郑杭生，李强．社会运行导论：有中国特色的社会学基本理论的一种探索．北京：中国人民大学出版社，1993.

83. 中共中央关于全面深化改革若干重大问题的决定．人民日报，2013 - 11 - 15.

84. 中国人民银行广州分行课题组．从民间借贷到民营金融：产业组织与交易规则．金融研究，2002（10）.

85. 中国社会信任度很低吗？新华网，2016 - 03 - 28.

86. 周素彦．民间借贷：理论、现实与制度重构．山西财经大学学报，2005（10）.

87. 周小川．创新货币工具，增强财政货币政策协调性．人民日报，2015 - 11 - 25.

88. 周治富．温州金融改革：制度金融视角下的案例研究．南方金融，2015（4）.

89. 朱海城．民间金融规模的测算与分析——基于 2000—2017 年浙江数据的实证研究．新金融，2018（7）.